Die Rechtsverhältnisse des bayerischen Wirthes

auf Grund der

Reichs- und bayerischen Landesgesetzgebung
sowie der einschlägigen Rechtsprechung,
mit einem Anhang: die Münchener Verhältnisse.

Ein unentbehrliches Handbuch für den Brauer, Hotelier, Restaurateur, Weinwirth, Gastwirth, Schankwirth, Cafetier, Branntweinschenkinhaber, Konditor u. s. w.

herausgegeben von

Hans Müller,
Polizeioffiziant in München.

München 1902
J. Schweitzer Verlag (Arthur Sellier).

K. b. Hof- u. Univ.-Buchdruckerei von Fr. Junge (Junge & Sohn), Erlangen.

Vorwort.

Zum ersten Male tritt ein Werkchen in die Oeffentlichkeit, welches bestimmt sein soll, den bayerischen Wirthen in allen möglichen Fällen vom frühen Morgen bis zum späten Abend ein treuer, nie versagender Berather zu sein.

Die Bestimmungen über die Rechtsverhältnisse der Wirthe, über deren Rechte und Pflichten, in verschiedenen Gesetzen (Reichsgewerbe-Ordnung, bayerische Gewerbe-Ordnung, Bürgerliches Gesetzbuch und Einführungsgesetz hiezu, Handelsgesetzbuch, Reichsstrafgesetzbuch und bayerisches Polizei-Strafgesetzbuch u. s. w.) sowie in zahlreichen Verordnungen und Vorschriften zerstreut, sind in diesem Werkchen gesammelt und systematisch verarbeitet und hiebei alle seit mehr als 20 Jahren ergangenen einschlägigen Entscheidungen des k. b. Verwaltungsgerichtshofes, sowie solche des k. Oberlandesgerichtes München (in Strafsachen) sowie viele Entscheidungen anderer Gerichtshöfe berücksichtigt, ein Umstand, der gewiß den Werth und die Brauchbarkeit des Büchleins bedeutend erhöht.

Da „Unkenntniß dieser vielseitigen Bestimmungen und Verordnungen“ bekanntlich nicht, vor Schaden und Strafe schützt, so wird dieses Büchlein, bei der Fülle des Gebotenen, allen bayerischen Hoteliers, Restaurateuren, Gast- und Schankwirthen u. s. w. vorzügliche Dienste leisten. Aber auch bei jenen, die berufen sind, Ordnung und Schutz zu handhaben, bei den Gemeindebehörden, bei den Verwaltungs- und Sicherheitsbeamten möge die Arbeit freundliche Aufnahme finden.

Für die Münchener Wirthe ist noch eine spezielle Abtheilung „Münchener Verhältnisse“ angefügt.

Der Herausgeber.

Inhaltsverzeichniß.

Anhang: **Münchener Verhältnisse.**

Verzeichniß
der bei den Zitaten gebrauchten Abkürzungen.

B.G.B.	=	Bürgerliches Gesetzbuch.
Bl. f. admin. Pr.	=	Blätter für administrative Praxis.
Ges.- u. V.Bl.	=	bayer. Gesetz- und Verordnungs-Blatt.
H.Ges.B.	=	Handels-Gesetz-Buch.
Kr.A.Bl.	=	Kreis-Amtsblatt.
Min.A.Bl. d. J.	=	Amtsblatt des k. Staatsministerium des Innern.
Münch. A.Bl.	=	Münchener Amts-Blatt.
O.	=	Entscheidung des k. Oberlandesgerichts München in Gegenständen des Strafrechts.
Ortspol. Vorschr.	=	Ortspolizeiliche Vorschrift.
Pol.St.Ges.B.	=	bayer. Polizei-Straf-Gesetzbuch.
R.C.Pr.O.	=	Reichs-Civil-Prozeß-Ordnung.
R.G.O.	=	Reichs-Gewerbe-Ordnung.
R.G.V.Ges.	=	Reichs-Gerichtsverfassungs-Gesetz.
R.Str.Ges.	=	Reichs-Straf-Gesetz.
Reger	=	Reger, Entscheidungen der Gerichte und Verwaltungsbehörden.
Regier.Bl.	=	bayer. Regierungs-Blatt.
V.	=	Entscheidung des k. b. Verwaltungsgerichtshofes.

Die römischen Zahlen bedeuten den Band, die arabischen Zahlen die Seitenzahl der offiziellen Sammlung des k. b. Verwaltungsgerichtshofes bezw. des k. Oberlandesgerichts München sowie der Entscheidungen von Reger.

1. Behördliche Erlaubniß (Konzession)*).

Die Ausübung des Wirthschaftsgewerbes ist Jedermann gestattet ohne Unterschied des Geschlechts, der Staatsangehörigkeit und der Religion[1]).

Jedoch bedarf derjenige, welcher Gastwirthschaft, Schankwirthschaft oder Kleinhandel mit Branntwein oder Spiritus betreiben will, dazu der Erlaubniß[2]), welche von den Distriktspolizeibehörden (Bezirksämtern und unmittelbaren Magistraten, in München von dem Magistrat) zu ertheilen ist[3]).

Diese Erlaubniß muß schon vor dem Beginne des Geschäftsbetriebes erholt werden. Wird der Geschäftsbetrieb begonnen, so ist auch ohne vorgängige Aufforderung hievon der Gemeindebehörde des Betriebsortes gleichzeitig mit dem Betriebsbeginne schriftliche oder mündliche Anzeige zu erstatten[4]).

Die Erlaubniß zum Wirthschaftsbetriebe ist nur dann zu versagen: 1. wenn gegen den Nachsuchenden Thatsachen vorliegen, welche die Annahme rechtfertigen, daß er das Gewerbe zur Förderung der Völlerei, des verbotenen Spieles, der Hehlerei oder der Unsittlichkeit mißbrauchen werde; 2. wenn das zum Betriebe des Gewerbes bestimmte Lokal wegen seiner Beschaffenheit oder Lage den polizeilichen Anforderungen nicht genügt.

Die Landesregierungen sind befugt, außerdem zu bestimmen, daß a) die Erlaubniß zum Ausschanke von Branntwein oder zum Kleinhandel mit Branntwein oder Spiritus allgemein, b) die Erlaubniß zum Betriebe der Gastwirthschaft oder zum Ausschänken von Wein, Bier oder andern nicht unter a fallenden geistigen

---

*) Zu dieser Darstellung wurde mit Genehmigung der Herren Herausgeber und Verleger der Aufsatz „Die Ausübung des Wirthschaftsgewerbes“ in den „Blättern für administrative Praxis“ 1901 benützt.

[1]) §§ 1 u. 11 der R.G.O.

[2]) § 33 der R.G.O.

[3]) § 12 der Verordnung vom 29. März 1892, den Vollzug der Reichsgewerbeordnung betr.

[4]) § 14 der R.G.O., § 1 der Min.-Bekanntm. v. 12. Januar 1900 — Ges.- u. V.-Bl. S. 26.

Getränken in Ortschaften mit weniger als 15000 Einwohnern, sowie in solchen Ortschaften mit einer größeren Einwohnerzahl, für welche dies durch Ortsstatut[1]) festgesetzt wird, von dem Nachweis eines vorhandenen **Bedürfnisses** abhängig sein solle. Vor Ertheilung der Erlaubniß ist die Ortspolizeibehörde und die Gemeindebehörde gutachtlich zu hören.

Diese Bestimmungen[2]) finden auf **Vereine**[3]), welche den gemeinschaftlichen Einkauf von Lebens- und Wirthschaftsbedürfnissen im Großen und den Absatz im Kleinen zum ausschließlichen oder hauptsächlichen Zweck haben, einschließlich der bereits bestehenden, auch dann Anwendung, wenn dieser Betrieb auf den Kreis der Mitglieder beschränkt ist. Hierunter fallen auch solche Vereine, welche ein Wirthschaftsgewerbe schon vor 1. Januar 1897 betrieben haben[4]). Bei solchen Vereinen ist demnach auch insondere die Bedürfnißfrage zu prüfen[5]).

Im übrigen darf die Erlaubniß zum Betriebe einer Wirthschaft nur an physische Personen ertheilt werden. Die Ertheilung an eine Handelsgesellschaft ist hienach ausgeschlossen[6]).

Wer den Betrieb einer **Gastwirthschaft, Schankwirthschaft oder Kleinhandel mit Branntwein oder Spiritus** ohne Erlaubniß beginnt oder fortsetzt, hat eine Geldstrafe bis zu 300 Mk. und im Unvermögensfalle Haft zu gewärtigen[7]). Die Strafbarkeit wird **weder durch den Mangel des Bewußtseins der Rechtswidrigkeit seiner Handlung noch durch die Unkenntniß der Strafbarkeit derselben** ausgeschlossen[8]).

2. Begriff der Gastwirthschaft.

Unter Gastwirthschaft wird das gewerbsmäßig betriebene Beherbergen Fremder in Verbindung mit Verabreichung von Speise oder Trank verstanden, ohne daß hiebei auf den größeren oder geringeren Umfang, in welchem die Verpflegung gewährt wird, ein entscheidendes Gewicht zu legen ist. Das charakteristische

---

[1]) § 142 der R.G.O.

[2]) Art. 3 des Ges. v. 6. Aug. 1896, betr. die Abänderung der Gew.-Ordn. (R.Ges.Bl. S. 686.

[3]) Nach den Motiven fallen hierunter insbesondere die Konsumvereine.

[4]) B. XIX S. 118.

[5]) B. XIX 121 u. 122.

[6]) B. II S. 514.

[7]) § 147 Abs. 1 Ziff. 1 der R.G.O. Auch der Eigenthümer einer realen oder radizirten Schankwirthschaftsberechtigung ist strafbar, wenn er den Betrieb der Schankwirthschaft ohne die obrigkeitliche Genehmigung unternimmt (O. VI 670).

[8]) O. V S. 116, VII S. 505.

Merkmal der Gastwirthschaft, welches dieselbe von der Schankwirthschaft unterscheidet, bleibt immer das Beherbergen Fremder in hiezu von dem Unternehmer bereit gestellten Räumlichkeiten und zwar mit der Maßgabe, daß die Gewährung von Wohnung nur auf kürzere Zeiträume erfolgt, deren Einhaltung nach der gewöhnlichen Anschauung den Begriff der Wohnungsmiethe ausschließt, so daß die also Aufgenommenen nicht als Miether, sondern nur als Gäste bezeichnet werden können. Hierin ist namentlich der Unterschied zwischen Gastwirthschaft und dem gewerbsmäßigen Vermiethen möblirter Zimmer zu suchen[1]). Fremdenpensionen, in denen die Aufnahme zur Beherbergung und Verpflegung nicht ohne Weiteres jedermann oder doch bestimmten Kreisen des Publikums gestattet wird, sondern Gäste nur auf Grund einer besonderen Vereinbarung und in der Regel nur für längere Dauer Annahme finden und in denen eine Abgabe von Speisen und Getränken an andere als die in der Pensionsanstalt wohnenden Personen ausgeschlossen ist, sind nicht als Gastwirthschaften zu betrachten; doch scheint es zulässig zu sein, den Betrieb einer solchen Fremdenpension dann von der Erholung der Erlaubniß abhängig zu machen, wenn nach den vorliegenden Verhältnissen der betreffenden Fremdenpension, insbesondere der Art des Betriebes derselben diejenigen sitten- und sicherheitspolizeilichen Gesichtspunkte in Betracht kommen, welche das Erforderniß einer polizeilichen Erlaubniß bei Gastwirthschaften rechtfertigen oder wenn Gründe zu der Annahme vorliegen, daß unter dem Vorwande des Betriebes einer Fremdenpension unbefugt ein Gastwirthschaftsbetrieb stattfindet[2]). Sogenannte Sommerpensionen sind regelmäßig keine Gastwirthschaften[3]). Das Gewerbe des Kost- und Quartiergebers ist nicht konzessionspflichtig. Auch gehört es nicht zu denjenigen Gewerben, deren Betrieb untersagt werden kann[4]). Das sogenannte „Krippensetzen", d. h. die Herstellung oder Benützung von besonderen Vorrichtungen, — namentlich von Krippen zur Abfütterung fremder Thiere — ist kein Bestandtheil der Gastwirthschaft und bedarf also der obrigkeitlichen Genehmigung auch dann nicht, wenn es neben der Schankwirthschaft betrieben wird[5]). Doch kann das „Krippensetzen" aus verkehrspolizeilichen Rücksichten untersagt werden[6]). Die Gastwirthschaftsbefugniß umfaßt außer dem Rechte der Beherbergung und

---

[1]) Reger, I. Ergänzungsband S. 4; Bd. XVI S. 8, XIX S. 391.
[2]) Reger, Bd. XVII S. 128.
[3]) Reger, Bd. XIX S. 4.
[4]) Reger, Bd. XX S. 158.
[5]) Reger, Bd. XIX S. 390.
[6]) § 366 Ziff. 9 u. 10 des R.Str.G.

Verpflegung von Fremden auch noch die Berechtigung zur Ausübung der Schankwirthschaft, sowie zum Ausschank von Branntwein und zum Kleinhandel mit demselben, vorausgesetzt, daß einzelne dieser Befugnisse bei der Konzessionirung nicht ausdrücklich ausgenommen worden sind. Indessen darf die mit der Gastwirthschaft verbundene Befugniß zur Verabreichung von Branntwein nicht mißbräuchlich für sich allein ausgeübt werden[1]).

3. Begriff der Schankwirthschaft.

Eine Schankwirthschaft liegt dann vor, wenn die Verabreichung von Getränken zum Genusse auf der Stelle, d. i. am Orte der Verleitgebung, zum Zwecke der Erzielung eines Erwerbes erfolgt; es setzt demnach der Betrieb der Schankwirthschaft einen Platz voraus, an welchem der Genuß des Getränkes stattfinden kann. Dieser Platz braucht dem Schankwirthe nicht eigenthümlich zu gehören und ebensowenig ist es erforderlich, daß er auf dem Platze Vorbereitungen zum Genusse, z. B. durch Herstellung von Bequemlichkeiten (Tische und Bänke) für die Gäste getroffen hat[2]). Wer in seinem Hause Bier in Flaschen[3]) zum sofortigen Genusse gewerbsmäßig verkauft, betreibt eine Schankwirthschaft, wenn auch die Käufer das Bier zwar nicht in seinem Hause, aber mit seinem Wissen und Willen in der nächsten Umgebung derselben trinken[4]). Ebenso betreibt ein Flaschenbierhändler, der zwar nicht duldet, daß die Käufer des Bieres es in seinem Hause trinken, aber weiß und will, daß sie es sofort außerhalb des Hauses in dessen nächster Umgebung trinken, wenn er die Abgabe des Bieres unter solchen Umständen ausübt, eine Schankwirthschaft. Eine einzelne Ausübungshandlung ist jedoch als Beginn des Gewerbebetriebs nur dann anzusehen, wenn ihre Vornahme von dem Entschlusse begleitet ist, sie zu wiederholen[5]). Ein Flaschenbierhändler, der zwar nicht duldet, daß die Käufer das Bier in seinem Geschäftsraume trinken, aber weiß, daß sie dieses in einem in dessen nächster Nähe befindlichen, von einem Andern dazu zur Verfügung gestellten Raum thun, und dies sogar will, betreibt auch eine Schankwirthschaft[6]). Eine Schankwirthschaft übt auch aus, wer nicht geistige Getränke zum sofortigen am Orte der Verleitgebung stattfindenden Genusse gewerbsmäßig verleitgibt. Seine Strafbarkeit wird dadurch, daß er

---

1) B. XVI S. 99.
2) O. II S. 389 ff., VII 112; VIII 238.
3) Siehe unten „Kleinhandel mit Bier“.
4) O. VI S. 32.
5) O. VIII S. 237.
6) O. X S. 106.

in der irrigen Meinung gehandelt hat, zum Ausschanke nicht geistiger Getränke sei polizeiliche Genehmigung nicht erforderlich, nicht ausgeschlossen[1]).

Der Gewerbebetrieb ist ein selbstständiger, wenn er auf eigene Rechnung und Verantwortlichkeit des ihn Ausübenden stattfindet. Mit Rücksicht auf das letzterwähnte charakteristische Merkmal ist es für die Selbstständigkeit des Gewerbebetriebes für den Begriff der Schankwirthschaft gleichgiltig, welchen Umfang der Ausschank hat, ob er zu jeder Zeit, an Jedermann oder nur aus besonderem Anlasse, an einen bestimmten Personenkreis stattfindet[2]). Wer Bier, das er vertragsmäßig von einer bestimmten Brauerei um festen Preis zu beziehen und zu einem bestimmten Preise verleitzugeben hat, in den von der Brauerei gemietheten Räumlichkeiten des Inhabers einer Schankwirthskonzession auf eigene Rechnung ausschenkt, ist weder „Zapfler" der Brauerei noch Stellvertreter des Konzessionsinhabers, sondern betreibt selbstständig eine Schankwirthschaft[3]).

Der Diener eines Vereins, der in einem an den Verein vermietheten Raum seines Hauses nur an die Mitglieder des Vereins auf eigene Rechnung, um dadurch einen Erwerb zu machen, fortgesetzt geistige Getränke zum sofortigen Genusse abgibt, übt den selbstständigen Betrieb einer Schankwirthschaft aus[4]).

Konzessionspflichtig ist auch der Ausschank an Stehgäste[5]).

4. Cafeschenke.

Der gewerbsmäßige Betrieb einer Cafeschenke unterliegt auch dann, wenn damit der Ausschank geistiger Getränke nicht verbunden ist, der Erlaubniß[6]).

5. Branntweinausschank.

Die Erlaubniß zum Ausschenken von Branntwein, sei es als selbstständiges Gewerbe, sei es in Verbindung mit einem Wirthschaftsgewerbe, kann durch Anordnung der Landesregierungen allgemein von dem Nachweise eines vorhandenen Bedürfnisses abhängig gemacht werden. Von diesem Vorbehalte hat die bayerische Staatsregierung Gebrauch gemacht[7]). Es kann daher

---

1) O. IV S. 371.
2) O. II S. 389, III S. 363, VI S. 605, VII S. 110.
3) O. IV S. 401.
4) O. VII S. 459.
5) B. XIII S. 169.
6) B. (Plenarentscheid.) IX S. 229.
7) § 12 der Verordnung vom 29. März 1892. — Ges. u. V.Bl. S. 61 ff.

auch zur Zeit in Bayern eine Wirthschaft, welche sich ausschließlich mit dem Branntweinverkaufe befassen will, nur dann entstehen, wenn der Nachweis eines vorhandenen Bedürfnisses geliefert ist. Im Hinblick auf die bereits bestehenden Branntweinschenken und die sonstigen Wirthschaften, mit welchen die Befugniß zum Branntweinausschanke verbunden ist oder eventuell durch Bewilligungsertheilung verbunden werden kann, wird im allgemeinen anzunehmen sein, daß bei dem Mangel eines Bedürfnisses der fraglichen Art das Entstehen neuer selbstständiger Branntweinschenken in Bayern auch für die Zukunft thatsächlich ausgeschlossen ist. Hienach ist auch ausgeschlossen, daß die mit einer Gastwirthschaft verbundene Befugniß, den Gästen Branntwein zu verabreichen, für sich allein ausgeübt werde [1]).

Wenn durch rechtskräftigen Bescheid der zuständigen Behörde anerkannt wurde, daß in einer Wirthschaftserlaubniß die Befugniß zum Ausschank von Branntwein nicht enthalten ist, so kann auf Grund derselben Erlaubniß die erwähnte Befugniß nicht mehr in Anspruch genommen werden [2]). Ein Recht zum Ausschank von Branntwein kann durch thatsächlich länger fortgesetzten Ausschank gegenüber den bestehenden Verbotsbestimmungen nicht erworben werden [3]).

Auch die Verleitgabe von Branntwein an Stehgäste fällt unter den Begriff der Schankwirthschaft und ist daher konzessionspflichtig [4]). Denn wenn das Getränke zum sofortigen Genusse am Orte der Verleitgabe in den Räumlichkeiten, in denen sie erfolgt, gewerbsmäßig verabreicht wird, liegt ein Ausschenken vor und ist daher der Begriff der Schankwirthschaft gegeben [5]). Gerade dies ist aber bei Verabreichung von Branntwein an Stehgäste der Fall. Hiebei ist es gleichgiltig, ob dieselben innerhalb oder außerhalb des Verkaufslokales sich befinden oder ob auf dem Platze besondere Vorkehrungen getroffen sind, wenn nur der gewerbsmäßige Ausschank zum sofortigen Genusse an der Verkaufsstelle erfolgt [6]). Wer Branntwein, den er auf eigene Rechnung bezogen hat, in seinem Hause zum Genusse an Ort und Stelle fortgesetzt, wenn auch nur an zwei bestimmte Personen in der Absicht verkauft, dadurch einen Erwerb zu machen, betreibt den Ausschank von Branntwein [7]).

Da unter Erwerb, der mit dem Betriebe eines Gewerbes verbunden ist, die Erzielung von Vermögensvortheilen jeder Art,

[1]) B. XVI S. 99 ff.
[2]) B. II S. 352.
[3]) B. XI S. 462.
[4]) B. XIII S. 169.
[5]) O. II S. 389.
[6]) O. — Min.A.Bl. des J. S. 89.
[7]) O. VII S. 110.

mögen sie unmittelbar oder mittelbar aus dem Gewerbebetriebe sich ergeben, verstanden wird, ohne daß es darauf ankäme, daß der Vortheil in Gestalt eines Geldbetrags als Gewinn in die Erscheinung tritt, ist ein Spezereiwaarenhändler, der, ohne die Erlaubniß zum Ausschank von Branntwein zu haben, den Einkäufe bei ihm machenden Personen kleine Mengen von Liqueur zum sofortigen Genusse unentgeltlich verabreicht, um sich die Kundschaft dieser Personen zu erhalten und Kunden anzulocken, wegen unerlaubter Ausübung des Betriebs einer Schankwirtschaft strafbar. Die Handlung enthält zugleich eine Zuwiderhandlung gegen das Gewerbesteuergesetz, wenn er unterlassen hatte, den Betrieb dieses Ausschanks der Steuerbehörde anzuzeigen [1]).

Die Gewerbeordnung unterscheidet zwischen gewöhnlichem Branntwein und Liqueur nicht und umfaßt auch den als Getränke zubereiteten Spiritus [2]).

Den Inhabern von Konditoreien, welche schon vor dem 1. Januar 1873 auf Grund der damals in Bayern bestandenen Vorschriften [3]) die Befugniß zum Ausschank von Dessertwein, Arak, Rum, feinen süßen Liqueuren u. s. w. besessen haben [4]), kann die weitere Ausübung dieser Befugniß nicht verwehrt werden [5]); dagegen sind jene, welche ihr Konditoreiwaarengeschäft nach jenem Zeitpunkte begonnen haben, zum Kleinhandel mit Liqueur, sowie zum Ausschank dieser und anderer Getränke nur dann befugt, wenn sie die dazu erforderliche Erlaubniß erwirkt haben [6]).

Uebrigens bedarf auch ein Konditor, welcher bei Einführung der Reichsgewerbeordnung in Bayern die erwähnten Befugnisse besaß, jetzt zum Betrieb in einer andern Betriebstätte der Erlaubniß [7]).

Eine reale Branntweinbrennereigerechtsame gewährt für sich nicht die Berechtigung zum Ausschanke von Branntwein und kann auf Grund langjähriger fortdauernder Ausübung des Branntweinschankes keine solche Ausdehnung erlangen [8]).

---

1) O. VIII S. 25.

2) O. III S. 487, 488; VIII S. 27 u. 57.

3) Art. 9 lit. b Ziff. 3 des b. Gewerbeges. v. 30. Januar 1868; § 16 Abs. 2 der Verordn. v. 25. April 1868, die Gast- u. Schankwirthschaften betr. u. (für Oberbayern) oberpol. Vorschr. v. 8. März 1870.

4) Nach der oberpolizeilichen Vorschrift vom 8. März 1870 wurden die Inhaber von Konditoreien für befugt erklärt, die obenerwähnten Getränke in ihren Konditoreien verleitzugeben.

5) Art. 1 Abs. 2 der R.G.O.

6) Plenarentscheid. des B. VI S. 252—254; O. VIII S. 53.

7) O. III S. 486.

8) Verordn. v. 11. Februar 1807, Ziff. 5 — Döllinger V.-Samml. Bd. 14 S. 1076; Minist.-Entschl. v. 30. Juli 1810 a. a. O. S. 1077; B. V S. 286.

6. Kleinhandel mit Branntwein oder Spiritus.

Als Kleinhandel ist der Verkauf in Quantitäten unter zwei Litern anzusehen. Der Verkauf solcher Arten von Branntwein oder Liqueur, deren Vertrieb nach feststehendem Geschäftsgebrauch in versiegelten oder verkapselten und außerdem etikettirten Flaschen stattfindet, gilt nicht als Kleinhandel, wenn die Abgabe in Quantitäten von mindestens einem halben Liter erfolgt[1]).

Zum Kleinhandel mit denaturirtem Branntwein ist eine Genehmigung nicht erforderlich[2]). — Apotheker sind schon in Folge ihrer Apothekerkonzession zum Kleinverkaufe der nach der Pharmakopoe zu führenden geistigen Getränke berechtigt[3]). Drogisten bedürfen dagegen zum Kleinverkauf von Branntwein, Cognak, Arak, Rum und Liqueuren der polizeilichen Genehmigung[4]).

7. Kleinhandel mit Bier.

Der Kleinhandel mit Bier kann untersagt werden, wenn der Gewerbetreibende wiederholt wegen Zuwiderhandlungen gegen die Vorschriften des § 33 der Reichsgewerbeordnung bestraft ist[5]).

Eine Untersagung des Kleinhandels mit Bier wegen Bestrafung vor 1. Januar 1897 ist aber unzulässig[6]).

Unter den Kleinhandel mit Bier fallen die sogenannten Flaschenbiergeschäfte.

8. Kleinhandel mit Wein.

Ist durch § 1 der Reichsgewerbeordnung freigegeben, da hiefür keine Beschränkungen durch das Gesetz vorgeschrieben sind, soferne nicht der Betrieb einer Gast- oder Schankwirthschaft, die Verleitgabe zum Genusse auf der Stelle vorliegt[7]).

---

[1]) § 12 Abs. III der Verordn. v. 29. März 1892, den Vollzug der R.G.O. betr.

[2]) Min.A.Bl. des J. 1896 S. 91.

[3]) Art. 9 lit. b. Ziff. 2 des b. Gewerbeges. v. 30. Jan. 1868; B. XXIII S. 52 u. 53.

[4]) B. XXIII S. 53.

[5]) § 35 Abs. 4 der R.G.O. in der Fassung von Art. 5 der Novelle v. 6. August 1896 — R.Ges.Bl. S. 685 ff. Diese Bestimmung ist am 1. Januar 1897 in Kraft getreten.

[6]) Entsch. des pr. Oberverwaltungsger. v. 2. April 1898 — Reger, Bd. 19 S. 8.

[7]) O. VIII S. 57.

9. Persönliche Eigenschaften.

Das Urtheil über die persönliche Qualifikation des Gesuchstellers muß auf Grund von Thatsachen geschöpft werden, welche für sich geeigenschaftet sind, gegenüber der bestimmten Person nach vier genau bezeichneten Richtungen hin die Annahme des Gewerbsmißbrauches nicht etwa nur zuzulassen, sondern zu rechtfertigen. Nicht sowohl um einen Blick in die Zukunft handelt es sich hienach, als vielmehr um eine Beurtheilung des Gesuchstellers auf Grund dessen, was bereits gegen ihn vorliegt.

Verfehlungen, welche mit Rücksicht auf die Natur der Reate an sich und unmittelbar nicht die Annahme des Mißbrauches des Wirthschaftsgewerbes zur Förderung der Völlerei, des verbotenen Spieles, der Hehlerei oder der Unsittlichkeit begründen, können im Zusammenhalte mit den übrigen zunächst einschlägigen Verfehlungen wohl geeignet sein, mit in Betracht gezogen werden [1]. Verfehlungen, welche nach der Gewerbeordnung in Betracht kommen, aber in verhältnißmäßig weit zurückliegender Zeit erfolgten, fallen bei Würdigung der persönlichen Befähigung zur Wirthschaftsführung jedenfalls dann mit ins Gewicht, wenn sich die betreffende Person später weitere Verfehlungen einschlägiger Art hat zu Schulden kommen lassen [2]. Bei Beurtheilung der persönlichen Befähigung eines Ehemannes zum Wirthschaftsbetrieb ist die Gewerbepolizeibehörde berechtigt, auch den Leumund der Ehefrau mit in Betracht zu ziehen [3]; ebenso ist im umgekehrten Falle der Leumund des Ehemannes jeweils in Betracht zu ziehen [4].

Unter **Völlerei** versteht man zunächst gewohnheitsmäßige Unmäßigkeit im Essen und Trinken [5]. In Verabreichung von Getränken an Betrunkene, sowie an schulpflichtige Personen, welchen der Wirthshausbesuch verboten ist, in Verleitung Letzterer zum Wirthshausbesuch, ja selbst unter Umständen im Kreditiren an Zechgäste bei dem Betriebe einer früher ausgeübten Schankwirthschaft, in wiederholter Uebertretung der Polizeistunde oder in unbefugter Branntweinabgabe kann Förderung der Völlerei erblickt werden [6].

Der Begriff „Förderung verbotenen Spieles" [7] ist jedenfalls dann gegeben, wenn eine auf Grund des § 285 des Reichs-

---

[1] B. VII S. 242.
[2] B. VII S. 242.
[3] B. VIII S. 303.
[4] B. VII S. 280.
[5] Reger V S. 160.
[6] Reger I 226, III 133 u. 136, V 160, VI 382, VII 6, XII 234, XV 124 u. 377, XVI 135, XIX 4, 311, Ergänz.-Bd. I 18—20.
[7] Vgl. auch unten „Gestattung verbotenen Glückspiels".

strafgesetzbuches verurtheilte Person des gleichen Reates sich wiederholt schuldig macht[1]). Der Umstand, daß eine Person, welche um die Erlaubniß zum Betriebe eines Wirthschaftsgewerbes nachsucht, mehrfache Bestrafungen wegen Uebertretung der formellen Vorschriften über die Ausübung des Pfandleihgeschäftes erlitten hat, vermag für sich allein nicht die Annahme zu begründen, daß diese Person das Wirthschaftsgewerbe zur Förderung der Hehlerei mißbrauchen werde[2]). (Siehe auch Realrecht).

Unsittlichkeit: Hieher zählt insbesondere Duldung unsittlichen Treibens Seitens der Ehefrau[3]) oder der Kellnerinnen[4]), überhaupt jede Art von Kuppelei oder sonstiger Unsittlichkeit.

10. Bedürfnißfrage.

Die bayerischen Behörden dürfen[5]) a) die Erlaubniß zum Ausschenken von Branntwein oder Liqueur, sowie zum Kleinhandel mit diesen Getränken allgemein, b) die Erlaubniß zum Betriebe der Gastwirthschaft und zum Ausschenken von Wein, Bier oder andern, nicht unter a) fallenden, geistigen Getränken in Ortschaften mit weniger als 15000 Einwohnern, sowie in solchen Ortschaften mit einer größeren Einwohnerzahl, für welche dies durch Ortsstatut[6])[7]) festgesetzt wird, nur dann ertheilen, wenn ein Bedürfniß hiefür vorhanden und nachgewiesen ist.

Bei Beantwortung der Frage, ob für eine Ortschaft das Bedürfniß nach einer weiteren Wirthschaft besteht, können Rücksichten der verschiedensten Art bestimmend sein. In der Mehrzahl der Fälle wird zwar das Verhältniß der Zahl der schon vorhandenen Wirthschaften zu der Einwohnerzahl, verbunden mit der Rücksichtnahme auf Lebensgewohnheiten und Vermögensverhältnisse der Einwohnerschaft, eine genügende Grundlage zur Lösung dieser Frage bieten. Es ist aber sehr wohl möglich, und die Erfahrung des Lebens erweist dies zur Genüge, daß die ausschließliche Rücksichtnahme auf die bezeichneten Faktoren nicht selten zur Verneinung der Bedürfnißfrage führen müßte, dieselbe

---

[1]) V. I S. 288. — § 285 R.Str.G.B. lautet: Der Inhaber eines öffentlichen Versammlungsortes, welcher Glückspiele daselbst gestattet oder zur Verheimlichung solcher Spiele mitwirkt, wird mit Geldstrafe bis zu Eintausendfünfhundert Mark bestraft.

[2]) V. II S. 271.

[3]) Reger II S. 15.

[4]) Reger IX 208, XVII 122, XIX 310.

[5]) § 12 der Verordn. v. 29. März 1892, den Vollzug der R.G.O. betr.

[6]) Siehe § 142 der R.G.O.

[7]) Die festgesetzte Einwohnerzahl ist jeweils nach dem Ergebnisse der letzten amtlichen Volkszählung ohne Rücksicht auf die inzwischen thatsächlich eingetretene Bevölkerungsmehrung oder -Minderung zu bemessen. V. XI S. 515.

aber in einem gegebenen Falle gleichwohl zu bejahen ist, weil die vorhandenen Wirthschaften den Ansprüchen der Bevölkerung im ganzen oder jenen einer besonderen Bevölkerungsklasse nicht genügen.

Das Bedürfniß nach einer Wirthschaft braucht kein absolutes zu sein; es gibt auch ein relatives, welches aber dann nicht durch jede Wirthschaft, sondern nur durch eine solche befriedigt wird, welche in Absicht auf die persönlichen Eigenschaften des Bewerbers bezw. auf die zum Wirthschaftsbetrieb bestimmten Lokalitäten gerade diesem relativen Bedürfnisse abzuhelfen verspricht.

Wenn die Distriktspolizeibehörde, welche nach feststehender Rechtsprechung des k. Verwaltungsgerichtshofes die Bedürfnißfrage nach freiem administrativen Ermessen zu entscheiden hat, für eine Ortschaft das Bedürfniß nach nur einer weiteren Wirthschaft als nachgewiesen gelten lassen kann und sie sich vor die Frage gestellt sieht, welchem von mehreren vom Standpunkte der Ziffer 1 und 2 des § 33 der Gewerbeordnung einredefreien Bewerbern sie die Bewilligung zur Errichtung einer weiteren Wirthschaft in dem fraglichen Orte ertheilen soll, so ist die Auswahl unter diesen Bewerbern als in den Bereich der Würdigung der Bedürfnißfrage fallend zu erachten und daher dem freien Ermessen der Verwaltungsbehörden anheim gegeben [1]). Die Priorität der Bewerbung begründet in einem solchen Falle keinen Rechtsanspruch auf die Verleihung der Konzession, vielmehr ist, wie erwähnt, die Auswahl unter den Bewerbern als in den Bereich der Würdigung der Bedürfnißfrage fallend zu erachten und daher dem freien Ermessen der Verwaltungsbehörde anheimgegeben [2]).

Die Würdigung der Bedürfnißfrage hat auch dann einzutreten, wenn es sich nur um die Verlegung einer bereits bestehenden Gastwirtschaft in derselben Gemeinde handelt, weil die beabsichtigte Wirthschaftsverlegung die Stellung eines Gesuches um die Bewilligung einer neuen Wirthschaft bedingt und die Errichtung einer solchen der polizeilichen Erlaubniß unter allen Umständen bedarf, diese Erlaubniß aber nach den gesetz- und verordnungsmäßigen Bestimmungen dann, wenn kein Bedürfniß hiefür besteht, nicht ertheilt werden darf, das Vorhandensein eines Bedürfnisses also nothwendiger Weise geprüft werden muß. Es ist auch keineswegs anzunehmen, daß das in einer Gemeinde einmal bestehende und anerkannte Bedürfniß in Bezug auf Wirthschaften ständig sich erhöhen oder doch sich gleich bleiben müßte. Dieses Bedürfniß kann sich vielmehr auch vermindern, ebenso aber auch, namentlich in ausgedehnteren Gemeindegebieten, nach deren einzelnen Bezirken sich verschieden bemessen, so daß auch

---

[1]) Somit der Entscheidung des Verwaltungsgerichtshofes entrückt.
[2]) B. V S. 68 u. 69.

aus diesem Grunde in allen Fällen, in denen es sich um Errichtung einer Wirthschaft, wenn auch nicht zugleich um eine Vermehrung der bereits bestehenden, sondern nur um die thatsächliche Verlegung einer solchen an einen andern Platz handelt, die Würdigung der Bedürfnißfrage nicht umgangen werden kann[1]).

Die Bedürfnißfrage ist auch dann zu würdigen, wenn ein konzessionirter Schankwirth als Inhaber einzelner Schankbefugnisse um Erweiterung derselben zu einer vollen Gastwirthschaft nachsucht[2]), ferner, wenn in dem zur Ausübung des Wirthschaftsgewerbes bestimmten Lokale bereits von dem früheren Besitzer eine auf persönlicher Berechtigung beruhende Wirthschaft betrieben wurde[3]); auch bei Bescheidung des von dem Pächter einer schon bestehenden Wirthschaft gestellten Gesuches um die Erlaubniß zum Betriebe der Letzteren[4]). (Siehe auch Realrecht.)

11. Lokalfrage.

Von den zur Ertheilung der Erlaubniß zum Wirthschaftsbetriebe berufenen Behörden ist zu prüfen, ob das zum Betriebe einer Gastwirth- und Schankwirthschaft bestimmte Lokal nach Beschaffenheit oder Lage den polizeilichen Anforderungen genüge. Hiebei ist insbesondere nach dem Gesammteindrucke, der hiebei gewonnen wird, zu beurtheilen, ob das Lokal den Anforderungen genügt, die im allgemeinen sowohl als nach den Verhältnissen der betreffenden Ortschaft an eine Gast- oder Schankwirthschaft gestellt werden müssen. Bei Gesuchen um die Erlaubniß zum Betriebe der Gastwirthschaft ist insbesondere zu prüfen, ob das hiezu bestimmte Lokal, abgesehen von der geeigneten Lage und den ausreichenden Räumen, auch hinsichtlich seiner Einrichtung, Ausstattung u. s. w. nach allen Seiten hin so beschaffen sei, um den örtlichen Verkehrs- und sonstigen Verhältnissen entsprechend der eigentlichen Bestimmung einer Gastwirthschaft, nämlich der vollständigen Beherbergung und Verpflegung von Reisenden, genügen zu können. Auch bei Schanklokalen ist darauf zu sehen, ob genügende und gehörig abgesonderte Wohn- und Schlafräume für die Familie des Gesuchstellers vorhanden und ob bei dem Anbau von Scheunen und Stallungen ꝛc. ꝛc. die feuerpolizeilichen Rücksichten durch einen bauordnungsmäßigen Abschluß der Wohn- und Wirthschaftslokalitäten gewahrt seien. Wo diese Voraussetzungen nicht in genügender Weise gegeben sind, wird die Erlaubniß zum Wirthschaftsbetriebe versagt. Ergibt sich nach ertheilter Erlaubniß, daß die Eigenschaften fehlen, welche

---

[1]) B. XVII S. 83 u. 84.
[2]) B. XV S. 35.
[3]) B. II S. 68.
[4]) B. II S. 398.

hiebei an das Lokal nach Lage und Beschaffenheit gestellt werden mußten, so kann die Genehmigung in dem vorgeschriebenen Verfahren wieder zurückgenommen werden [1]).

Die Erlaubniß zum Wirthschaftsbetriebe erstreckt sich nur auf das im Zeitpunkte der Erlaubnißertheilung bestehende, polizeilich geprüfte und für den Wirthschaftsbetrieb gebilligte Lokal, nicht auf das ganze Anwesen, in welchem sich das Wirthschaftslokal befindet. Der Betrieb der Wirthschaft in einem andern Lokal desselben Anwesens unterliegt ebenso der behördlichen Prüfung und Bewilligung wie eine neue Wirthschaftskonzession [2]). Der Wechsel des Lokals, für welches Jemand die Erlaubniß zum Betriebe eines Wirthschaftsgewerbes erhalten hat, bedarf neuerlicher Erlaubniß zum Wirthschaftsbetrieb [3]). Die Ertheilung der Erlaubniß zum Betriebe der Schankwirthschaft berechtigt nur zum Betriebe in dem bei der Ertheilung der Erlaubniß für den Betrieb des Gewerbes bestimmt gewesenen Lokal, nicht zu dem, wenn auch nur vorübergehenden, Betriebe in einem andern Lokal [4]).

Wenn die Bewilligung zur Ausübung einer Gast- und Schankwirthschaft nur für solange ertheilt wurde, als die sämmtlichen zum Wirthschaftsbetrieb in Aussicht genommenen Räumlichkeiten nicht einem andern Zweck zugeführt würden, so ist hierin keine unzulässige Zeitbestimmung zu erblicken [5]).

Der Wechsel des Lokals, für welches Jemand die Erlaubniß zum Betriebe eines Wirthschaftsgewerbes erhalten hat, bedarf neuerlicher Erlaubniß zum Wirthschaftsbetriebe [6]). Der bei der Ertheilung einer Wirthschaftserlaubniß auferlegten Bedingung der Vornahme baulicher Aenderungen kommt die Eigenschaft einer aufschiebenden Bedingung zu, von deren Erfüllung die Wirksamkeit der Wirthschaftserlaubniß abhängig gemacht ist [7]). Die Ertheilung einer Wirthschaftskonzession für ein bestimmtes Lokal ist zulässig, auch wenn die für dasselbe Lokal früher einem andern ertheilte Konzession noch nicht erloschen ist [8]). (Siehe auch Realrecht.)

Für größere Wirthschafts-Etablissements kommt auch noch Nachstehendes in Betracht: Bei Neubauten, deren obere Stockwerke zu größeren Versammlungen oder öffentlichen Lustbarkeiten

---

[1]) Vergl. die Minist.-Entschl. v. 6. Aug. 1877, Min.A.Bl. des J. S. 283; v. 20. Dezember 1881, Min.A.Bl. des J. S. 503 u. v. 10. Mai 1897, Min.A.Bl. des J. S. 145.

[2]) B. I S. 269.

[3]) B. IV S. 372.

[4]) B. V S. 8 u. 9.

[5]) B. V S. 286.

[6]) B. III S. 683 u. IV S. 372.

[7]) B. IX S. 135.

[8]) B. XI S. 279.

bestimmt sind, müssen die Zugänge zu den Versammlungs- oder Gesellschaftsräumen mit unverbrennlichen Treppen versehen werden. Die Baupolizei kann für solche Gebäude im Interesse der Gesundheitspflege auch die zur Sicherung einer entsprechenden Ventilation erforderlichen Vorkehrungen anordnen, ohne Rücksicht darauf, ob die fraglichen Lokalitäten sich im Erdgeschosse oder in oberen Stockwerken befinden. Alle Lokale, welche für größere Versammlungen oder öffentliche Lustbarkeiten bestimmt sind, müssen eine entsprechende Anzahl von Ausgängen erhalten, welche leicht und schnell nach außen sich öffnen lassen. Von den Ausgängen solcher Räume bis zu den Ausgangsthüren aus den Gebäuden ins Freie müssen die Hausfluren, Gänge und Treppen eine angemessene Breite, massive Umfassungen und gewölbte Decken erhalten. Die Anzahl der Ausgänge, sowie die Breite derselben, dann die Breite der Gänge, Hausfluren und Treppen hat in jedem einzelnen Falle die Baupolizeibehörde festzusetzen. Diese Bestimmungen finden auch auf schon bestehende Lokale und Gebäude Anwendung, welche für die bezeichneten Zwecke eingerichtet werden sollen[1]).

12. Vereine.

Der von Konsum- und ähnlichen Vereinen an Nichtmitglieder bethätigte Bierausschank bildete schon vor dem Gesetze vom 6. August 1896 den Betrieb einer konzessionspflichtigen Schankwirthschaft, wogegen die auf den Kreis der Mitglieder beschränkte Bierabgabe der Konzessionspflicht nicht unterlag. Da Letzteres als Mißstand empfunden wurde, so bestimmte das Gesetz vom 6. August 1896, daß die Vorschriften über Konzessionspflicht der Schankwirthschaften und des Kleinhandels mit Branntwein und Spiritus auf Vereine, welche den gemeinschaftlichen Einkauf von Lebens- und Wirthschaftsbedürfnissen im Großen und deren Absatz im Kleinen zum ausschließlichen und hauptsächlichen Zweck haben, auch dann Anwendung finden, wenn der Betrieb auf den Kreis der Mitglieder beschränkt ist. Hieraus erhellt, daß die Abgabe von Bier zum sofortigen Genuß auf der Schankstätte bei diesen Vereinen als Betrieb einer konzessionspflichtigen Schankwirthschaft anzusehen ist, ohne daß etwas darauf ankommt, ob durch die Bierabgabe ein Gewinn angestrebt wurde und ob sie ausschließlich an Vereinsmitglieder oder auch an eingeführte Fremde erfolgt. Ebenso unerheblich ist, ob der Schankwirthschafts ausübende Verein Rechtsfähigkeit besitzt oder nicht. Die Strafe trifft in

---

[1]) § 46 der Verordnung vom 17. Februar 1901, die Bauordnung betr. (Ges. u. V.Bl. S. 87 ff.).

einem solchen Falle den Leiter des Betriebes[1]). Hiebei ist es gleichgiltig, ob derselbe der Meinung war, daß er einer Konzession nicht bedürfe[2]).

13. Pächter.

Der Pächter bedarf zur Ausübung des Wirthschaftsgewerbes einer selbstständigen Genehmigung[3]). Die dem Besitzer eines Wirthschaftslokales auf sein Ansuchen ertheilte Erlaubniß zum Betriebe der Wirthschaft durch den von ihm aufgestellten (der Behörde namhaft gemachten) Pächter berechtigt nur den Pächter, nicht den Verpächter, zum Betriebe der Wirthschaft[4]).

Streitigkeiten, welche aus dem Pachtverhältnisse zwischen Pächter und Verpächter entstehen, haben die Gerichte zu entscheiden. Hiebei sind die Bestimmungen des Bürgerlichen Gesetzbuchs über den „Pacht" und die „Miethe" maßgebend[5]).

Hervorzuheben ist Nachstehendes:

Durch den Pachtvertrag wird der Verpächter verpflichtet, dem Pächter den Gebrauch des verpachteten Gegenstandes und den Genuß der Früchte, soweit sie nach den Regeln einer ordnungsmäßigen Wirthschaft als Ertrag anzusehen sind, während der Pachtzeit zu gewähren. Der Pächter ist verpflichtet, dem Verpächter den vereinbarten Pachtzins zu entrichten.

Wird ein Grundstück sammt Inventar verpachtet, so liegt dem Pächter die Erhaltung der einzelnen Inventarstücke ob.

Der Verpächter ist verpflichtet, Inventarstücke, die in Folge eines von dem Pächter nicht zu vertretenden Umstandes in Abgang kommen, zu ergänzen.

Uebernimmt der Pächter eines Grundstücks das Inventar zum Schätzungswerthe mit der Verpflichtung, es bei der Beendigung der Pacht zum Schätzungswerthe zurückzugewähren, so gilt Nachstehendes: Der Pächter trägt die Gefahr des zufälligen Unterganges und einer zufälligen Verschlechterung des Inventars. Er kann über die einzelnen Stücke innerhalb der Grenzen einer ordnungsmäßigen Wirthschaft verfügen.

Der Pächter hat das Inventar nach den Regeln einer ordnungsmäßigen Wirthschaft in dem Zustande zu erhalten, in welchem

---

[1]) § 151 Abs. I R.G.O.

[2]) Urtheil des k. b. obersten Landesgerichts v. 26. April 1901 — Min.A.Bl. des J. S. 240.

[3]) B. IV S. 307.

[4]) B. IV S. 406. — Ein Vertrag, welcher eine versteckte Uebertragung eines Schankgewerbes stipulirt, ist ungiltig. (Reger XX S. 6).

[5]) Vergl. die §§ 581—597 u. 535—580 des bürgerl. Gesetzbuches; ferner die §§ 171 u. 172 des Einführ.-Ges. zum bürgerl. Ges.B.

es ihm übergeben wird. Die von ihm angeschafften Stücke werden mit der Einverleibung in das Inventar Eigenthum des Verpächters.

Der Pächter hat das bei der Beendigung der Pacht vorhandene Inventar dem Verpächter zurückzugewähren.

Der Verpächter kann die Uebernahme derjenigen von dem Pächter angeschafften Inventarstücke ablehnen, welche nach den Regeln einer ordnungsmäßigen Wirthschaft für das Grundstück überflüssig oder zu werthvoll sind; mit der Ablehnung geht das Eigenthum an den abgelehnten Stücken auf den Pächter über.

Ist der Gesammtschätzungswerth der übernommenen Stücke höher oder niedriger als der Gesammtschätzungswerth der zurückzugewährenden Stücke, so hat im ersteren Falle der Pächter dem Verpächter, im letzteren Falle der Verpächter dem Pächter den Mehrbetrag zu ersetzen.

Dem Pächter eines Grundstücks steht für die Forderungen gegen den Verpächter, die sich auf das mitgepachtete Inventar beziehen, ein Pfandrecht an den in seinen Besitz gelangten Inventarstücken zu.

Ist bei der Pacht eines Grundstückes oder eines Rechts die Pachtzeit nicht bestimmt, so ist die Kündigung nur für den Schluß eines Pachtjahrs zulässig; sie hat spätestens am ersten Werktage des halben Jahres zu erfolgen, mit dessen Ablaufe die Pacht endigen soll.

Diese Vorschriften gelten bei der Pacht eines Grundstücks oder eines Rechtes auch für die Fälle, in denen das Pachtverhältniß unter Einhaltung der gesetzlichen Frist vorzeitig gekündigt werden kann.

Giebt der Pächter den gepachteten Gegenstand nach der Beendigung der Pacht nicht zurück, so kann der Verpächter für die Dauer der Vorenthaltung als Entschädigung den vereinbarten Pachtzins nach dem Verhältnisse verlangen, in welchem die Nutzungen, die der Pächter während dieser Zeit gezogen hat oder hätte ziehen können, zu den Nutzungen des ganzen Pachtjahrs stehen. Die Geltendmachung eines weiteren Schadens ist nicht ausgeschlossen.

Der Pachtvertrag, der auf eine längere Zeit als auf ein Jahr abgeschlossen werden soll, bedarf der schriftlichen Form, sonst gilt er als für unbestimmte Zeit abgeschlossen. Stirbt der Pächter, so sind die Erben, nicht aber der Verpächter, berechtigt, das Pachtverhältniß unter Einhaltung der gesetzlichen Frist zu kündigen, jedoch kann die Kündigung nur für den ersten Termin erfolgen, für den sie zulässig ist. Außerordentliche Unglücksfälle, wie z. B. Hagelschlag, Mißwachs, Brandschaden, Viehseuchen, berechtigen den Pächter nicht, Nachlaß an Pachtzins zu verlangen. Der Verpächter kann stets den ganzen

Pachtzins beanspruchen, ohne Rücksicht auf die mißliche Lage, in die der Pächter etwa durch außerordentliche Unglücksfälle gerathen ist.

Ein zur Zeit des Inkrafttretens des Bürgerlichen Gesetzbuchs bestehendes Mieth- oder Pachtverhältniß bestimmt sich, wenn nicht die Kündigung nach dem Inkrafttreten des Bürgerlichen Gesetzbuchs für den ersten Termin erfolgt, für den sie nach den bisherigen Gesetzen zulässig ist, von diesem Termin an nach den Vorschriften des Bürgerlichen Gesetzbuchs.

Wird eine Sache, die zur Zeit des Inkrafttretens des Bürgerlichen Gesetzbuchs vermiethet oder verpachtet war, nach dieser Zeit veräußert oder mit einem Rechte belastet, so hat der Miether oder Pächter dem Erwerber der Sache oder des Rechtes gegenüber die im Bürgerlichen Gesetzbuche bestimmten Rechte. Weitergehende Rechte des Miethers oder Pächters, die sich aus den bisherigen Gesetzen ergeben, bleiben unberührt.

14. Stellvertreter.

Die Befugniß zum Wirthschaftsbetriebe kann durch Stellvertreter, welche im Namen des Gewerbeinhabers dessen Gewerbe verwalten, d. h. gewerbliche Rechtsgeschäfte für denselben abschließen, ausgeübt werden[1]; diese müssen jedoch den für das in Rede stehende Gewerbe insbesondere vorgeschriebenen Erfordernissen genügen.

Zu diesen Erfordernissen gehört jedoch nicht die Einholung der behördlichen Erlaubniß, sondern nur der Besitz der hiefür nothwendigen persönlichen Eigenschaften[2].

Als Stellvertreter ist nur derjenige zu erachten, welcher eine Wirthschaft auf Rechnung des Inhabers der Erlaubniß betreibt. Dies ist aber nur dann anzunehmen, wenn sämmtliche Bedürfnisse zum Betrieb der Wirthschaft für Rechnung des Inhabers der Erlaubniß beschafft werden. Entlohnung nach dem Hektoliter verabreichten Bieres läßt an sich noch nicht ein Stellvertretungsverhältniß als gegeben annehmen.

15. Wirthschaftsausübung ohne polizeiliche Genehmigung.

Bei der Einführung der Gewerbeordnung für den Norddeutschen Bund vom 21. Juni 1869 in Bayern wurde in § 1 Abs. 2 des Reichsges. vom 12. Juni 1872 bestimmt: „Insoweit bisher in Bayern der Betrieb der Gast- und Schankwirthschaft oder der

[1]) § 45 der R.G.O.

[2]) B. I S. 69; IV. S. 372 u. 408. Siehe auch unter Zurücknahme.

Kleinhandel mit geistigen Getränken, dann der Ausschank der eigenen Erzeugnisse an Getränken ohne polizeiliche Erlaubniß statthaft war, bedarf es einer solchen auch für die Folge nicht.“ Hiedurch wurde dem Rechtszustande, der in Bayern bis dahin bestand, Rechnung getragen; es ist hiedurch Art. 9 lit. b Ziff. 1 des bayerischen Gewerbegesetzes vom 30. Juni 1868 aufrechterhalten, wonach der Ausschank des eigenen Erzeugnisses den Brauern in einem hiefür bezeichneten Lokale und auf ihrem Lagerkeller, desgleichen nach Maßgabe des örtlichen Herkommens und der ortspolizeilichen Vorschriften den schankberechtigten Kommunbrauern und Weinbauern gestattet ist.

a) Brauer.

Den Bräuern ist die Verleitgabe ihres Bieres [1]) auf ihren Kellern während des ganzen Jahres gestattet und zwar ohne daß es darauf anzukommen hätte, ob Sommer- oder Winterbier verleitgegeben wird, indem durch die Verordnung vom 19. Mai 1865 (Regier.Bl. S. 537) die Bestimmungen über die Regulirung des Biersatzes vom 1. Oktober 1865 an versuchsweise aufgehoben worden waren und nun durch § 72 der Reichsgewerbeordnung gänzlich beseitigt sind. Mit der Freigabe des Bierpreises und hiemit auch der Gußführung (V. v. 25. April 1811, Art. 12 Tit. 1, — Regier.Bl. S. 61 ff.) hat aber der gesetzliche Unterschied zwischen Winter- und Sommerbier aufgehört. Es kann daher bei dem Wegfall dieses Unterschiedes auch als Lager- oder Sommerkeller nicht mehr ein lediglich zur Ablagerung von Sommerbier dienlicher Raum bezeichnet werden, zumal als Sommerbier nur das Bier in Betracht kommen könnte, zu dessen Herstellung auf höchstens 6 Eimer ein Schäffel Malz und 5 Pfund Hopfen verwendet werden mußten, welche Zwangsvorschrift jedoch nicht mehr besteht.

Hienach muß nun aber jeder von der Braustätte getrennte [2]) Keller als ein Lagerkeller dann erachtet werden, wenn er geeigenschaftet ist und den Zweck hat, zur Einlegung von Bier und zwar ohne Unterschied des Bieres behufs Erlangung der er-

---

[1]) In Bayern darf das Bier nur aus Hopfen und Malz gebraut werden; jede anderweitige Zuthat, z. B. Süßholz, ist als eine Verfälschung dieses Nahrungs- und Genußmittels anzusehen (Urtheil des Reichsgerichts I. Strafsenat vom 18. Dezember 1882, A.Bl. der Gen.Dir. der Zölle und indirekten Steuern 1887 S. 46).

[2]) Als Lagerkeller sind demnach nicht die mit dem Bräuhause selbst verbundenen und dort eingebauten Keller, sondern nur die selbstständigen von den Braulokalitäten getrennten Keller der Bierbrauer zu erachten (V. V S. 59).

forderlichen Reife desselben zu dienen[1]). Die Brauer sind, ohne einer polizeilichen Erlaubniß zu bedürfen, zum Ausschank des eigenen Erzeugnisses auf ihren Lagerkellern während des ganzen Jahres und ohne Rücksicht darauf berechtigt, ob das zum Ausschank gebrachte Bier in dem Lagerkeller oder an einem andern Orte aufbewahrt war[2]). Der den Bierbrauern gestattete Ausschank ihres eigenen Erzeugnisses darf daher nur auf den von der Braustätte getrennten Kellern, sowie weiter entweder im Bräuhause oder in einem andern statt desselben bezeichneten Lokale, nicht aber im Bräuhause und in einem andern Lokale betrieben werden[3]). Ein Lagerkeller, welcher sich in einem von den Braulokalitäten durch eine öffentliche Straße getrennten Gebäude befindet und von diesem aus zugänglich ist, ist als ein selbstständiger Lagerkeller auch dann zu betrachten, wenn er mit den Braulokalitäten durch einen unterirdischen Gang verbunden ist[4]). Wer Bier ausschenkt, das er zwar selbst gesotten, aber wegen Mangels eigener Lagerfässer und eines eigenen Lagerkellers in den Fässern und dem Lagerkeller eines andern hat gären und ablagern lassen, schenkt nicht eigenes Erzeugniß aus[5]). Das eigene Erzeugniß außer in der am Sitze der Brauerei befindlichen Schankstätte auch in einer Schankstube auszuschenken, die in einem von dem Lagerkeller durch eine öffentliche Straße getrennten und mit diesem räumlich nicht verbundenen Wohnhause eingerichtet ist, ist dem Brauer nicht gestattet[6]). Das Recht des Brauers, das eigene Erzeugniß auf seinen Lagerkellern auszuschenken, umfaßt auch die Befugniß zum Ausschank in den unterirdischen Räumen der Lagerkeller[7]). Die Bierbrauer können das ihnen zustehende Recht, das eigene Erzeugniß auch ohne polizeiliche Erlaubniß auf ihren Lagerkellern auszuschenken, auch durch Stellvertreter ausüben. Wer dagegen das Erzeugniß des Brauers auf eigene Rechnung dort ausschenken will, bedarf dazu der polizeilichen Erlaubniß[8]).

Eine Mehrheit von Personen, welche ein gemeinsames Brauanwesen zum Zwecke der Biererzeugung erworben hat, bildet auf Grund dieses gemeinschaftlichen Besitzes eine Gesellschaft und zwar auch dann, wenn die Bierherstellung selbst jedem Einzelnen auf eigene Rechnung überlassen bleibt. Nur die Gesellschaft als solche kann als Brauereiinhaberin gelten und von dem den Bierbrauern

---

[1]) O. III S. 418, V S. 161 ff.
[2]) O. I S. 454.
[3]) B. V S. 59.
[4]) B. V S. 19.
[5]) O. VI S. 633.
[6]) O. VI S. 526.
[7]) B. VI S. 9.
[8]) O. VIII S. 406.

in Bayern gesetzlich eingeräumten Schankrecht Gebrauch machen, nicht jedes einzelne Mitglied der Gesellschaft [1]). Wer eine Brauerei zur gemeinschaftlichen Benützung mit dem Eigentümer gemiethet hat und darin, abwechselnd mit dem Eigentümer, Bier braut, ist nicht berechtigt, dieses Bier ohne obrigkeitliche Erlaubniß auszuschenken [2]).

Ein Bierbrauer, der den Ausschank des eigenen Erzeugnisses fortsetzt, nachdem die Einstellung dieses Geschäftsbetriebes verfügt wurde, ist gleich dem strafbar, der eine Schankwirthschaft ohne die dazu erforderliche Erlaubniß betreibt [3]).

b) Kommunbrauerei.

Das Wesen einer Kommunbrauerei liegt darin, daß die einem bestimmten Gemeindeverband angehörigen, im Besitze des Bürgerrechts befindlichen Anwesensbesitzer in einem oder mehreren bestimmten Bräuhäusern Bier brauen und das Erzeugniß in ihrem Anwesen ausschänken dürfen.

Der Kommunalberechtigte Brauer ist aber selbstverständlich nur zum Ausschanke desjenigen Bieres berechtigt, welches er unter Beobachtung der hierüber waltenden Ordnung in einem Kommunal- oder als solches geltenden Brauhause gebraut hat. Für aus andern Brauhäusern hervorgegangenes, wenn auch selbstgebrautes Bier, kann er nicht als Kommunalbrauer gelten, also auch die Schankbefugnisse nicht beanspruchen. Die Kommunbrauberechtigung hat zur Voraussetzung ein eigentliches Kommunbrauhaus, welches entweder Gemeindeeigenthum oder Eigenthum einer Gesellschaft sein kann oder doch ein solches bestimmtes Privathaus, in welchem, sei es vorübergehend, sei es für beständig, den Kommunberechtigten das Brauen gestattet ist. Andernfalls kann nur mit polizeilicher Genehmigung Bier ausgeschenkt werden. Der Umstand, daß ein Ausschank viele Jahre unbeanstandet ausgeübt wurde, ist für die rechtliche Beurtheilung der Sache ohne Belang, ebenso der weitere Umstand, daß nach dem örtlichen Herkommen den Bürgern das Brauen in Privathäusern gestattet sei [4]).

Schankberechtigte Kommunbrauer gehen auch dadurch allein, daß sie das Eigenthum des Kommunbrauhauses erwerben, des Rechts, ihr darin erzeugtes Bier zu verschenken, nicht verlustig; es ist vielmehr für die Eigenschaft eines Kommunbrauhauses

---

[1]) B. XI S. 49.
[2]) O. VI S. 681.
[3]) O. IX S. 358.
[4]) Urtheil des k. b. obersten Landesgerichts v. 18. Januar 1902, Min.A.Bl. d. J. S. 66.

als solchen ohne Belang, in wessen Eigenthum es sich befindet[1]).

Bei einer allenfallsigen Weiterveräußerung des Brauhauses an eine Genossenschaft von mehreren Personen käme es, die Brauberechtigung nur als persönliche vorausgesetzt, zunächst auf die Willensmeinung der neuen Erwerber an, ob sie die Erhaltung des Kommunbrauhauses beabsichtigen, oder ob sie nur ein Gesellschaftsverhältniß begründen und die Brauerei mit Ausschluß der übrigen bis dahin Brauberechtigten fortan auf eigene Rechnung betreiben wollten. Wenn demnach außer den Miteigenthümern auch andere Bürger Bier in dem Brauhause sieden und die Brauerei nicht von den Gesellschaftern auf gemeinsame Rechnung, sondern von jedem Nutzungsberechtigten auf seine eigene Rechnung betrieben wird, so liegt kein Gesellschaftsverhältniß vor, sondern es besteht das Rechtsverhältniß einer Kommunbrauerei. Schankberechtigte Kommunbrauer werden demnach dadurch allein, daß sie Miteigenthum an dem Kommunbrauhause erwerben, des Rechtes, das von ihnen in diesem erzeugte Bier selbst auszuschenken, nicht verlustig[2]).

c) Weinbauern.

Nur den Weinbauern, d. i. solchen, die Weintrauben bauen und Traubenwein bereiten, nicht aber den Erzeugern von Obstwein, ist der Ausschank des eigenen Erzeugnisses und zwar nur nach Maaßgabe des örtlichen Herkommens gestattet[3]). Auch dem, der seinen Weingarten durch fremde Hände bestellen läßt, ferner dem, der einen ihm zur Nutzung überlassenen fremden Weingarten bebaut, und dem, der neben dem Weinbau ein Gewerbe betreibt, ist ohne polizeiliche Erlaubniß gestattet, das Erzeugniß des Weingartens auszuschenken[4]). Der Umstand, daß der Weinbauer nebenbei ein Gewerbe betreibt, ist nicht angethan, ihn dieser Befugniß verlustig zu machen, weil das Gesetz die Ausschanksbefugniß nicht davon abhängig macht, daß die betreffende Person den, einen Theil der Landwirthschaft bildenden, Weinbau ausschließlich betreibe, sondern nur davon, daß es eigenes Erzeugniß sei, auch nicht abzusehen wäre, warum für Denjenigen der Gesichtspunkt des landwirthschaftlichen Nebengewerbes in Wegfall kommen sollte, der außer Landwirthschaft ein konzessionirtes Gewerbe treibt, während doch die in Frage stehende Vergünstigung bezielt, Jedem, der Wein baut und erntet, ohne Rücksicht auf die Größe des bebauten Objektes die Verwerthung des eigenen Erzeugnisses mittelst Ausschankes zu ermöglichen. Wer aber Wein

---

[1]) O. VI S. 322 ff. u. 443; VII S. 365.
[2]) O. VII S. 365.
[3]) V. V S. 327.
[4]) O. IV S. 78.

ausschenkt, in dessen Besitz er dadurch gekommen, daß er einem Andern das Gewächs seines Weinberges abkauft und, nachdem der Verkäufer die Trauben geerntet und gekeltert hatte, den Most zur Ausgährung in seinen Keller brachte, schenkt nicht eigenes Erzeugniß aus [1]).

16. Realrechte [2]).

Die Realrechte wurden durch die Reichsgewerbeordnung aufrecht erhalten, doch können neue Rechte nicht mehr begründet werden [3]).

Unter die Realrechte fallen sowohl die radizirten Gewerberechte, die an ein bestimmtes Haus geknüpft sind, wie die Realrechte im engeren Sinne, welche, ohne an einem bestimmten Hause zu haften, einen Inbegriff von Gewerbebefugnissen bilden, welche Gegenstand des Privateigenthums sind, und über welche nach Maaßgabe des Privatrechts verfügt werden kann [4]). Die realen und radizirten Gewerberechte können durch Kauf, Tausch u. s. w. wie jedes andere Privateigenthum veräußert werden; sie gehen nach dem Tode des Besitzers auf die rechtmäßigen Erben über, können auch mit Hypotheken belastet, gesperrt und im Konkurs zur Masse gezogen werden [5]).

Sowohl radizirte als reale Gewerbeberechtigungen können auf jede zur Wirthschaftsausübung befähigte Person in der Art übertragen werden, daß der Erwerber die Gewerbsberechtigung auf eigene Rechnung ausüben darf [6]).

Auch können reale und radizirte Gerechtsamen mit gewerbspolizeilicher Bewilligung auf ein anderes Anwesen transferirt werden [7]). Dagegen ist eine Transferirung von realen oder radizirten Gewerberechten von einer Gemeinde in die andere unzulässig. Aber auch der Eigenthümer einer realen oder radizirten Schankwirthschaftsberechtigung bedarf zum Betriebe derselben

---

[1]) O. VI S. 633.

[2]) Vgl. hiezu „Die Realgewerbe in München, Landshut und Straubing vom historischen und rechtlichen Standpunkte nach amtlichen Quellen" in den Verhandlungen des Sozialgesetzgebungsausschusses der Kammer der Abgeordneten 1867/69, Beil. zu Protokoll I S. 13 ff.

[3]) §§ 1 Abs. II, 10 Abs. II R.G.O.; die gleiche Anordnung hatte auch schon Art. 7 Abs. II des b. Gewerbegef. v. 30. Januar 1868 getroffen.

[4]) B. III 7; Reger II 121.

[5]) Art. 74 des Einführ.-Ges. zum bürgerl. Ges.B.; b. Land-Recht Th. II cap. I § 9 u. Th. III cap. I § 2 u. 4 ff.; Hypoth.-Ges. v. 1. Juni 1822, § 3; § 1 der R.Konkursordn. $\frac{\text{v. 10. Febr. 1877}}{\text{17. Mai 1898}}$.

[6]) § 48 R.G.O.; B. III 7.

[7]) B. I S. 217; III S. 14 u. 15; XIII S. 169.

der obrigkeitlichen Genehmigung und ist strafbar, wenn er den Betrieb ohne solche Genehmigung unternimmt [1]).

Bei Bescheidung des Gesuches um die Bewilligung zur Ausübung einer realen Wirthschaftsberechtigung hat die Würdigung der Bedürfnißfrage außer Betracht zu bleiben [2]). Dagegen ist bei Würdigung eines Gesuches um die polizeiliche Erlaubniß zur Ausübung eines radizirten Gewerberechts an einem andern Ort die Bedürfnißfrage zu würdigen [3]).

Bei realen Gerechtsamen ist die Lage und Beschaffenheit des zum Wirthschaftsbetriebe bestimmten Lokals einer Prüfung zu unterziehen [4]); bei radizirten Gewerben erstreckt sich die Prüfung der Lokalfrage lediglich auf die Beschaffenheit des Lokals [5]).

Der Inhaber der Erlaubniß zum Betriebe eines gepachteten realen Wirthschaftsgewerbes für ein bestimmtes Lokal ist rechtlich nicht gehindert, sich um eine vom Bedürfnißnachweis abhängige Erlaubniß zum Wirthschaftsbetriebe für dasselbe Lokal zu bewerben, obwohl er sich noch in der Ausübung des Realrechts befindet [6]).

Wird ein Wirthschaftskonzessionsgesuch auf eine reale Gerechtsame [7]) gestützt und ergeben sich gegen den Rechtsbestand erhebliche Bedenken, so ist dieselbe bei Bescheidung des Gesuches von der Gewerbspolizeibehörde insolange außer Berücksichtigung zu lassen, als nicht der Rechtsbestand dieser Gerechtsame durch die hiefür zunächst zuständigen Gerichte konstatirt ist [8]). Derartige Bedenken sind von der Gewerbspolizeibehörde von Amtswegen zu beachten, ohne daß es deren Geltendmachung durch einen Dritten bedarf [9]).

---

1) O. VI S. 670.

2) B. III S. 77.

3) B. (Plenarentsch. XI 1.)

4) B. I S. 217; III S. 14 u. 15; XIII S. 169.

5) B. XIII S. 169.

6) B. VIII S. 62.

7) Die Distriktspolizeibehörden hatten Kataster über die realen, radizirten und persönlichen Gewerbe zu führen — V. v. 1. Dezember 1804; V. v. 28. Dezember 1825; Vollz.Instr. v. 17. Februar 1853, § 227; Instr. v. 21. April 1862, § 53 —, welche Kataster in erster Linie Aufschluß über den Rechtsbestand eines Gewerbes geben.

8) Streitigkeiten über den Umfang eines realen oder radizirten Gewerbes, d. h. über die Frage, welche Befugnisse in den Umkreis eines Gewerberechts gehören, z. B. ob der Branntweinausschank sich als bloßer Ausfluß einer jemanden unbestritten zustehenden realen Krämereigerechtsame darstellt, fallen in die Zuständigkeit der Administrativbehörden (Erk. des Gerichtshofes f. Kompetenzkonflikte v. 3. Februar 1894, Beil. I zum Ges. u. V.Bl. 1895).

9) B. III 555.

17. Pfalz.

In der Pfalz verblieb es auch nach dem Inslebentreten der Reichsgewerbeordnung bei der Konzessionsfreiheit der Gewerbebetriebe einschließlich des hergebrachten Ausschankes eigener Erzeugnisse von Bier und Wein[1]). Die Konzessionsfreiheit wurde jedoch im Jahre 1879[2]) in Bezug auf Gast- und Schankwirthschaften und den Kleinhandel mit Branntwein aufgehoben. Dagegen ist bezüglich des Ausschankes eigener Erzeugnisse von Bier und Wein ohne polizeiliche Erlaubniß eine Aenderung nicht eingetreten[3]).

18. Beschwerde.

Gegen Versagung der Genehmigung zum Betriebe der Gast- und Schankwirthschaft und des Kleinhandels mit Branntwein oder Spiritus ist der Rekurs an die einschlägige k. Regierung, Kammer des Innern, zulässig, welcher bei Verlust desselben binnen 14 Tagen vom Tage der Eröffnung des Bescheides an gerechnet, gerechtfertigt werden muß[4]).

Beschwerdeberechtigt ist nur der Gesuchsteller, nicht auch die Gemeindebehörde; Letztere hat nur die Stellung eines Beratungsorganes, nicht einer Partei[5]). Dem Bewerber steht übrigens ein Beschwerderecht gegen die Konzessionsverleihung an einen Dritten nicht zu[6]). Zur Beschwerdeführung gegen einen gewerbspolizeilichen Bescheid, wodurch das Gesuch des Besitzers einer realen Wirthschaftsgerechtsame um die Bewilligung zur Ausübung der Letzteren durch einen Pächter abgewiesen wird, könnte der Besitzer der realen Gerechtsame nur dann nicht als legitimirt erachtet werden, wenn die Abweisung lediglich darauf gestützt wäre, daß gegen den Pächter Thatsachen der in § 33 Abs. 2 Ziff. 1 bezeichneten Art vorliegen[7]).

Die Rechtfertigung des Rekurses muß ersichtlich machen, in welcher Beziehung der Beschwerdeführer durch den angefochtenen Bescheid sich beschwert erachtet, welche Aenderung des Bescheides er beantragt. Eine Erörterung der Gründe, aus denen sich die Rekursbitte in thatsächlicher und rechtlicher Beziehung als gerechtfertigt darstellen soll, ist zu diesem Zwecke nicht erforderlich[8]).

---

[1]) § 1 Abs. 2 des R Ges. v. 12. Juni 1872.
[2]) Novelle zur R.G.O. v. 23. Juli 1879.
[3]) O. X S. 159.
[4]) § 40 Abs. 2 u. § 20 R.G.O.
[5]) B. II S. 77 ff.
[6]) B. XI S. 414.
[7]) B. III S. 7.
[8]) B. VII S. 72.

Gegen den Regierungsbescheid ist eine weitere Beschwerde zulässig entweder an den k. Verwaltungsgerichtshof, wenn es sich um Rechtsfragen handelt[1]) oder an das k. Staatsministerium des Innern, wenn es sich um Ermessensfragen handelt[2]).

Als Rechtsfragen kommen in Betracht: die Frage, ob gegen eine Person Thatsachen vorliegen, welche die Annahme rechtfertigen, daß dieselbe das Gewerbe zur Förderung der Völlerei, des verbotenen Spieles, der Hehlerei oder der Unsittlichkeit mißbrauchen werde[3]); die Frage, ob bei Bescheidung des Gesuches um Verlegung einer bestehenden Wirthschaft in ein anderes Lokal die Prüfung des Bedürfnisses einzutreten hat[4]); die Frage ob auch bei Transferirung einer realen Wirthschaftsgerechtsame die Prüfung der Lage und Beschaffenheit des neuen Lokales in Hinsicht auf die polizeilichen Anforderungen zulässig ist[5]); die Frage, ob es bei Bescheidung eines Wirthschaftsgesuches zulässig ist, die Prüfung der Lokalitätenfrage zu unterlassen[6]).

Zu den Ermessensfragen zählen: die Entscheidung darüber, ob das zum Betriebe des Wirthschaftsgewerbes bestimmte Lokal wegen seiner Beschaffenheit oder Lage den polizeilichen Anforderungen genügt[7]); ob die ungenügende Beschaffenheit der zum Wirthschaftsbetrieb bestimmten Lokalitäten in einem gegebenen Falle die Abweisung des Gesuches erheische oder ob dasselbe bedingungsweise zu genehmigen sei[8]); ob zum Betriebe einer Wirthschaft ein Bedürfniß besteht[9]). —

---

[1]) B. II S. 140. Die Zuständigkeit des Verwaltungsgerichtshofes in gewerblichen Angelegenheiten bemißt sich nach Art. 8 Ziff. 8 des Ges. v. 8. August 1878 über die Errichtung eines Verwaltungsgerichtshofes u. s. w., wonach eine Verwaltungsrechtssache, für welche dieser Gerichtshof nach Art. 7 Abs. I die oberste Instanz bildet, dann vorliegt, wenn eine gewerbliche Befugnis auf Grund der Gewerbeordnung in Frage und zugleich ein Fall gegeben ist, in welchem das in den §§ 20 u. 21 vorgesehene Verfahren nach den jeweils geltenden Bestimmungen einzutreten hat (B. VI S. 298 u. 299).

[2]) B. II S. 140.

[3]) B. II S. 140. Ist jedoch bei einem Gesuche um die Erlaubniß zum Betriebe einer Schankwirthschaft von den Behörden der aktiven Verwaltung die Lokalfrage zu Ungunsten des Gesuchstellers entschieden worden, so ist der Verwaltungsgerichtshof nicht mehr berufen, die von ihm eingelegte Beschwerde über das Vorhandensein der erforderlichen persönlichen Qualifikation des Nachsuchenden materiell zu würdigen und zu bescheiden (B. XVI S. 232).

[4]) B. II S. 77.

[5]) B. I S. 217. Die fragliche Prüfung selbst aber ist eine Ermessensfrage. Siehe „Ermessensfragen“.

[6]) B. XIX S. 135.

[7]) B. I S. 185, 269, III S. 7.

[8]) B. III S. 7.

[9]) B. I S. 185.

Bei Beschwerden gegen die behördliche Einziehung einer Wirthschaftskonzession gelten hinsichtlich des Verfahrens die gleichen Grundsätze wie bei Beschwerden gegen Versagung der Genehmigung[1]. Die letztinstanzielle Entscheidung über Beschwerden gegen Beschlüsse der Kreisregirungen, Kammern des Innern, welche die Einziehung einer Wirthschaftskonzession wegen Mangels der erforderlichen[2] Voraussetzungen für Ertheilung der Konzession zum Gegenstande haben, steht dem Verwaltungsgerichtshofe zu[3].

Zur Bescheidung von Beschwerden gegen Beschlüsse der k. Regierungen, welche die für einen Gewerbebetrieb ertheilte Genehmigung[4] für erloschen erklären, ist[5] eine Zuständigkeit des Verwaltungsgerichtshofes nicht mehr gegeben[6][7].

19. Gesuchserneuerung und Wiederaufnahme des Verfahrens.

Einem rechtskräftig abgewiesenen Konzessionsbewerber steht nichts im Wege, sein Gesuch jederzeit zu wiederholen und die zuständige Verwaltungsbehörde ist alsdann verpflichtet, das Gesuch neuerdings einer selbstständigen sachlichen Würdigung zu unterstellen und materiell zu bescheiden, dagegen nicht befugt, dasselbe lediglich vom Gesichtspunkte der Rechtskraft[8] zurückzuweisen.

Wenn ein Bewerber den bequemen und weniger kostspieligen Weg der Gesuchserneuerung zur Erwirkung eines neuen Bescheides in der nämlichen Sache aus irgend einem Grunde nicht gehen will, steht demselben beim Vorhandensein der gesetzlichen Voraussetzungen[9] auch noch das Rechtsmittel der Wiederaufnahme des Verfahrens nach freier Wahl zur Verfügung[10].

---

[1] §§ 54 u. 20 u. 21 R.G.O.

[2] § 33 Abs. 2 Ziff. 1 R.G.O.

[3] B. I S. 288.

[4] Auf Grund des § 49 R.G.O.

[5] Infolge der durch die Gewerbeordnungsnovelle vom 1. Juli 1883 bewirkten Änderungen der §§ 15 u. 54 der R.G.O.

[6] B. VI S. 298.

[7] Wenn Rechts- u. Ermessungsfragen in einer Sache zusammenfallen, ist nach § 49 des Ges. über die Errichtung eines Verwaltungsgerichtshofes zu verfahren.

[8] Beschlüsse über Konzessionsgesuche im Sinne des § 33 der Gewerbeordnung können eine Rechtskraft in dem Sinn, daß diese Gesuche, wenn einmal durch rechtskräftigen Bescheid abgewiesen, nicht wieder erneuert werden dürften, nicht erlangen (B. XII S. 74).

[9] Hinsichtlich der Voraussetzungen vgl. Art. 25 des Ges. über die Errichtung eines Verwaltungsgerichtshofes u. s. w. v. 8. August 1878.

[10] B. XII S. 72.

20. Erlöschen der Konzession.

Die behördliche Erlaubniß zur Ausübung eines Wirthschaftsgewerbes erlischt a) kraft Gesetzes, b) durch Verzicht, c) durch ausdrückliche Zurücknahme der Verwaltungsbehörde. Eine Person, welche die behördliche Erlaubniß zur Ausübung eines Wirthschaftsgewerbes in einer bestimmten Lokalität erhalten hat, von dieser Erlaubniß auch eine Zeit lang thatsächlich Gebrauch macht, später jedoch die fragliche Lokalität an eine andere Person zum Wirthschaftsbetriebe verpachtet, bedarf zur eigenen Wiederausübung des Wirthschaftsgewerbes in der nämlichen Lokalität nur dann einer neuen behördlichen Erlaubniß, wenn die erste Erlaubniß entweder kraft des Gesetzes erloschen oder von der Verwaltungsbehörde ausdrücklich zurückgenommen worden ist[1]).

a) Kraft Gesetzes: In § 49 der Reichsgewerbeordnung wird bestimmt, daß eine nach § 33 ertheilte Genehmigung zum Wirthschaftsbetriebe als erloschen gelten soll, einmal wenn der Inhaber nach Empfang der Genehmigung ein ganzes Jahr verstreichen läßt, ohne von derselben Gebrauch zu machen, mit dem Betriebe also gar nicht beginnt, sodann wenn derselbe den (schon begonnenen) Gewerbebetrieb während eines Zeitraumes von drei Jahren eingestellt und eine Fristung nicht nachgesucht oder nicht erhalten hat.

Die Genehmigung zum Wirthschaftsbetrieb erlischt nicht, wenn der Inhaber der Wirthschaft binnen Jahresfrist von dieser Genehmigung durch einen Stellvertreter Gebrauch macht[2]). Die Ausübung des Wirthschaftsgewerbes durch einen Pächter schließt die Nichtausübung desselben durch den Verpächter in sich und hat bei dreijähriger Dauer des Pachtverhältnisses die Erlöschung der Gewerbsbefugniß auch dann zur Folge, wenn der Pächter ohne die erforderliche selbstständige Genehmigung das Gewerbe betrieben hat[3]).

Die Genehmigung zum Wirthschaftsbetrieb in einer bestimmten Lokalität erlischt für den Inhaber derselben durch die zeitweise Verpachtung der Wirthschaft an eine im Besitze einer selbstständigen Wirthschaftserlaubniß befindliche Person aber dann nicht, wenn das Pachtverhältniß vor Ablauf von drei Jahren wieder gelöst wird[4]). Die durch dreijährige Betriebseinstellung bewirkte Erlöschung einer Genehmigung zum Gewerbebetriebe kann nicht durch die nach Ablauf dieses Zeitraumes erfolgte Wieder-

---

[1]) B. I S. 122.
[2]) B. I S. 69.
[3]) B. IV S. 306.
[4]) B. I S. 69.

aufnahme des Betriebes behoben werden[1]). Bei successiver Verleihung zweier Bewilligungen zum Wirthschaftsbetriebe für ein und dasselbe Lokal erlischt die ältere Bewilligung nicht von selbst mit der Verleihung der jüngeren[2]).

Reale und radizirte Gewerbsberechtigungen erlöschen nur nach den Bestimmungen des einschlägigen Civilrechts.

Nach dem bayer. Landrecht Th. I cap. 2 § 16 Ziff. 12—16 erlöschen Realrechte durch ausdrücklichen oder stillschweigenden Verzicht, durch den Verlust der Sache, welcher das Recht anhängt, und durch zehnjährigen Nichtgebrauch. Nicht erlischt das Realrecht durch das Ableben des Inhabers (a. a. O. Ziff. 11).

Gemeinrechtlich erlischt ein Realrecht nach 30 Jahren. Hieran ist gemäß Art. 74 des E.G. zum B.G.B. nichts geändert worden.

b) Verzicht. Es beruht auf einem allgemein giltigen Rechtssatze, daß, von besonderen hier nicht in Frage kommenden gesetzlichen Vorschriften abgesehen, niemand genötigt werden kann, im Genusse von Rechten zu bleiben, die er nicht mehr haben will, und zwar um so weniger dann, wenn mit dem Rechte auch eine Last verknüpft ist, z. B. die Tragung einer auf das Recht gelegten Steuer. Um jedoch den Verzicht einer Person auf ein ihr zustehendes Recht annehmen zu können, ist unerläßlich, daß sich aus Worten dieser Person oder doch aus konkludenten Thatsachen ein durchaus bündiger Schluß dafür ergibt, daß es die wirkliche Absicht der betreffenden Person ist, sich des in Frage befindlichen Rechtes zu entschlagen. Das Recht einer Person zum Betriebe einer Wirthschaft kann demnach auch durch rechtsgiltigen Verzicht auf dasselbe erlöschen. Als ein solcher Verzicht ist die von dem Gewerbetreibenden bei der Gemeindebehörde abgegebene Erklärung der Gewerbsniederlegung zu erachten[3]). Die Wiederaufnahme des von einem Gewerbetreibenden niedergelegten Gewerbes durch denselben steht dem Neubeginne des Gewerbes gleich und darf bei Gewerben, für deren Betrieb eine besondere behördliche Erlaubniß gesetzlich vorgeschrieben ist, wie das Wirthschaftsgewerbe, ohne jene Erlaubniß nicht erfolgen. Entgegengesetzten Falles ist die Behörde so berechtigt wie verpflichtet, den begonnenen Gewerbebetrieb einzustellen[3]).

c) Zurücknahme der Konzession. Der § 53 Abs. 2 der Reichsgewerbeordnung statuirt als Voraussetzung für die Zurücknahme einer Konzession[4]), daß aus Handlungen oder Unter-

---

[1]) B. IV S. 306.

[2]) B. I S. 69.

[3]) B. II S. 144.

[4]) Eine reale Wirthschaftsgerechtsame kann nicht entzogen werden. (B. XII 254 u. 255).

lassungen des Inhabers der Mangel derjenigen Eigenschaften, welche bei Ertheilung der Genehmigung vorausgesetzt werden mußten, klar erhellt. Von welcher Art diese Eigenschaften sein müssen, ergibt sich aus § 33 der Gewerbeordnung, nach dessen Ziff. 1 die Genehmigung zum Betriebe einer Wirthschaft dann zu versagen ist, wenn auf Grund bestimmter Thatsachen der Mißbrauch des Gewerbes zur Förderung der Völlerei, des verbotenen Spieles, der Hehlerei oder der Unsittlichkeit anzunehmen ist. Diese Thatsachen müssen, wenn sie zur Maßregel der Konzessionsentziehung berechtigen sollen, erwiesen sein, sei es durch Notorietät oder durch das gepflogene Beweisverfahren; Vermuthungen genügen noch nicht. Ob im einzelnen Falle aus dem konkreten Beweismaterial diese Thatsachen klar erhellen, ist Sache der verwaltungsrichterlichen Prüfung und Ueberzeugung[1]). Diese Bestimmung der Gewerbeordnung findet auch auf solche Wirthschaften Anwendung, welche schon vor dem Inkraftreten dieses Gesetzes in Bayern auf Grund der früheren gewerbegesetzlichen Vorschriften genehmigt und eröffnet worden sind[2]). Die Zurücknahme einer Konzession kann nicht unmittelbar auf solche Handlungen oder Unterlassungen gestützt werden, welche der Zeit vor der Genehmigungsertheilung angehören[3]). Die Gewerbspolizeibehörden sind zur Zurücknahme einer ertheilten Wirthschaftserlaubniß auch dann berechtigt, wenn die verschiedenen Verfehlungen, welche sich der Wirthschaftsinhaber zu schulden kommen ließ, in ihrer Gesammtheit betrachtet, eine Unzuverlässigkeit desselben ergeben[4]).

Es[5]) kann auch die Einstellung des Ausschankes eigener Erzeugnisse an Getränken verfügt werden, wenn Thatsachen vorliegen, auf Grund deren die Erlaubniß[6]) zum Betriebe eines der daselbst bezeichneten Gewerbe versagt werden könnte. Diese Einstellung darf auch auf Grund solcher Thatsachen verfügt werden, welche der Zeit vor dem Beginne dieses konzessionsfreien Wirthschaftsbetriebes angehören[7]). Der Ausschank der eigenen Erzeugnisse von Getränken kann auch dann untersagt werden, wenn das Lokal den polizeilichen Anforderungen nicht entspricht[8]).

Die Polizeibehörde ist auch befugt, der Aufnahme eines Stellvertreters, welcher die nothwendigen persönlichen Eigenschaften

---

[1]) B. I S. 69; XXI S. 94.
[2]) B. XII S. 254.
[3]) B. X S. 382.
[4]) B. XII S. 335.
[5]) Nach § 1 Abs. 3 des R.Ges. v. 12. Juni 1872, die Einführung der Gewerbeordnung betr.
[6]) Gemäß § 33 der R.G.O.
[7]) B. XIX S. 1.
[8]) B. XXI S. 167.

zum Wirthschaftsbetriebe nicht besitzt, durch entsprechendes Vorgehen gegen den Inhaber des Wirthschaftsgewerbes[1]) entgegenzutreten[2]).

Dem Besitzer einer realen Wirthschaftsberechtigung kann nur die Befugniß zur persönlichen Ausübung des Gewerbes entzogen werden, während es demselben vorbehalten bleiben muß, seine Gewerbeberechtigung durch eine andere zum Betriebe des Gewerbes befähigte Person ausüben zu lassen[3]).

21. Polizeiliche Verhinderung des Gewerbebetriebes.

Die Fortsetzung des Betriebes kann polizeilich verhindert werden, wenn ein Gewerbe, zu dessen Beginn eine besondere Genehmigung erforderlich ist, ohne diese Genehmigung begonnen wird[4]).

22. Wirthschaftsfirmen.

Diese können beliebig gewählt werden — z. B. zum goldenen Lamm, zum grünen Baum u. s. w. — und bedürfen keiner behördlichen Genehmigung. Wer sich jedoch der Namen des Königs, der Königin oder anderer Mitglieder des k. Hauses in seiner Firma bedienen will, hat die hiezu die erforderliche besondere Bewilligung einzuholen[5]). Diese Bewilligung ist bei dem k. Oberststhofmeisterstabe bezw. bei der einschlägigen prinzlichen oder herzoglichen Hofstelle zu erholen.

Seit 1. Januar 1900 sind Gast- und Schankwirthe verpflichtet, ihren Familiennamen mit mindestens einem ausgeschriebenen Vornamen an der Außenseite oder am Eingange der Wirthschaft in deutlich lesbarer Schrift anzubringen[6]).

Hotels und feinere Restaurants werden ihre Firmen, unter welchen sie ihr Geschäft betreiben, bei dem einschlägigen Amtsgerichte zur Eintragung in das Handelsregister anzumelden haben[7]) und können die Inhaber eventuell hiezu von dem Registergerichte durch Ordnungsstrafen angehalten werden[8]).

---

[1]) Auf Grund des § 53 Abs. 2 u. des § 54 der R.G.O.
[2]) B. IV S. 372.
[3]) B. V S. 49.
[4]) § 15 Abs. II R.G.O.
[5]) § 75 der Verordn. v. 21. April 1862.
[6]) Art. 9 des Einführungsges. zum Handelsges.B.
[7]) §§ 29 u. 1 des neuen Handelsges.B.
[8]) § 14 des neuen Handelsges.B.

23. Preise der Schankwirthe und Gastwirthe.

a) Schankberechtigte Brauer und Bierwirthe haben den Preis des Bieres in ihren Gewerbslokalitäten auf eine für die Käufer sichtbare Weise anzuschlagen, wenn dies durch ortspolizeiliche Vorschrift vorgeschrieben ist[1]). Zuwiderhandlung wird mit Geld bis zu dreißig Mark bestraft. Wenn die schankberechtigten Brauer und Bierwirthe die von ihnen angezeigten Preise überschreiten oder gegen ortspolizeiliche Vorschrift eine Erhöhung der Preise eintreten lassen, ohne wenigstens drei Tage vorher der Ortspolizeibehörde davon Anzeige gemacht oder deren Bewilligung zur früheren Aenderung ihrer Preise erlangt zu haben, haben sie eine Geldstrafe bis zu sechzig Mark zu gewärtigen[2]).

b) Die Gastwirthe können durch die Ortspolizeibehörde angehalten werden, das Verzeichniß der von ihnen gestellten Preise einzureichen und in den Gastzimmern anzuschlagen. Diese Preise dürfen zwar jederzeit abgeändert werden, bleiben aber solange in Kraft, bis die Abänderung der Polizeibehörde angezeigt und das abgeänderte Verzeichniß in den Gastzimmern angeschlagen ist. Auf Beschwerden Reisender wegen Ueberschreitung der verzeichneten Preise steht der Ortspolizeibehörde eine vorläufige Entscheidung vorbehaltlich des Rechtswegs zu[3]).

Gastwirthe können nicht blos zum Anschlage der Zimmerpreise, sondern auch zu jenem aller andern im gewöhnlichen Betriebe einer Gastwirthschaft zur Anwendung kommenden Tarifsätze (z. B. für Verpflegung, Bedienung, Licht) angehalten werden. Die Preise sind in den Gastzimmern, also wohl nicht bloß in den einzelnen Fremdenzimmern, sondern auch in den gemeinschaftlichen Restaurationslokalen u. s. w. anzuschlagen[4]).

Wer die durch Anzeige bei der Obrigkeit festgelegten Taxen überschreitet oder es unterläßt, das vorgeschriebene Verzeichniß einzureichen, wird mit Geldstrafe bis zu einhundertfünfzig Mark und im Unvermögensfalle mit Haft bis zu vier Wochen bestraft[5]). Wer es unterläßt, das fragliche Verzeichniß anzuschlagen, wird mit Geldstrafe bis zu dreißig Mark und im Unvermögensfalle mit Haft bis zu acht Tagen bestraft[6]).

---

[1]) Wie z. B. in München; siehe „Anhang".

[2]) Art. 143 Pol.Str.Ges.B.

[3]) § 75 R.G.O.

[4]) Vgl. Bl. f. admin. Pr. Bd. 27 S. 263.

[5]) § 148 Ziff. 8 R.G.O., in der Fassung von Art. 15 Ziff. VI 2 der Novelle vom 30. Juni 1900. In Kraft getreten am 1. Oktober 1900.

[6]) § 149 Ziff. 7ª R.G.O. Eingeschaltet durch Art. 15 Ziff. VII der Novelle v. 30. Juni 1900, in Kraft getreten am 1. Oktober 1900.

24. Abgabe von Speisen und Getränken.

Bierwirthe unterliegen einer Geldstrafe bis zu fünfundvierzig Mark, wenn sie ohne genügenden Entschuldigungsgrund, solange ihre Vorräthe reichen, einem Käufer die Abgabe ihrer Verkaufsgegenstände gegen Zahlung verweigern[1]). Der Zweck dieser lediglich im öffentlichen Interesse erlassenen Vorschrift ist nicht nur der, dem Publikum den Bezug seiner gewöhnlichsten täglichen Lebensbedürfnisse nicht unmöglich zu machen oder zu erschweren, sondern auch der, es vor Willkürlichkeiten der Verkäufer von Lebensmitteln zu schützen[2]). Der Wirth ist auch strafbar, der sich weigert, einem Gaste ein Viertelliter Bier zu verabreichen[3]). Hier ist auch des schlechten Einschenkens zu gedenken, welches nach dem Urtheile des k. obersten Landesgerichts vom 22. September 1900 unter Umständen nach § 263 des R.Str.Ges.B. als Betrug bestraft werden kann, da hier die Vorspiegelung falscher Thatsachen gegeben sind, welche darin liegen, daß der Einschenkende durch die bekannten Kunstgriffe und unter Benützung der Undurchsichtigkeit der Steinkrüge eine ungewöhnlich große Menge Schaum erzeugt und so bei den Käufern wissentlich den Irrthum erregt, als ob sie das richtige Quantum Bier erhielten.

Mit Gefängniß bis zu sechs Monaten und mit Geldstrafe bis zu eintausendfünfhundert Mark oder mit einer dieser Strafen wird bestraft: 1. Wer zum Zwecke der Täuschung im Handel und Verkehr Nahrungs- und Genußmittel nachmacht oder verfälscht; 2. wer wissentlich Nahrungs- oder Genußmittel, welche verdorben oder nachgemacht oder verfälscht sind, unter Verschweigung dieses Umstandes verkauft oder unter einer zur Täuschung geeigneten Bezeichnung feilhält[4]). Ist die in Ziff. 2 bezeichnete Handlung aus Fahrlässigkeit begangen worden, so tritt Geldstrafe bis zu einhundertfünfzig Mark oder Haft ein[5]). Mit Gefängniß, neben welcher auf Verlust der bürgerlichen Ehrenrechte erkannt werden kann, wird bestraft: 1. Wer vorsätzlich Gegenstände, welche bestimmt sind, Andern als Nahrungs- oder Genußmittel zu dienen, derart herstellt, daß der Genuß derselben die menschliche Gesundheit zu beschädigen geeignet ist, in gleichen wer wissentlich Gegenstände, deren Genuß die menschliche Gesundheit zu beschädigen

---

[1]) Art. 144 des Pol.Str.Ges.; Urtheil des k. b. obersten Gerichtshofes v. 20. September 1873 — Samml. Bd. III S. 376.

[2]) Samml. von Entsch. des k. b. obersten Gerichtshofes Bd. VI S. 589 ff.

[3]) O. X S. 122.

[4]) § 10 des R.Ges. v. 14. Mai 1879 — R.Ges.Bl. S. 145 u. bezw. v. 29. Juni 1887 — R.Ges.Bl. S. 276.

[5]) § 11 dieses R.Ges.

geeignet ist, als Nahrungs- oder Genußmittel verkauft, feilhält oder sonst in Verkehr bringt. Der Versuch ist strafbar. Ist durch die Handlung eine schwere Körperverletzung oder der Tod eines Menschen verursacht worden, so tritt Zuchthausstrafe bis zu fünf Jahren ein[1]). Die Beamten der Polizei sind befugt, in die Räumlichkeiten, in welchen Nahrungs- und Genußmittel feilgehalten werden, während die Räumlichkeiten dem Verkehr geöffnet sind, einzutreten. Sie sind befugt von diesen Gegenständen nach ihrer Wahl Proben zum Zwecke der Untersuchung zu entnehmen[2]).

Die Vermischung des zum Ausschanke gelangenden Bieres mit Tropfbier erfüllt den Thatbestand eines Vergehens wider das Nahrungsmittelgesetz. Denn nach allgemeiner menschlicher Erfahrung pflegt den im Gebrauche befindlichen Maßkrügen Cigarrenasche, Salz, Pfeffer rc. anzukleben, und beim Auffüllen der Maßkrüge gelangen diese Gegenstände mit dem überschäumenden Biere in den Untersatz, weßhalb das im Untersatze sich ansammelnde Bier als ekelerregend zu erachten ist. In dem betreffenden Falle gereicht auch der Umstand dem Wirthe nicht zur Entschuldigung, daß sich derselbe beim Einschütten des Tropfbieres in die Schankfässer eines mit einem Seiher versehenen Trichters bedient hatte; im Gegentheile ist gerade hieraus zu folgern, daß sich der Wirth der Verunreinigung des Tropfbieres bewußt war[3]).

In der Vermischung des in dem Tags zuvor angezapften Fasse zurückgebliebenen und dadurch schal gewordenen Bieres mit frischem Bier von gleichem Fabrikat ist eine Verfälschung des Bieres zu finden, wenn dieses dadurch verschlechtert ist und der Thäter zum Zwecke der Täuschung die Vermischung vorgenommen hat. Ob die Verschlechterung nur so geringfügig war, daß die Gäste sie nicht bemerkt haben, ist nur für die Höhe der Strafe erheblich. Auch in der Vermischung von besseren Biersorten mit geringeren ist der Thatbestand der Fälschung zu finden, sofern der Angeklagte mit der Vermischung der Biersorten eine Täuschung der Gäste bezweckt hat[4]).

25. Verkehr mit Wein, weinhaltigen und weinähnlichen Getränken[5]).

Wein ist das durch alkoholische Gährung aus dem Safte der Weintraube hergestellte Getränk.

---

[1]) § 12 dieses R.Ges.
[2]) §§ 1 u. 2 dieses R.Ges.
[3]) O. v. 29. September 1896 — Min.A.Bl. d. J. 1896 S. 417.
[4]) Urtheil des Reichsger. v. 29. November 1889.
[5]) R.Ges.Bl. 1901 S. 175 (am 1. Oktober 1901 in Kraft getreten). Hiezu Bekanntm. v. 2. Juli 1901 — R.Ges.Bl. S. 257.

Als Verfälschung oder Nachahmung des Weines[1]) ist nicht anzusehen: 1. die anerkannte Kellerbehandlung einschließlich der Haltbarmachung des Weines, auch wenn dabei Alkohol oder geringe Mengen von mechanisch wirkenden Klärungsmitteln (Eiweiß, Gelatine, Hausenblase, schweflicher Säure oder daraus entstandener Schwefelsäure) in den Wein gelangen, jedoch darf die Menge des zugesetzten Alkohols, sofern es sich nicht um Getränke handelt, die als Dessertweine (Süd-Süßweine) ausländischen Ursprungs in den Verkehr kommen, nicht mehr als ein Raumtheil auf 100 Raumtheile Wein betragen. 2. Die Vermischung (Verschnitt) von Wein mit Wein. 3. Die Entsäuerung mittels reinen gefällten kohlensauren Kalkes. 4. Der Zusatz von technisch reinem Rohr-, Rüben- oder Invertzucker, technisch reinem Stärkezucker auch in wässeriger Lösung, sofern ein solcher Zusatz nur erfolgt, um den Wein zu verbessern, ohne seine Menge erheblich zu vermehren. Auch darf der gezuckerte Wein seiner Beschaffenheit und seiner Zusammensetzung nach, namentlich auch in seinem Gehalt an Extraktstoffen und Mineralbestandtheilen nicht unter den Durchschnitt der ungezuckerten Weine des Weinbaugebietes, dem der Wein nach seiner Benennung entsprechen soll, herabgesetzt werden.

Es ist verboten, die gewerbsmäßige Herstellung oder Nachahmung von Wein unter Verwendung 1. eines Aufgusses von Zuckerwasser oder Wasser auf Trauben, Traubenmaische oder ganz oder theilweise entmostete Trauben, jedoch ist der Zusatz wässeriger Zuckerlösung zur vollen Rothweintraubenmaische zur Verbesserung des Weines und ohne erhebliche Vermehrung derselben mit den dort bezeichneten Beschränkungen behufs Herstellung von Rothwein gestattet; 2. eines Aufgusses von Zuckerwasser auf Hefen; 3. von getrockneten Früchten (auch in Auszügen oder Abkochungen) oder eingedickten Moststoffen, unbeschadet der Verwendung bei der Herstellung von solchen Getränken, welche als Dessertweine (Süd-Süßweine) ausländischen Ursprungs in den Verkehr kommen. Betriebe, in welchen eine derartige Verwendung stattfinden soll, sind von dem Inhaber vor dem Beginne des Geschäftsbetriebes der zuständigen Behörde anzuzeigen; 4. von anderen als technisch reinem Rohr-, Rüben- oder Invertzucker, technisch reinem Stärkezucker insbesondere Saccharin, Dulcin oder sonstigen künstlichen Süßstoffen; 5. von Säuren, säurehaltigen Stoffen, insbesondere von Weinstein und Weinsäure, von Bouquetstoffen, künstlichen Moststoffen oder Essenzen, unbeschadet der Verwendung aromatischer oder arzneilicher Stoffe bei der Herstellung von solchen Weinen, welche als landesübliche Gewürzgetränke oder als Arzneimittel

---

[1]) Im Sinne des § 10 des Ges. betr. Der Verkehr mit Nahrungs- und Genußmittel v. 14. Mai 1879 — R.Ges.Bl. Nr. 145.

unter den hiefür gebräuchlichen Bezeichnungen (Wermuthwein, Maiwein, Pepsinwein, Chinawein und dergleichen) in den Verkehr kommen; 6. von Obstmost und Obstwein, von Gummi oder andern Stoffen, durch welche der Extraktgehalt erhöht wird. Getränke, welche den vorstehenden Vorschriften zuwider oder unter Verwendung eines nicht gestatteten Zusatzes hergestellt sind, dürfen weder feilgehalten noch verkauft werden. Dies gilt auch dann, wenn die Herstellung nicht gewerbsmäßig erfolgt ist. Die Verwerthung von Trestern, Rosinen und Korinthen in der Branntweinbrennerei wird nicht berührt, jedoch unterliegt sie der Kontrolle der Steuerbehörden.

Es ist verboten, Wein, welcher einen Zusatz von technisch reinem Rohr-, Rüben- oder Invertzucker oder technisch reinem Stärkezucker erhalten hat oder Rothwein, welcher unter Verwendung eines gestatteten Aufgusses hergestellt ist, als Naturwein oder unter anderen Bezeichnungen feilzuhalten oder zu verkaufen, welche die Annahme hervorzurufen geeignet sind, daß ein derartiger Zusatz nicht gemacht ist.

Schaumwein, der gewerbsmäßig verkauft oder feilgehalten wird, muß eine Bezeichnung tragen, welche das Land und erforderlichenfalls den Ort erkennbar macht, in welchem er auf Flaschen gefüllt worden ist. Schaumwein, der aus Fruchtwein (Obst oder Beerenwein) hergestellt ist, muß eine Bezeichnung tragen, welche die Verwendung von Fruchtwein erkennen läßt. Die näheren Vorschriften trifft der Bundesrath. Die vom Bundesrath vorgeschriebenen Bezeichnungen sind auch in die Preislisten und Weinkarten, sowie in die sonstigen im geschäftlichen Verkehr üblichen Angebote mit aufzunehmen.

Die nachbenannten Stoffe, nämlich lösliche Aluminiumsalze (Alaun und dergleichen), Baryumverbindungen, Borsäure, Glycerin, Kermesbeeren, Magnesiumverbindungen, Salicylsäure, Oxalsäure, unreiner (freien Amylalkohol enthaltender) Sprit, unreiner (nicht technisch reiner) Stärkezucker, Strontiumverbindungen, Theerfarbstoffe oder Gemische, welche einen dieser Stoffe enthalten, dürfen Wein, weinhaltigen oder weinähnlichen Getränken, welche bestimmt sind, Andern als Nahrungs- oder Genußmittel zu dienen, bei der Herstellung nicht zugesetzt werden. Der Bundesrath ist ermächtigt, noch andere Stoffe zu bezeichnen, auf welche dieses Verbot Anwendung zu finden hat.

Wein, weinhaltige und weinähnliche Getränke, welchen, diesen Vorschriften zuwider, einer der dort oder der vom Bundesrathe bezeichneten Stoffe zugesetzt ist, dürfen weder feilgehalten noch verkauft, noch sonst in Verkehr gebracht werden. Dasselbe gilt für Rothwein, dessen Gehalt an Schwefelsäure in einem Liter Flüssigkeit mehr beträgt, als sich in zwei Gramm neutralen schwefelsauren Kaliums vorfindet. Diese Bestimmung findet jedoch auf solche Rothweine nicht Anwendung, welche als Dessertweine (Südweine) ausländischen Ursprungs in den Verkehr kommen.

Jeder Inhaber von Keller-, Gähr- und Kelterräumen oder sonstigen Räumen, in denen Wein oder Schaumwein gewerbsmäßig hergestellt und behandelt wird, hat dafür zu sorgen, daß in diesen Räumen an einer in die Augen fallenden Stelle ein deutlicher Abdruck der vorstehenden Bestimmungen ausgehängt ist.

Die hiezu aufgestellten Beamten und Sachverständigen sind befugt, außerhalb der Nachtzeit, und falls Thatsachen vorliegen, welche annehmen lassen, daß zur Nachtzeit gearbeitet wird, auch während dieser Zeit in Räume, in denen Wein, weinhaltige oder weinähnliche Getränke gewerbsmäßig hergestellt, aufbewahrt, feilgehalten oder verpackt werden, einzutreten, daselbst Besichtigungen vorzunehmen, geschäftliche Aufzeichnungen, Frachtbriefe und Bücher einzusehen, auch nach ihrer Auswahl Proben zum Zwecke der Untersuchung gegen Empfangsbescheinigung zu entnehmen. Auf Verlangen ist ein Theil der Probe amtlich verschlossen oder versiegelt zurückzulassen und für die entnommene Probe eine angemessene Entschädigung zu leisten. Die Nachtzeit umfaßt in dem Zeitraume vom 1. April bis 30. September die Stunden von 9 Uhr Abends bis 4 Uhr Morgens und in dem Zeitraume vom 1. Oktober bis 31. März die Stunden von 9 Uhr Abends bis 6 Uhr Morgens.

Die innerhalb der vorbezeichneten Räume, sowie die von ihnen bestellten Betriebsleiter und Aufsichtspersonen sind verpflichtet, den zuständigen Beamten und Sachverständigen auf Erfordern Auskunft über das Verfahren bei Herstellung der Erzeugnisse, über den Umfang des Betriebs, über die zur Verwendung gelangenden Stoffe, insbesondere auch über deren Menge und Herkunft zu ertheilen, sowie die geschäftlichen Aufzeichnungen, Frachtbriefe und Bücher vorzulegen. Die Ertheilung von Auskunft kann jedoch verweigert werden, soweit Derjenige, von welchem sie verlangt wird, sich selbst oder einem der Angehörigen die Gefahr strafgerichtlicher Verfolgung zuziehen würde.

Die Sachverständigen sind, vorbehaltlich der Anzeige von Gesetzwidrigkeiten verpflichtet, über die Thatsachen und Einrichtungen, welche durch die Aufsicht zu ihrer Kenntniß kommen, Verschwiegenheit zu beobachten und sich der Mittheilung und Nachahmung der von den Gewerbetreibenden geheim gehaltenen, zu ihrer Kenntniß gelangten Betriebseinrichtungen und Betriebsweisen, so lange als diese Betriebsgeheimnisse sind, zu enthalten. Sie sind hierauf zu beeidigen.

Zuwiderhandlungen werden mit Gefängniß bis zu sechs Monaten und mit Geldstrafe bis zu dreitausend Mark bestraft. Ist der Thäter bereits einmal wegen einer solchen Zuwiderhandlung bestraft, so tritt Gefängnißstrafe bis zu einem Jahr ein, neben welcher auf Geldstrafe bis zu fünfzehntausend Mark erkannt werden kann. Diese Bestimmung findet Anwendung, auch wenn die frühere Strafe nur theilweise verbüßt oder ganz oder theilweise erlassen ist, bleibt jedoch ausgeschlossen, wenn seit der Verbüßung oder dem Erlasse der letzten Strafe bis zur Begehung der neuen Strafthat drei Jahre verflossen sind.

26. Verkehr mit künstlichen Süßstoffen[1]).

Beim Verkauf von Limonaden, Springerln u. s. w. hat der Wirth die Bestimmungen über den Verkehr mit künstlichen Süßstoffen zu berücksichtigen. Hienach dürfen die unter Verwendung von künstlichen Süßstoffen hergestellten Nahrungs- und Genußmittel nur unter einer diese Verwendung erkennbar machenden Bezeichnung verkauft oder feilgehalten werden.

Es ist verboten:

1. künstliche Süßstoffe bei der gewerbsmäßigen Herstellung von Bier, Wein oder weinähnlichen Getränken, von Fruchtsäften, Konserven und Liqueuren, sowie von Zucker- oder Stärkesyrupen zu verwenden,
2. Nahrungs- und Genußmittel dieser Art, welchen künstliche Süßstoffe zugesetzt sind, zu verkaufen oder feilzuhalten.

Wer diesen Vorschriften vorsätzlich zuwiderhandelt, wird mit Gefängniß bis zu sechs Monaten und mit Geldstrafe bis zu eintausendfünfhundert Mark oder mit einer dieser Strafen bestraft.

Ist die Handlung aus Fahrlässigkeit begangen worden, so tritt Geldstrafe bis zu einhundertfünfzig Mark oder Haft ein.

Neben der Strafe kann auf Einziehung der verbotswidrig hergestellten, verkauften oder feilgehaltenen Gegenstände erkannt werden. Ist die Verfolgung oder Verurtheilung einer bestimmten Person nicht ausführbar, so kann auf die Einziehung selbstständig erkannt werden.

27. Trinkgeschirre und Flüssigkeitsmaaße[2]).

Trinkgeschirre sowie Flüssigkeitsmaaße dürfen nicht 1. ganz oder theilweise aus Blei oder eine in hundert Gewichtstheilen mehr als zehn Gewichtstheile Blei enthaltenden Metalllegierung hergestellt, 2. an der Innenseite mit einer in hundert Gewichtstheilen mehr als einen Gewichtstheil Blei enthaltenden Metall-

---

[1]) R.Ges. v. 6. Juli 1898 — R.Ges.Bl. Nr. 31.

[2]) R.Ges. betr. Den Verkehr mit blei- und zinkhaltigen Gegenständen v. 25. Juni 1887. R.Ges.Bl. S. 273.

legierung gelöthet. Auf Geschirre und Flüssigkeitsmaaße aus bleifreiem Britanniametall findet die Vorschrift in Ziff. 2 betreffs des Lothes nicht Anwendung. Zur Herstellung von Druckvorrichtungen zum Ausschank von Bier, sowie von Siphons für kohlensäurehaltige Getränke dürfen nur Metalllegierungen verwandt werden, welche in hundert Gewichtstheilen nicht mehr als einen Gewichtstheil Blei enthalten. Zu Leitungen für Bier, Wein und Essig dürfen bleihaltige Kautschukschläuche nicht verwandt werden. Zur Aufbewahrung von Getränken dürfen Gefäße nicht verwandt sein, in welchen sich Rückstände von bleihaltigem Schrotte befinden.

Wer Druckvorrichtungen, welche den obigen Vorschriften nicht entsprechen, zum Ausschank von Bier oder bleihaltige Schläuche zur Leitung von Bier, Wein oder Essig gewerbsmäßig verwendet, wird mit Geldstrafe bis zu einhundertfünfzig Mark oder mit Haft bestraft. Neben der Strafe kann auf Einziehung der Gegenstände, welche den betreffenden Vorschriften zuwider hergestellt, verkauft, feilgehalten oder verwendet sind, erkannt werden.

Nach[1]) dem Wortlaute, der Entstehungsgeschichte und der Absicht des Gesetzes müssen sämmtliche Theile der Beschläge der Biergläser und Bierkrüge den Bestimmungen in Ziff. 1 entsprechen und ist deshalb nicht bloß der Deckel, sondern auch für die Krücken, Scharniere und Gewinde die Verwendung einer Legirung von mehr als zehn Prozent Bleigehalt untersagt.

28. Schlachtvieh und Fleischbeschau[2]).

Rindvieh, Schweine, Schafe, Ziegen, Pferde und Hunde, deren Fleisch zum Genusse für Menschen verwendet werden soll, unterliegen vor und nach der Schlachtung einer amtlichen Untersuchung. Durch Beschluß des Bundesraths kann die Untersuchungspflicht auf anderes Schlachtvieh ausgedehnt werden.

Bei Nothschlachtungen darf die Untersuchung vor der Schlachtung unterbleiben.

Der Fall der Nothschlachtung liegt dann vor, wenn zu befürchten steht, daß das Thier bis zur Ankunft des zuständigen Beschauers verenden oder das Fleisch durch Verschlimmerung des krankhaften Zustandes wesentlich an Werth verlieren werde oder wenn das Thier in Folge eines Unglücksfalls sofort getödtet werden muß.

Bei Schlachtthieren, deren Fleisch ausschließlich im eigenen

---

[1]) Bekanntm. der k. Bezirksämter München I u. II v. 10. Juni 1901 — Münch. A.-Bl. S. 383.

[2]) Reichsges. v. 3. Juni 1900 — R.Ges.Bl. Nr. 27. Ausgegeben zu Berlin 11. Juli 1900.

Haushalte des Besitzers verwendet werden soll, darf, sofern sie keine Merkmale einer die Genußtauglichkeit des Fleisches ausschließenden Erkrankung zeigen, die Untersuchung vor der Schlachtung und, sofern sich solche Merkmale auch bei der Schlachtung nicht ergeben, auch die Untersuchung nach der Schlachtung unterbleiben.

Eine gewerbsmäßige Verwendung von Fleisch aber, bei welchem die Untersuchung unterbleibt, ist verboten.

Als eigener Haushalt ist der Haushalt der Kasernen, Krankenhäuser, Erziehungsanstalten, Speiseanstalten, Gefangenenanstalten, Armenhäuser und ähnlicher Anstalten sowie der Haushalt der Schlächter, Fleischhändler, Gast-, Schank- und Speisewirthe nicht anzusehen.

Fleisch im Sinne dieses Gesetzes sind Theile von warmblütigen Thieren, frisch oder zubereitet, sofern sie sich zum Genusse für Menschen eignen. Als Theile gelten auch die aus warmblütigen Thieren hergestellten Fette und Würste, andere Erzeugnisse nur insoweit, als der Bundesrath dies anordnet.

Zur Vornahme der Untersuchung sind Beschaubezirke zu bilden; für jeden derselben ist mindestens ein Beschauer sowie ein Stellvertreter zu bestellen.

Zu Beschauern sind approbirte Thierärzte oder andere Personen, welche genügende Kenntnisse nachgewiesen haben, zu bestellen.

Die Schlachtung des zur Untersuchung gestellten Thieres darf nicht vor der Ertheilung der Genehmigung und nur unter Einhaltung der angeordneten besonderen Vorsichtsmaßregeln stattfinden.

Erfolgt die Schlachtung nicht spätestens zwei Tage nach Ertheilung der Genehmigung, so ist sie nur nach erneuter Untersuchung und Genehmigung zulässig.

Ergiebt die Untersuchung nach der Schlachtung, daß kein Grund zur Beanstandung des Fleisches vorliegt, so hat der Beschauer es als tauglich zum Genusse für Menschen zu erklären.

Vor der Untersuchung dürfen Theile eines geschlachteten Thieres nicht beseitigt werden.

Ergiebt die Untersuchung, daß das Fleisch zum Genusse für Menschen untauglich ist, so hat der Beschauer es vorläufig zu beschlagnahmen, den Besitzer hievon zu benachrichtigen und der Polizeibehörde sofort Anzeige zu erstatten.

Fleisch, dessen Untauglichkeit sich bei der Untersuchung ergeben hat, darf als Nahrungs- oder Genußmittel für Menschen nicht in Verkehr gebracht werden.

Die Verwendung des Fleisches zu anderen Zwecken kann von der Polizeibehörde zugelassen werden, soweit gesundheitliche Bedenken nicht entgegenstehen. Die Polizeibehörde bestimmt, welche Sicherungsmaßregeln gegen eine Verwendung des Fleisches zum Genusse für Menschen zu treffen sind.

Das Fleisch darf nicht vor der polizeilichen Zulassung und nur unter Einhaltung der von der Polizeibehörde angeordneten Sicherungsmaßregel in Verkehr gebracht werden.

Das Fleisch ist von der Polizeibehörde in unschädlicher Weise zu beseitigen, soweit seine Verwendung zu anderen Zwecken nicht zugelassen wird.

Ergiebt die Untersuchung, daß das Fleisch zum Genusse für Menschen nur bedingt tauglich ist, so hat der Beschauer es vorläufig zu beschlagnahmen, den Besitzer hievon zu benachrichtigen und der Polizeibehörde sofort Anzeige zu erstatten. Die Polizeibehörde bestimmt, unter welchen Sicherungsmaßregeln das Fleisch zum Genusse für Menschen brauchbar gemacht werden kann.

Fleisch, das bei der Untersuchung als nur bedingt tauglich erkannt worden ist, darf als Nahrungs- und Genußmittel für Menschen nicht in Verkehr gebracht werden, bevor es unter den von der Polizeibehörde angeordneten Sicherungsmaßregeln zum Genusse für Menschen brauchbar gemacht worden ist.

Der Vertrieb des zum Genusse für Menschen brauchbar gemachten Fleisches darf nur unter einer diese Beschaffenheit erkennbar machenden Bezeichnung erfolgen.

Fleischhändlern, Gast-, Schank- und Speisewirthen ist der Vertrieb und die Verwendung solchen Fleisches nur mit Genehmigung der Polizeibehörde gestattet; die Genehmigung ist jederzeit widerruflich. An die vorbezeichneten Gewerbetreibenden darf derartiges Fleisch nur abgegeben werden, soweit ihnen eine solche Genehmigung ertheilt worden ist. In den Geschäftsräumen dieser Personen muß an einer in die Augen fallenden Stelle durch deutlichen Anschlag besonders erkennbar gemacht werden, daß Fleisch, welches zum Genusse für Menschen brauchbar gemacht wurde, zum Vertrieb oder zur Verwendung kommt.

Fleischhändler dürfen das Fleisch nicht in Räumen feilhalten oder verkaufen, in welchen taugliches Fleisch feilgehalten oder verkauft wird.

Die Einfuhr von Fleisch in luftdicht verschlossenen Büchsen oder ähnlichen Gefäßen von Würsten und sonstigen Gemengen aus zerkleinertem Fleische in das Zollinland ist verboten[1]).

---

[1]) Unter den neben Büchsenfleisch und Würsten noch aufgeführten sonstigen Gemengen aus zerkleinertem Fleische können nur solche aus kleinen Fleischstücken zusammengesetzte Zubereitungen verstanden werden, die wie z. B. Hackfleisch, Schabefleisch, Mett, Brät, Wurstfüllsel, Sülzen und dergl. einer gesundheitlichen Untersuchung ebenso wenig wie Würste unterstellt werden können, dagegen fallen hierunter nicht Einzelstücke von Fleisch, wie z. B. geräucherte Rollschinken.

Weiterhin ist nur die **Einfuhr** von Büchsenfleisch und Wurstwaaren in das Zollinland verboten. — Hiernach erscheint die **Durchfuhr** von solchen Waaren durch das deutsche Zollgebiet, soferne sie

Im Uebrigen gelten für die Einfuhr von Fleisch in das Zollinland bis zum 31. Dezember 1903 folgende Bedingungen:

1. Frisches Fleisch darf in das Zollinland nur in ganzen Thierkörpern, die bei Rindvieh, ausschließlich der Kälber, und bei Schweinen in Hälften zerlegt sein können, eingeführt werden.

   Mit den Thierkörpern müssen Brust- und Bauchfell, Lunge, Herz, Nieren, bei Kühen auch das Euter in natürlichem Zusammenhange verbunden sein; der Bundesrath ist ermächtigt, diese Vorschrift auf weitere Organe auszudehnen.

2. Zubereitetes Fleisch darf nur eingeführt werden, wenn nach der Art seiner Gewinnung und Zubereitung Gefahren für die menschliche Gesundheit erfahrungsgemäß ausgeschlossen sind oder die Unschädlichkeit für die menschliche Gesundheit in zuverlässiger Weise bei der Einfuhr sich feststellen läßt. Diese Feststellung gilt als unausführbar insbesondere bei Sendungen von Pökelfleisch, sofern das Gewicht einzelner Stücke weniger als vier Kilogramm beträgt; auf Schinken, Speck und Därme findet diese Vorschrift keine Anwendung.

   Fleisch, welches zwar einer Behandlung zum Zwecke seiner Haltbarmachung unterzogen worden ist, aber die Eigenschaften frischen Fleisches im Wesentlichen behalten hat oder durch entsprechende Behandlung wieder gewinnen kann, ist als zubereitetes Fleisch nicht anzusehen.

Für die Zeit nach dem 31. Dezember 1903 sind die Bedingungen für die Einfuhr von Fleisch gesetzlich von neuem zu regeln. Sollte eine Neuregelung bis zu dem bezeichneten Zeitpunkte nicht zu Stande kommen, so bleiben die oben festgesetzten Einfuhrbedingungen bis auf Weiteres maßgebend.

Das in das Zollinland eingehende Fleisch unterliegt bei der

---

unmittelbar und unter Zollverschluß erfolgt, gestattet. Unter unmittelbarer Durchfuhr ist aber nur jene Durchfuhr zu verstehen, welche sich ohne längere Aufenthaltsdauer im Zollinlande vollzieht, als die ordnungsmäßige Waarenbeförderung bedingt. Demnach muß es als unzulässig bezeichnet werden, Büchsenfleisch und Wurstwaaren, die vom Auslande eingegangen und zur Durchfuhr bestimmt sind, in ein Transitlager unter zollamtlichem Mitverschluß zu verbringen und hier längere oder kürzere Zeit bis zur Wiederausfuhr lagern zu lassen. (Bekanntm. der k. Gen.-Dir. der Zölle u. indirekten Steuern v. 9. April 1901).

Konserven aus Geflügel und Wildpret werden von dem Einfuhrverbot nicht betroffen (Bekanntm. der k. Gen.-Dir. der Zölle u. indirekten Steuern v. 18. April 1901).

Einfuhr einer amtlichen Untersuchung unter Mitwirkung der Zollbehörden. Ausgenommen hievon ist das nachweislich im Inlande bereits vorschriftsmäßig untersuchte und das zur unmittelbaren Durchfuhr bestimmte Fleisch.

Die Einfuhr von Fleisch darf nur über bestimmte Zollämter erfolgen.

Auf Wildpret und Federvieh, ferner auf das zum Reiseverbrauche mitgeführte Fleisch finden die Bestimmungen hinsichtlich der Einfuhr nur insoweit Anwendung, als der Bundesrath dies anordnet.

Für das im kleinen Grenzverkehre sowie im Meß- und Marktverkehre des Grenzbezirks eingehende Fleisch können durch Anordnung der Landesregierungen Ausnahmen von den Bestimmungen bezüglich der Einfuhr zugelassen werden.

Fleisch, welches zwar nicht für den menschlichen Genuß bestimmt ist, aber dazu verwendet werden kann, darf zur Einfuhr ohne Untersuchung zugelassen werden, nachdem es zum Genusse für Menschen unbrauchbar gemacht ist.

Bei Pferden muß die Untersuchung durch approbirte Thierärzte vorgenommen werden.

Der Vertrieb von Pferdefleisch sowie die Einfuhr solchen Fleisches in das Zollinland darf nur unter einer Bezeichnung erfolgen, welche in deutscher Sprache das Fleisch als Pferdefleisch erkennbar macht.

Fleischhändlern, Gast-, Schank- und Speisewirthen ist der Vertrieb und die Verwendung von Pferdefleisch nur mit Genehmigung der Polizeibehörde gestattet; die Genehmigung ist jederzeit widerruflich. An die vorbezeichneten Gewerbetreibenden darf Pferdefleisch nur abgegeben werden, soweit ihnen eine solche Genehmigung ertheilt worden ist. In den Geschäftsräumen dieser Personen muß an einer in die Augen fallenden Stelle durch deutlichen Anschlag besonders erkennbar gemacht werden, daß Pferdefleisch zum Vertrieb oder zur Verwendung kommt.

Fleischhändler dürfen Pferdefleisch nicht in Räumen feilhalten oder verkaufen, in welchen Fleisch von anderen Thieren feilgehalten oder verkauft wird.

Der Bundesrath ist ermächtigt, anzuordnen, daß die vorstehenden Vorschriften auf Esel, Maulesel, Hunde und sonstige, seltener zur Schlachtung gelangende Thiere entsprechende Anwendung finden.

Der Beschauer hat das Ergebniß der Untersuchung an dem Fleische kenntlich zu machen. Das aus dem Ausland eingeführte Fleisch ist außerdem als solches kenntlich zu machen.

Fleisch, welches innerhalb des Reichs der amtlichen Untersuchung unterlegen hat, darf einer abermaligen amtlichen Untersuchung nur zu dem Zwecke unterworfen werden, um festzustellen, ob das Fleisch inzwischen verdorben ist oder sonst eine gesundheitsschädliche Veränderung seiner Beschaffenheit erlitten hat.

Landesrechtliche Vorschriften, nach denen für Gemeinden mit öffentlichen Schlachthäusern der Vertrieb frischen Fleisches Beschränkungen, insbesondere dem Beschauzwang innerhalb der Gemeinde unterworfen werden kann, bleiben mit der Maßgabe unberührt, daß ihre Anwendbarkeit nicht von der Herkunft des Fleisches abhängig gemacht werden darf.

Bei der gewerbsmäßigen Zubereitung von Fleisch dürfen Stoffe oder Arten des Verfahrens, welche der Waare eine gesundheitsschädliche Beschaffenheit zu verleihen vermögen, nicht angewendet werden. Es ist verboten, derartig zubereitetes Fleisch aus dem Ausland einzuführen, feilzuhalten, zu verkaufen oder sonst in Verkehr zu bringen[1]).

Zuwiderhandlungen unterliegen empfindlichen Strafen, (Gefängniß bis zu sechs Monaten und Geldstrafe bis zu eintausendfünfhundert Mark).

29. Lokal-Bier-Aufschlag[2]).

Die Gemeinden sind[3]) berechtigt für in ihre Gemeinden eingeführtes Bier einen Lokalbieraufschlag zu erheben. Die Genehmigung zur Erhebung solcher örtlicher Verbrauchsabgaben wird vom Ministerium des Innern ertheilt.

Gegenstand des Bieraufschlags ist jedes von auswärts eingeführte Getränke, welches sich seiner Natur nach als Bier darstellt, gleichviel welchen Namen — Bock, Salvator, Pilsener, Ale, Porter u. s. w. — es trägt und gleichviel in welchen Gefäßen — Gebinden oder Flaschen — es eingeführt wird. Die Befreiung einzelner Arten von Bier z. B. des Weißbieres vom Bieraufschlag ist nur infolge entsprechender Gemeindebeschlüsse und unter

---

[1]) Diese Vorschriften finden auf die folgenden Stoffe sowie auf die solche Stoffe entfallenden Zubereitungen Anwendung: Borsäure und deren Salze, Formaldehyd, Alkali- und Erdalkali-Hydroxyde und -Karbonate, schweflige Säure und deren Salze sowie unterschwefligsaure Salze, Fluorwasserstoff und dessen Salze, Salicylsäure und deren Verbindungen, chlorsaure Salze. Dasselbe gilt für Farbstoffe jeder Art, jedoch unbeschadet ihrer Verwendung zur Gelbfärbung der Margarine und zum Färben der Wursthüllen, soferne diese Anwendung nicht einer Vorschrift zuwiderläuft. (Bekanntm. des Reichskanzlers v. 18. Februar 1902 — R.Ges.Bl. — § 9. Diese Bestimmung sammt Bekanntm. tritt am 1. Okt. 1902 in Kraft.

[2]) Bezüglich München siehe „Anhang."

[3]) Auf Grund der Art. 40 u. 41 der Gem.-O. v. 29. April 1869.

der Voraussetzung zulässig, daß auch beim Lokalmalzaufschlage entsprechende Befreiung zulässig ist und stattfindet. Dagegen ist es unzulässig, für eingeführtes Nachbier einen geringeren Aufschlag zu erheben als für eingeführtes wirkliches Bier. Bier, welches durch den Gemeindebezirk bloß durchgeführt wird (Transit) unterliegt der Aufschlagspflicht nicht. Die Erhebung des Bieraufschlags ist Sache der Gemeinde und ihrer Organe.

Den Lokalbieraufschlag hat Derjenige zu entrichten, der das Bier in den Gemeindebezirk einführt. Wenn der Bräuer das Bier über die Gemeindegrenze bringt bezw. durch sein Personal bringen läßt, ist derselbe in der Regel auch als der Einführende zu erachten. Als Einführender kann allerdings auch der Wirth, der von auswärts Bier sich kommen läßt bezw. selbst einführt, in Betracht kommen. Wenn der Wirth die Verpflichtung zur Entrichtung des Bieraufschlages ausdrücklich oder stillschweigend übernommen hat und nach der Intention beide Theile die das Bier liefernde Brauerei von jeder Belastung bezüglich des Bieraufschlages befreit bleiben soll, so sind solche Abmachungen zwischen dem Bräuer und dem Wirthe zwar für diese selbst bindend, nicht aber maßgebend für die aufschlagberechtigte Gemeinde, welche sich mit Recht zunächst an die in die Erscheinung tretende Thatsache der Einführung des Bieres durch eine bestimmte Person hält. Sie kann Abmachungen der fraglichen Art, wenn sie ihr bekannt geworden sind, thatsächlich respektiren, so lange sie dies nach ihrem Ermessen für gut findet; sie verliert aber hiedurch nicht das Recht, sich gegebenen Falles an denjenigen zu halten, der das Bier wirklich eingeführt hat und dadurch aufschlagpflichtig geworden ist[1]).

Ein Seitens einer Gemeinde unter Ueberschreitung der ministeriell genehmigten Sätze zu viel erhobene Lokalbieraufschlag kann von den betheiligten Wirthen zurückgefordert werden[2]).

Es besteht ungeachtet der ministeriellen Genehmigung zur Erhebung oder Forterhebung des Lokalbieraufschlages in einer Gemeinde keine Verpflichtung zur Entrichtung desselben, wenn der darauf bezügliche Beschluß der Gemeindeversammlung in der Folge als nichtig erkannt wird. Wenn aber ein solcher Beschluß nachträglich in giltiger Weise zu Stande kommt, so wird die Erhebung vom Tage der letzteren Beschlußfassung an eine gesetzmäßige und rechtsverbindliche[3]).

Die im Bezirke der vormaligen Markgrafschaft Bayreuth zur Erhebung gekommenen Bierumgelder sind, soweit sie eine Verbrauchsteuer zu Gunsten der Gemeinde darstellen, durch die

[1]) B. XVI S. 97.
[2]) B. VII S. 87.
[3]) B. XI S. 436.

am 1. Oktober 1810 erfolgte Einführung des k. b. Aufschlagsmandates vom 2. Juli 1807 aufgehoben[1]).

Wird in einer Gemeinde, in welcher für eingeführtes Bier ein Lokalaufschlag erhoben wird, eingeführtes Bier in *Gebinden* und in Quantitäten von mindestens 16 Liter aus dem Gemeindebezirk wieder ausgeführt, so hat der Ausführende Anspruch auf Rückvergütung des Aufschlages nach Abzug der auf Erhebung und Kontrolle des Gefälles etwa erwachsenden Gemeindekosten[2]).

Selbstverständlich muß die Rückvergütung vom Berechtigten beantragt und vom Ausführenden der Nachweis geliefert werden, daß das Bier eingeführt und der Bieraufschlag hiefür entrichtet worden ist.

Die Frage, ob das wieder auszuführende Bier gut oder verdorben ist, hat auf den Rückvergütungsanspruch hinsichtlich des *Bieraufschlages* keinen Einfluß.

Rückvergütung hat aber nur für Bier, welches in Gebinden, nicht aber auch für solches *in Flaschen* zu erfolgen.

Defraudationen des Aufschlages von dem in den Gemeindebezirk eingeführten Biere unterliegen neben Entrichtung des betreffenden Aufschlages einer Strafe im *zehnfachen* und beim Rückfalle im *zwanzigfachen* Betrage desselben.

Die Strafe darf jedoch niemals den Betrag von *dreihundertsechzig Mark* übersteigen[3]).

Wer bei der Ausfuhr von Bier aus dem Gemeindebezirke zum Zwecke der Rückvergütung des Lokalaufschlages unrichtig deklarirt oder sonst in widerrechtlicher Weise eine Rückvergütung sich zu verschaffen sucht ist mit dem *zehnfachen*, im Rückfalle mit dem *zwanzigfachen* Betrage der Rückvergütung, welche er sich widerrechtlich zu verschaffen suchte, zu bestrafen[4]).

---

[1]) B. VIII S. 29.

[2]) B. III S. 475.

[3]) Art. 84 des Ges. über den Malzaufschlag v. 16. Mai 1868.

[4]) Art. 85 dieses Ges. Gemäß Art. 1 des Polizeistrafgesetzbuches mit Art. 41 Abs. III der Gemeindeordnung sowie Art. 86 des Malzaufschlagsgesetzes können ortspolizeiliche Vorschriften *lediglich zur Kontrole und Sicherung* des Lokalmalz- und Bieraufschlags erlassen werden.

Von diesen ortspolizeilichen Vorschriften sind die *statutarischen Bestimmungen* über die *Voraussetzungen* und den *Umfang der Verpflichtung zur Entrichtung der bezeichneten Gefälle* bezw. der zu beanspruchenden *Rückvergütung* der verschiedenen Zweckbestimmung nach *stets auch* äußerlich zu trennen — ein Grundsatz, welcher in sehr vielen diesbezüglichen älteren ortspolizeilichen Vorschriften verletzt ist.

Selbstverständlich ist es zulässig, den ortspolizeilichen Vorschriften — *jedoch vollständig getrennt von denselben* — als Anhang die statutarischen Bestimmungen beizufügen.

30. Zoll.

Von den nachstehend aufgeführten Gegenständen werden für je 100 kg die beigefügten Beträge bei Einführung aus dem Auslande (Vertragsstaaten) erhoben [1]).

Bier in Fässern und Flaschen	6 Mk.
Wein in Fässern	20 „
Wein in Flaschen	48 „
Schaumwein in Flaschen	120 „
Branntwein in Fässern	160 „
Branntwein in Flaschen	240 „
Likör in Fässern und Flaschen	240 „
Fleisch ausgeschlachtet von Vieh (mit Ausnahme der Schweine und des Wildes)	15 „
Schweinefleisch und Würste	17 „
Geflügel (zahmes) 12 Mk. / Wild u. Wildgeflügel 20 „ } beides ausgeschlachtet und zerlegt	30 Mk.

Die ortspolizeilichen Vorschriften können sich sowohl auf die Erhebung als auf die Rückvergütung der Gefälle beziehen, indem sie in beiden Fällen die Sicherung desselben gegen Entziehung oder Verkürzung, sei es durch Verheimlichung der die Aufschlagspflicht begründenden Thatsachen, sei es durch unbegründete Rückvergütungsansprüche, bezielen.

Eine ortspolizeiliche Vorschrift des Inhaltes, daß zur Einfuhr von Bier in den Gemeindebezirk im Interesse der besseren Kontrolle nur amtlich geaichte Fässer sowie zur Ausfuhr in der Gemeinde erzeugten Bieres nur periodisch geaichte und gestempelte Gebinde verwendet werden dürfen, ist gesetzlich zulässig.

Dagegen entbehrt eine ortspolizeiliche Vorschrift, durch welche Säumigkeit in der Entrichtung des Bieraufschlages (Unterlassung rechtzeitiger Zahlung) mit Strafe bedroht wird, nach einem Urtheile des k. Oberlandesgerichtes München vom 18. Januar 1883 (Amtsblatt des k. Staatsministeriums des Innern S. 66) Mangels einer dieselbe begründenden gesetzlichen Bestimmung, der Giltigkeit.

Es ist also unzulässig, die nicht rechtzeitige Entrichtung des z. B. quartalsweise zur Zahlung gelangenden Bieraufschlages unter Strafandrohung zu setzen.

Nachdem, wie bereits erwähnt, das Recht auf Rückvergütung des Lokalmalz- und Bieraufschlages durch die Befolgung der Sicherung gegen unbegründete Rückvergütungsansprüche erlassenen ortspolizeilichen Vorschriften in keiner Weise bedingt ist, ist es auch unstatthaft, daß die Gemeinden den Rückvergütungsanspruch von der Beachtung der diesbezüglichen ortspolizeilichen Vorschriften abhängig machen.

Eine derartige Vorschrift ist nur zulässig bezüglich der Rückvergütung bei Ausfuhr von Fleisch, Getreide und Mehl (Vgl. § 4 b der k. Allerh. Verordnung vom 27. November 1895, den Fleischaufschlag 2c. betreffend. Gesetz- und Verordnungsblatt S. 690.)

[1]) Nach dem zur Zeit noch giltigen Zolltarif vom 24. Mai 1885 — R.Ges.Bl. S. 111. — Ein neuer Zolltarif ist zur Zeit im Reichstag in Berathung.

31. Stehenlassen von Wägen vor den Wirthshäusern.

Wer die zur Erhaltung der Sicherheit, Bequemlichkeit, Reinlichkeit und Ruhe auf den öffentlichen Wegen, Straßen und Plätzen erlassenen Polizeianordnungen, übertritt, wird mit Geld bis zu sechzig Mark oder mit Haft bis zu vierzehn Tagen bestraft [1]). Unter diese Strafvorschrift fällt auch das Stehenlassen von Wägen vor den Wirthshäusern. Voraussetzung der Strafbarkeit ist aber, daß eine diesbezügliche ortspolizeiliche Vorschrift besteht. Landleute, welche in der Stadt eingestellt haben und dann sofort ihren Geschäften nachgehen, übertragen in der Regel die Fürsorge für ihre Wägen, welche sie vorerst nicht mehr bethätigen können, dem Gastwirthe. Dieser übernimmt sie auch und wird hiedurch zwischen Wirth, als dessen zur Empfangnahme beauftragter Bediensteter der Hausknecht erscheint, und dem Gaste ein meist wohl stillschweigender Vertrag geschlossen. Bei dem Bestehen einer derartigen stillschweigenden, gewohnheitsmäßigen Uebung bedarf es auch einer ausdrücklichen Form der Uebergabe nicht. Infolge dieser Uebernahme muß der Wirth, um nicht mit dem Strafgesetz in Konflikt zu gerathen, die Wagen entweder in seinem Hofraum verbringen lassen und darf sie nicht auf der offenen Straße stehen lassen oder wenn er letzteres will und bezw. der Hofraum nicht ausreichend ist, die polizeiliche Bewilligung erwirken, wenn solche nach der bestehenden ortspolizeilichen Vorschrift überhaupt ertheilt wird [2]).

32. Maaße und Gewichte.

a) Aichung der Maaße, Gewichte und Waagen.

Zum Zumessen und Zuwägen im öffentlichen Verkehre dürfen nur gehörig gestempelte Maaße, Gewichte und Waagen verwendet werden [3]). Sämmtliche im öffentlichen Verkehre befindlichen Maaße, Gewichte und Waagen sind durch den Aichmeister des Bezirkes periodisch einer Nachaichung und wiederholten Stempelung zu unterstellen und zwar: a) alle drei Jahre: (unter andern) Gewichte und Waagen und die aichpflichtigen Fässer; b) alle zwei Jahre: (unter andern) die Flüssigkeitsmaaße aus massivem Metall, die graduirten Meßapparate für Flüssigkeiten; c) alle drei Jahre: (unter andern) die Flüssigkeitsmaaße aus Blech, die Herbstgefäße. Der Lauf dieser Aich-

[1]) § 366 Ziff. 10 R.Str.G.

[2]) O. v. 12. Juni 1897 — Min.A.Bl. d. J. S. 298.

[3]) Art. 10 Abs. 1 der durch R.G. v. 26. November 1871 (R.Ges.Bl. S. 397) in Bayern eingeführten Maaß- u. Gewichtsordnung für den norddeutschen Bund v. 17. August 1868 (R.Ges.Bl. Beil. 1871/1872 S. 24).

perioden beginnt mit dem 1. Juni desjenigen Kalenderjahres, in welchem die letzte aichamtliche Beglaubigung ausweislich stattgefunden hat[1]).

Gewerbetreibende, bei denen zum Gebrauche in ihrem Gewerbe geeignete, mit dem gesetzlichen Aichungsstempel nicht versehene oder unrichtige Maaße, Gewichte oder Waagen vorgefunden werden, oder welche sich einer andern Verletzung der Maaß- oder Gewichtspolizei schuldig machen, werden mit Geldstrafe bis zu einhundert Mark oder mit Haft bis zu einer Woche bestraft[2]). Neben der Geldstrafe oder Haft ist auch die Einziehung der vorschriftswidrigen Maaße, Gewichte und Waagen zu erkennen[3]). Schon mit dem bloßen Besitz eines ungeaichten Maaßwerkzeuges ist die Uebertretung vollendet und eine Bestrafung wäre nur in dem Falle ausgeschlossen, wenn nach der Natur und dem Geschäftsgebrauche beim Betriebe des Gewerbes die Möglichkeit einer Benützung des Meßwerkzeuges zum Zumessen und Zuwägen im öffentlichen Verkehre ausgeschlossen wäre[4]).

b) Raumgehalt der Schankgefäße.

Schankgefäße (Gläser, Krüge, Flaschen rc.), welche zur Verabreichung von Wein, Obstwein, Most oder Bier in Gast- und Schankwirthschaften dienen, müssen mit einem bei der Aufstellung des Gefäßes auf einer horizontalen Ebene den Sollinhalt begrenzenden Strich (Füllstrich) und in der Nähe des Striches mit der Bezeichnung des Sollinhalts nach Litermaß versehen sein. Der Bezeichnung des Sollinhalts bedarf es nicht, wenn derselbe ein Liter oder ein halbes Liter beträgt. Der Strich und die Bezeichnung müssen durch Schnitt, Schliff, Brand oder Aetzung äußerlich und in leicht erkennbarer Weise angebracht sein.

Zugelassen sind nur Schankgefäße, deren Sollinhalt einen Liter oder einer Meßgröße entspricht, welche vom Liter aufwärts durch Stufen, von $^1/_2$ Liter vom Liter abwärts durch Stufen von Zehntheiten des Liters gebildet wird. Außerdem sind zugelassen Gefäße, deren Sollinhalt $^1/_4$ Liter beträgt[5]). Der Abstand des Füllstriches von dem oberen Rande der Schankgefäße muß a) bei Gefäßen mit verengtem Halse, auf dem letzteren angebracht, zwischen 2 und 6 Centimeter, b) bei andern Gefäßen zwischen 1 und 3 Centimeter betragen. Der Maximalbetrag dieses Abstandes kann durch

---

[1]) § 2 der Verordn. v. 27. Januar 1883 — Ges. u. V.Bl. S. 62.
[2]) § 369 Abs. I Ziff. 2 R.Str.G.
[3]) § 369 Abs. II R.Str.G.
[4]) O. v. 20. Mai 1897 — Min.A.Bl. d. J. S. 277.
[5]) R.Ges. betr. die Bezeichnung des Raumgehalts der Schankgefäße v. 20. Juli 1881 — R.Ges.Bl. S. 249 § 1.

die zuständige höhere Verwaltungsbehörde hinsichtlich solcher Schankgefäße, in welchen eine ihrer Natur nach starkschäumende Flüssigkeit verabreicht wird, über die vorstehend bezeichneten Grenzen hinaus festgestellt werden[1]). Gast- und Schankwirthe haben gehörig gestempelte Flüssigkeitsmaaße von einem zur Prüfung ihrer Schankgefäße geeigneten Einzel- oder Gesammtinhalt bereit zu halten[2]). Zuwiderhandlungen werden mit Geldstrafe bis zu einhundert Mark oder mit Haft bis zu vier Wochen bestraft[3]).

33. Wirthshausschlächtereien.

Zur Errichtung von Anlagen, welche durch die örtliche Lage oder die Beschaffenheit der Betriebsfälle für die Besitzer oder Bewohner der benachbarten Grundstücke oder für das Publikum überhaupt erhebliche Nachtheile, Gefahren oder Belästigungen herbeiführen können, ist die Genehmigung der nach den Landesgesetzen zuständigen Behörde erforderlich. Zu diesen Anlagen gehören auch die Schlächtereien[4]). Zuständig zur Ertheilung dieser Genehmigung sind in Bayern die Distriktspolizeibehörden — d. h. die unmittelbaren Magistrate und die Bezirksämter — in München die Lokalbaukommission[5]). Unter diese Schlächtereien fallen auch die Wirthshausschlächtereien, sei es, daß die Wirthe vollständig das Gewerbe einer Metzgerei ausüben oder daß sie nur zur Deckung ihres eigenen Fleischbedarfes zur Ausübung des Wirthschaftsgewerbes schlachten[6]).

Es bleibt der Landesgesetzgebung vorbehalten, die fernere Benützung bestehender und die Anlage neuer Privatschlächtereien in solchen Orten, für welche öffentliche Schlachthäuser in genügendem Umfange vorhanden sind errichtet werden, zu untersagen[7]). In Bayern kann hienach[8]) der Schlachthauszwang durch ortspolizeiliche Vorschrift eingeführt werden. Eine solche Vorschrift besteht z. B. für München. Siehe Anhang „Münchener Verhältnisse“.

Zur Erbauung von Schlachthäusern oder Adaptirung eines schon bestehenden Gebäudes zu einem solchen ist baupolizeiliche

---

[1]) § 2 des Ges. In Bayern ist bis jetzt eine diesbezügliche Anordnung nicht ergangen.

[2]) § 4 des Ges.

[3]) § 5 des Ges.

[4]) § 16 R.G.O.

[5]) § 6 der Vollzugs-Verordnung vom 23. September 1892.

[6]) Vgl. Bl. f. admin. Pr. Bd. 45 S. 37; bayer. Gemeinde-Zeitung Jahrg. 1892 S. 200.

[7]) § 23 Abs. II R.G.O., in der Fassung des § 2 der Novelle vom 30. Juni 1900.

[8]) Gemäß Art. 145 Abs. 2 des Pol.Str.Ges.B.

Genehmigung erforderlich [1]). Die Instruktion und Bescheidung der bezüglichen Gesuche steht den Distriktsverwaltungsbehörden in erster, den Kreisregirungen Kammer des Innern in zweiter und letzter Instanz zu [2]).

34. Hausrecht.

Ein Bierwirth kann aus genügenden Gründen (z. B. wegen unsittlichen Lebenswandels) einem andern das Betreten seiner Wirthschaft allgemein untersagen [3]). Entfernt sich auf Auffordern des Wirthes in einem solchen Falle der Betreffende nicht, so macht er sich des Hausfriedensbruches schuldig [4]). Dagegen handelt ein Bierwirth, der einen Gast deshalb, weil er mit ihm verfeindet ist, in beleidigender Weise aus der Wirthschaft wegweist und hinausführt, nicht zur Vertheidigung seines Hausrechtes [5]) und kann hier wegen Vergehens der Beleidigung aus § 185 des R.Str.Ges.B. bestraft werden. Betrunkene, welche öffentliches Aergerniß erregen oder Unfug treiben und Störungen verursachen, können aus den Wirthschaftslokalitäten entfernt werden [6]).

35. Gestattung verbotenen Glückspiels.

Der Inhaber eines Gasthauses, welcher Glückspiele daselbst gestattet oder zur Verheimlichung solcher Spiele mitwirkt, wird mit Geldstrafe bis zu eintausendfünfhundert Mark bestraft [7]). Glückspiel liegt dann vor, wenn jede Berechnung und Uebersicht über die Chancen des Spiels nahezu unmöglich gemacht ist und eine besondere Geschicklichkeit des Spielers nicht zur Geltung kommen kann, so daß der Ausgang des Spieles hauptsächlich vom Zufall abhängt. Das Kartenspiel „Handeln" ist ein solches Glückspiel [8]). Die Strafbarkeit des Inhabers eines öffentlichen Versammlungsortes, der ein ihm bekanntes Glückspiel dort gestattet, wird dadurch nicht ausgeschlossen, daß er das Spiel nicht für ein Glückspiel gehalten hat [9]).

---

[1]) § 6 Abs. 1 der Verordn. v. 17. Februar 1901, die Bauordnung betr. — Ges. u. V.Bl. S. 87 ff.

[2]) § 65 der Bauordnung.

[3]) O. VII S. 501.

[4]) Es kann auch durch Betreten des Ballsaales einer Gesellschaft seitens eines Nichtmitglieds ohne Eintrittskarte Hausfriedensbruch gemäß § 123 R.Str.Ges. begangen werden (Entsch. d. Reichsger. in Strafsachen v. 22. November 1897 — Bl. f. R.A. Bd. 63 S. 171).

[5]) O. VII S. 450.

[6]) Art 55 des Pol.Str.Ges.

[7]) § 285 R.Str.Ges.

[8]) O. X S. 91.

[9]) O. X S. 91. Nach Min.Entschl. vom 22. November 1832 (Döl=

36. Spielkarten.

Die Steuer von den im Gebiete des Deutschen Reiches hergestellten oder benutzten Spielkarten beträgt 0,30 Mark für jedes Spiel von sechzehn oder weniger Blättern und 0,50 Mark für jedes andere Spiel. Ungestempelte Spielkarten unterliegen der Einziehung. Verkauf, Erwerb oder Spiel mit ungestempelten Karten unterliegt für jedes Spiel einer Strafe von dreißig Mark[1]).

37. Kegelstätten.

Für die Herstellung von Kegelstätten (und Sommerhäuschen) ohne Feuerungsanlagen in Städten[2]), Märkten und auf dem Lande ist baupolizeiliche Genehmigung nicht erforderlich[3]).

Wer das Kegelspiel, welches im Innern der Ortschaften, in Wirthschafts- oder Privatgärten oder in sonstigen nicht geschlossenen Räumlichkeiten abgehalten wird, über die von der Polizeibehörde bestimmte Nachtstunde verlängert, wird an Geld bis fünfzehn Mark bestraft. Die Polizeibehörde ist befugt, eine solche Störung der Nachtruhe unabhängig von der Strafverfolgung sofort abzustellen[4]). Eine in einem gedeckten Raum befindliche, durch dichte Wände nach allen Seiten hin abgegrenzte Kegelbahn ist als eine geschlossene Räumlichkeit auch dann anzusehen, wenn sich in einer der Seitenwände mehrere durch Läden

---

linger, V.O.S. Bd. XIII S. 1375, Weber, Ges. u. V.O.S. Bd. II S. 654) gelten als Glücksspiele: das Würfeln, Häufeln, Halbzwölf, Trischaken, Färbeln, Landsknecht, die Turm- und Drehspiele, das Trieb-, Reiter- und Siebspiel sowie überhaupt alle Scholderspiele mit Reitern, Drehbrett, blinden oder andern Paschen, das Lotto, das Riemenstechen, Biribi, Pharao, Bassete, Langquenet, Treize, Macao, Quinze, Trente et Quarante, Vingtun, Rouge et noir und zwar ohne Unterschied der Frage, ob um Geld oder um andere Gegenstände gespielt wird. (Vgl. Mayr, Generaliensammlung Bd. V v. J. 1797 S. 170 und die Zitate daselbst.)

[1]) R.Ges. betr. den Spielkartenstempel vom 3. Juli 1878 — R.Ges.Bl. S. 133.

[2]) Für München gelten andere Bestimmungen.

[3]) § 6 der Verordn. vom 17. Februar 1901, die Bauordnung betr. — Ges. u. V.Bl. S. 87 ff.

[4]) Art. 34 des Pol.Str.Ges. — Zur letztinstanziellen Entscheidung über die Berechtigung des Inhabers einer Wirthschaftserlaubniß zur Anlage und zum Betriebe einer Kegelbahn in dem betreffenden Wirtschaftsanwesen ist der k. Verwaltungsgerichtshof nicht zuständig (V. III S. 443). Es ist demnach das k Staatsministerium des Innern die letzte Instanz.

verschließbare Lichtöffnungen befinden und die Läden bei Benützung der Kegelbahn nicht geschlossen werden[1]).

Bezüglich Preiskegelscheiben siehe „Musikalische Unterhaltungen und sonstige Lustbarkeiten."

38. Polizeistunde.

Wer in einer Schankstube oder an einem öffentlichen Vergnügungsorte über die gebotene Polizeistunde hinaus verweilt, ungeachtet ob der Wirth, sein Vertreter oder ein Polizeibeamter ihn zum Fortgehen aufgefordert hat, wird mit Geldstrafe bis zu fünfzehn Mark bestraft.

Der Wirth, welcher das Verweilen seiner Gäste über die gebotene Polizeistunde hinaus duldet, wird mit Geldstrafe bis zu sechzig Mark oder mit Haft bis zu vierzehn Tagen bestraft[2]).

Abs. I betrifft die Einhaltung der Polizeistunde durch die Gäste, Abs. II jene durch den Wirth.

Nur Gäste im gewöhnlichen Wortsinne sind unter „wer" zu verstehen, nicht auch Privatgäste des Wirthes, aber auch nicht Reisende in jenen Gasthäusern, in denen sie übernachten. — Als Schankstube ist jedes Lokal zu erachten, in welchem Schankwirthschaft ausgeübt wird, d. i. in welchem geistige Getränke auf der Stelle gegen Entgelt verleit gegeben werden; aber auch Kaffeehäuser[3]). Auch der als Restaurationslokal benützte Eisenbahn-Wartsaal erscheint als Schankstube, insoweit Personen in Frage kommen, welche nicht bloß des Reisens wegen, sondern um zu zechen, anwesend sind[4]). Als ein öffentlicher Vergnügungsort stellt sich jede zur Benützung durch das Publikum behufs geselligen Vergnügens bestimmte Räumlichkeit eines Wirthshauses dar[5]).

Die Polizeistunde[6]) ist für die Städte des Königreiches auf zwölf Uhr Mitternacht, für die Märkte und die Landgemeinden auf elf Uhr Abends festgestellt.

Dieselbe kann durch ortspolizeiliche Vorschrift auf eine frühere Abendstunde herabgesetzt werden.

In Märkten und Landgemeinden, welche unmittelbar an dem Burgfrieden einer Stadt gelegen sind, oder als Vergnügungs-

---

[1]) O. II S. 251.

[2]) § 365 R.Str.Ges.

[3]) O. IX S. 229.

[4]) O. v. 15. Mai 1888 — Min.A.Bl. d. J. S. 224.

[5]) Oberstrichterl. Plenarerkenntniß v. 28. Juli 1875 — Min.-A.Bl. d. J. S. 449.

[6]) Verordn. v. 18. Juni 1862, die Polizeistunde betr. (Regier.Bl. S. 1388).

ort, der benachbarten Stadtbewohner in Betracht kommen, kann die Polizeistunde für sämmtliche oder einzelne Wirthschaften auf die Zeit des ganzen Jahres oder bestimmter Monate durch ortspolizeiliche Vorschrift auf zwölf Uhr Mitternacht festgestellt werden.

Die Ortspolizeibehörden sind berechtigt am Geburts- und Namenstage des Königs und der Königin, an den Haupttagen von Volksfesten, am Sylvesterabende, am Fastnacht-Sonntage und Montage und in den Märkten und Landgemeinden auch am Fastnacht-Dienstage die Polizeistunde allgemein oder für einzelne Wirthschaften zu verlängern. Außerdem darf die Polizeistunde von den Ortspolizeibehörden nur bei Hochzeiten und bei sonstigen besonderen, die Zulassung einer Ausnahme vollständig rechtfertigenden Anlässen auf Ansuchen eines Wirthes für die betreffende Wirthschaft und für einen bestimmten einzelnen Tag verlängert werden.

Die verfügte Verlängerung darf am Fastnacht-Dienstage niemals die Mitternachtstunde überschreiten.

Wird die längste Dauer der öffentlichen Tanzmusik von dem Bezirksamte über die Polizeistunde ausgedehnt, so ist hiedurch auch die Polizeistunde für die betreffende Wirthschaft als gleichheitlich verlängert zu erachten.

Die Verlängerung erfordert, wenn sie auf Ansuchen eines Wirthes erfolgt, jederzeit eine schriftliche Ausfertigung, in welcher die Veranlassung zur Verlängerung und die Dauer der letzteren genau angeführt werden muß.

Gesellige Vereine und geschlossene Gesellschaften sind von der Einhaltung der festgestellten Polizeistunde nur dann befreit, wenn sie ein besonderes mit öffentlichen Wirthschaftsräumen nicht verbundenes Gesellschaftslokal besitzen.

Die Ortspolizeibehörden sind jedoch berechtigt, geselligen Vereinen und geschlossenen Gesellschaften, welche in einem Wirthshause ein von den allgemein zugänglichen Wirthschaftsräumen getrenntes und ausschließend für sie bestimmtes Gesellschaftslokal haben, eine verlängerte Polizeistunde in widerruflicher Weise zu bewilligen, insoferne diese Maßregel nach den örtlichen Verhältnissen mit der Aufrechterhaltung der öffentlichen Ruhe und sittlichen Ordnung vereinbar ist.

Die Gebühren für Verlängerung betragen: Protokoll eine Mark, Bewilligung zwei Mark; wird das Gesuch schriftlich eingereicht zwei Mark[1]). Uebrigens wird hier nur dann eine Gebühr erhoben, wenn sie unabhängig von einer Tanzmusikbewilligung ertheilt wird; denn in der Tanzmusikbewilligung liegt auch die Verlängerung der Polizeistunde.

---

[1]) Art. 199 Abs. I Ziff. 1 u. 2 des Gebührenges.

Ein Bürgermeister der zugleich Wirth ist, kann sich nicht selbst die Polizeistunde verlängern, denn wenn dem Bürgermeister auch nach Art. 138 der Gemeindeordnung die Handhabung der Ortspolizei allein übertragen ist und derselbe die ortspolizeilichen Bewilligungen zu ertheilen hat, so darf derselbe nach Art. 145 Abs. 4 bei der Beschlußfassung in einer Angelegenheit, bei welcher er aus einem Privatinteresse persönlich unmittelbar betheiligt ist, nicht theilnehmen, in Folge dessen derselbe sich nicht selbst die Polizeistunde verlängern kann, gemäß Art. 125 Abs. 3 der Gemeindeordnung vielmehr die Handhabung der Ortspolizei in diesem Falle auf den Beigeordneten übergehen muß. Unter allen Umständen erfordert die Verlängerung der Polizeistunde da, wo nicht schon vorher eine allgemeine Verlängerung bewilligt war, das Ansuchen des Wirthes und die schriftliche Ausfertigung der Verlängerung, so daß es unthunlich erscheint, daß ein Wirth in seiner Eigenschaft als Bürgermeister in seinem eigenen Gasthause stillschweigend oder durch mündliche Erklärung die Polizeistunde verlängert[1]).

Die Verordnung über die Polizeistunde befreit gesellige Vereine und geschlossene Gesellschaften von der Einhaltung der Polizeistunde nur dann, wenn sie ein besonderes, mit öffentlichen Wirthschaftsräumen nicht verbundenes Gesellschaftslokal besitzen und anerkennt im Gegentheil ausdrücklich deren Verpflichtung zur Haltung der Polizeistunde, wenn sie zwar ein von den allgemeinen Wirthschaftsräumen getrenntes und ausschließend für sie bestimmtes Gesellschaftslokal, gleichwohl aber in einem Wirthshause besitzen, da in einem solchen Falle den Ortspolizeibehörden die besondere Bewilligung einer längeren Polizeistunde an solche Gesellschaften und dergl. nach Umständen in widerruflicher Weise anheim gestellt wird[2]). Wenn ein Verein z. B. sein Gesellschaftslokal im Hintergebäude eines Gasthauses hat, so hat er dasselbe, da das Hintergebäude ein Bestandtheil des ganzen Gasthauses ist, in einem Wirthshause. Der Verordnung zufolge muß die Gesellschaft die polizeiliche Bewilligung einer verlängerten Polizeistunde erwirken, um in ihrem Gesellschaftslokale in diesem Gasthause über die gebotene Polizeistunde hinaus eine Unterhaltung abhalten zu können und es stellen sich dem gegenüber alle Merkmale einer im Besitze eines gemietheten Lokales befindlichen geschlossenen Gesellschaft, wie die selbstständige Bewirthung im Gesellschaftslokale, die Nichtberechtigung des Wirthes über dieses Lokal zu verfügen, die Unzugänglichkeit des Lokales für das allgemeine Publikum u. s. f.

---

[1]) O. v. 19. Januar 1886 — Min.A.Bl. d. J. S. 73.

[2]) Oberstrichterl. Plenarerkenntniß v. 28. Juli 1875 — Min.-A.Bl. d. J. S. 453

als bedeutungslos dar. Das Gebot einer Polizeistunde wäre illusorisch, wenn es durch privatrechtliche Verträge mit dem Wirthe umgangen werden könnte. Ein Wirths- oder Gasthaus dient zur Benützung für das allgemeine Publikum, ist also in allen seinen Theilen ein öffentliches Lokal und wenn eine geschlossene Gesellschaft einen Theil derselben zur Benützung zu ihrem Vergnügen für kurz oder lang miethet, so benützt sie einen öffentlichen Vergnügungsort zu ihrem privaten Vergnügen. Der Wirth ist aber vermöge seiner im öffentlichen Rechte gegründeten Verpflichtung gehalten, seinen Gästen, einerlei ob diese ein Separatlokal zu geselligen Zwecken gemiethet haben oder allgemeine Wirthsgäste im Schanklokal sind, die Polizeistunde zu gebieten[1]).

Die Wirthe befinden sich auch bezüglich der Polizeistundeverlängerung vielfach in einem Rechtsirrthum. Es kommt nämlich sehr häufig vor, daß Mitglieder eines Vereines, welche für ihr Vereinslokal die übliche Polizeistundeverlängerung haben, vor Ablauf derselben das Vereinslokal verlassen und dann im eigentlichen Gastlokale weiterzechen, in der Meinung, daß auch hier für sie die Polizeistundeverlängerung Giltigkeit habe. Dies ist jedoch nicht richtig, denn die Polizeistundeverlängerung hat für die betreffenden Vereinsmitglieder nur Rechtsgiltigkeit, so lange sich dieselben im abgeschlossenen Vereinslokale aufhalten. Sobald sie dasselbe verlassen, tritt die gewöhnliche Polizeistunde in Kraft und wenn dann der Wirth duldet, daß sich dieselben über diese hinaus im Gastlokale aufhalten, ist er nach § 365 des Polizeistrafgesetzes wegen Uebertretung der Polizeistunde strafbar.

Der § 365 des Str.Ges.B. bedroht in seinem zweiten Absatze den Wirth, welcher das Verweilen seiner Gäste über die gebotene Polizeistunde hinaus duldet, mit Geldstrafe bis zu sechzig Mark oder mit Haft bis zu vierzehn Tagen. Die Polizeistunde ist für die Städte des Königreichs auf zwölf Uhr Mitternacht festgestellt. Allerdings ist hiemit zunächst nur der Endpunkt bezeichnet, über welchen hinaus der Wirth das Verweilen seiner Gäste nicht dulden darf. Zugleich ergibt sich aber von selbst, daß mit dem Eintritte der Polizeistunde derjenige Theil der Nachtzeit beginnt, in welchem die Schankstuben geschlossen sein müssen, das ist, ein Verweilen von Gästen in denselben überhaupt nicht geduldet werden darf, einerlei, ob die Gäste schon vor Eintritt der Polizeistunde anwesend waren oder erst darnach sich einfinden wollten. Aus dem Schweigen des Gesetzes über die Dauer der sonach mit Bezug auf die Schankstuben gebotenen Geschäftsruhe läßt sich daher keineswegs der Schluß ziehen, daß es den Wirthen wie vielleicht andern Geschäftsleuten überlassen bleiben müsse, wann sie ihr Tagewerk beginnen wollen, sondern

---

[1]) O. v. 11. Sept. 1883 — Min.A.Bl. d. J. S. 334.

es muß auf die Absicht des Gesetzes und den Zweck der Polizeistunde zurückgegangen werden, welche darauf gerichtet sind, durch Einschränkung der Betriebszeit für die Schankwirthschaften Störungen der öffentlichen Ruhe und Gefährdungen der sittlichen Ordnung vorzubeugen. Dieser Zweck der Polizeistunde kann nur erreicht werden, wenn ein der Zeiteintheilung im öffentlichen Leben der Bevölkerung entsprechender Theil der Nacht, der allgemein der Ruhe gewidmet zu sein pflegt, als der Zeitraum angenommen wird, innerhalb dessen der Betrieb der öffentlichen Wirthschaften, von gesetzlich freigelassenen Ausnahmen, abgesehen zu ruhen hat.

Demzufolge beruht die Annahme, daß im Hinblick auf den vorbezeichneten Zweck des Gesetzes der Zeitpunkt, wann eine Wirthschaft des Morgens wieder geöffnet werden dürfe, vielleicht ein verschiedener sein könne, jedenfalls aber die Zeit um zwei Uhr Morgens noch nicht als ein Zeitpunkt erachtet werden könne, zu welchem dem Wirthe angesichts der Bestimmungen des § 365 des Str.Ges.B. das Dulden des Verweilens von Gästen in der Wirthschaft gestattet ist, auf keinem Rechtsirrthume[1]).

Auch der Eisenbahnrestaurateur hat gleich jedem andern Wirthe die ihm durch § 365 des Str.Ges.B. auferlegte Berufspflicht zu beobachten und darf nicht dulden, daß Schankgäste nach Eintritt der Polizeistunde noch im Restaurationslokale verweilen[2]).

Ein Wirth, welcher das Verweilen von Gästen in seiner Schankstube über die gebotene Polizeistunde hinaus duldet, ist strafbar ohne Rücksicht darauf, ob er nach dem Eintritte der Polizeistunde an diese Gäste noch Speisen oder Getränke verabfolgt hat oder nicht[3]).

Unter „Dulden“ des Verweilens der Gäste ist die Gestattung des Aufenthaltes zu verstehen und es genügt zur Abwendung der Strafe keineswegs, daß der Wirth bloß die Polizeistunde gebietet, derselbe muß vielmehr durch positives Verhalten, d. h. durch Anwendung der ihm zu Gebote stehenden Mittel seiner Aufforderung Nachdruck geben[4]). Als solche Mittel erscheinen in erster Linie Auslöschen des Lichtes, sodann Herbeiholen der Gendarmerie und eventuell sogar Entfernung der Gäste durch Gewalt. Versäumt der Wirth, diese Maßregeln zu ergreifen, oder will er dieselben aus geschäftlichen Rücksichten nicht vornehmen, so ist derselbe wegen Uebertretung der Polizei-

---

[1]) O. v. 3. Dezember 1886 — Min.A.Bl. d. J. S. 42.

[2]) O. v. 15. Mai 1888 — Min.A.Bl. d. J. S. 224.

[3]) O. III S. 64.

[4]) O. III S. 64, VII S. 11; O. v. 1. November 1896 — Min.A.Bl. d. J. S. 421.

stunde strafbar und tritt also auch Bestrafung ein, wenn nachgewiesen ist, daß er „abgeschafft" hat.

39. Tanzmusik[1]).

An Geld bis zu fünfundvierzig Mark oder mit Haft bis zu acht Tagen wird bestraft, wer ohne die nach Verordnung erforderliche polizeiliche Erlaubniß öffentliche Lustbarkeiten, wie Tanzmusiken u. s. w. veranstaltet. Unabhängig von der Strafverfolgung können solche Unternehmungen von der Polizeibehörde jederzeit eingestellt werden[2]).

Vorsteher oder Mitglieder von geselligen Vereinen und geschlossenen Gesellschaften, welche Tanzmusik an jenen Tagen veranstalten, an welchen die öffentliche Abhaltung derselben durch Verordnung untersagt ist, werden an Geld bis zu fünfundvierzig Mark gestraft[3]).

Zur Veranstaltung öffentlicher Tanzmusik ist polizeiliche Erlaubniß erforderlich[4]).

Die von geselligen Vereinen und geschlossenen Gesellschaften veranstalteten Tanzunterhaltungen sind an eine polizeiliche Erlaubniß nur dann gebunden, wenn sie sich nach der Art der Veranstaltung oder der gestatteten Theilnahme oder in sonstiger Weise als öffentliche darstellen.

Tanzmusik aus Anlaß von Hochzeiten, wobei die Theilnahme auf die von dem Hochzeitspaare zum Mahle oder Tanze besonders geladenen Personen sich beschränkt, ist als von einer geschlossenen Gesellschaft ausgehend zu betrachten.

Zur Ertheilung der polizeilichen Erlaubniß sind zuständig[5]):

1. in der Haupt- und Residenzstadt München die Polizeidirektion (nun das einschlägige Polizeiamt);
2. in den übrigen unmittelbar den Kreisverwaltungsstellen untergeordneten Städten die Magistrate;
3. in den Bezirksamts-Distrikten diesseits des Rheins die Bezirksämter, bezw. die denselben untergeordneten Ortspolizeibehörden;

---

[1]) Die Abhaltung von Tanzlustbarkeiten richtet sich nach den landesrechtlichen Bestimmungen (§ 33c der R.G.O.; Novelle v. 1. Juli 1883).

[2]) Art. 32 Ziff. 1 des Pol Str.Ges.B.

[3]) Art. 35 des Pol.Str.Ges.B.

[4]) Verordn. v. 18. Juni 1862, die Abhaltung öffentlicher Tanzmusik betr. (Regier.Bl. S. 1391).

[5]) Gegen die Verfügung der erbetenen Bewilligung ist Beschwerde zur einschlägigen k. Kreisregierung und gegen den ablehnenden Bescheid der letzteren Beschwerde zum k. Staatsministerium des Innern zulässig. — Der Verwaltungsgerichtshof ist nicht zuständig (B. II S. 388 u. 389).

4. in den Bezirksamts-Distrikten der Pfalz die Bezirksämter, beziehungsweise die Bürgermeister.

Jedes Gesuch um Ertheilung einer solchen Erlaubniß ist bei der Ortspolizeibehörde anzubringen.

Die Bezirksämter haben für jeden einzelnen Ortspolizeibezirk die Tage, an welchen in sämmtlichen oder einzelnen Wirthschaften die Abhaltung öffentlicher Tanzmusik bewilligt werden kann und die zulässige längste Dauer der letzteren festzusetzen, sowie über die den Unternehmern nach Maßgabe der örtlichen Verhältnisse allenfalls aufzulegenden besonderen Bedingungen Anordnung zu erlassen.

Den Ortspolizeibehörden steht sodann innerhalb der von den Bezirksämtern getroffenen Bestimmungen die Bescheidung der angebrachten Gesuche zu.

Wird die Abhaltung einer öffentlichen Tanzmusik für einen von dem Bezirksamte nicht festgesetzten Tag oder für eine längere, als von dieser Behörde bestimmte Dauer nachgesucht, so hat die Ortspolizeibehörde das Gesuch mit gutachtlicher Aeußerung an das Bezirksamt zur Bescheidung einzusenden.

Jede Erlaubniß zur Veranstaltung einer öffentlichen Tanzmusik ist schriftlich auszufertigen.

In der schriftlichen Ausfertigung sind die Stunde des Beginnens und der Beendigung der Tanzmusik, sowie die dem Unternehmer allenfalls aufgelegten weiteren Bedingungen genau auszudrücken.

Die Abhaltung öffentlicher Tanzmusik ist untersagt:

I. In katholischen Orten:

1. vom ersten Sonntage im Advente bis zum Feste der heiligen drei Könige einschließlich, mit Ausnahme des Sylvesterabends, und wenn dieser auf einen Freitag fällt, des Neujahrstages an Orten, wo die Abhaltung öffentlicher Tanzmusik an diesem Abende Herkommen ist;
2. vom Aschermittwoche bis zum ersten Sonntage nach Ostern einschließlich;
3. am Christi Himmelfahrtstage und am Pfingstsonntage, sowie an den Vorabenden dieser Tage;
4. in der Oktave des Fronleichnamsfestes mit Ausnahme der einfallenden Kirchweihtage und in der Oktave des Allerseelenfestes, sowie an den Vorabenden dieser beiden Feste und des Allerheiligenfestes;
5. an den Freitagen;
6. a) an den Frauentagen, welche zugleich gebotene Feiertage sind[1];

[1] Wenn „Maria Lichtmeß“ auf einen Sonntag fällt, dann besteht weder für die öffentliche noch für die Vereins-Tanzmusikunter-

b) am Feste der heiligen Apostel Peter und Paul;
c) am Feste Johannes des Täufers;
d) an den Festen der Landes- und Diözesanpatrone und
e) an den Vorabenden dieser Feste mit Ausnahme der auf diese Tage (a—e) einfallenden Kirchweihtage und wenn an einem dieser Tage bisher schon die Abhaltung öffentlicher Tanzmusik hergebracht und gestattet war.

Fällt der Vorabend obiger Festtage auf einen Sonntag, so kann an diesem Tage öffentliche Tanzmusik bis zur Polizeistunde, jedoch nicht über die Mitternachtstunde zugelassen werden.

II. An protestantischen Orten:

1. vom ersten Sonntage im Advente bis zum ersten Weihnachtstage einschließlich;
2. am Sylvesterabende mit der unter Nr. I Ziff. 1 bestimmten Ausnahme;
3. vom Aschermittwoche bis zum Ostersonntage einschließlich;
4. am Christi Himmelfahrtstage, am Pfingstsonntage, an Buß- und Bettagen, am Tage des Ernte- und Reformationsfestes und an den Vorabenden dieser Tage und Feste;
5. an den Freitagen.

An konfessionell gemischten Orten haben die unter Nr. I oder die unter Nr. II aufgeführten Bestimmungen Anwendung zu finden, je nachdem die Mehrzahl der Einwohner der katholischen oder protestantischen Konfession angehört.

Aus Anlaß der Kirchweihfeste darf die polizeiliche Erlaubniß zur Veranstaltung öffentlicher Tanzmusik in der Regel für zwei Tage ertheilt werden und zwar

1. an Orten, wo die althergebrachte Kirchweihfeier mit der kirchlichen Feier zusammenfällt, am Kirchweih-Sonntage und Montage oder anstatt des letzteren an dem darauffolgenden Sonntage;
2. an Orten, wo die kirchliche Feier auf einen andern Tag verlegt ist, an dem Sonntage und Montage dieser Feier, oder anstatt des letzteren an dem darauffolgenden Sonntage.

Die Veranstaltung öffentlicher Tanzmusik an drei Tagen aus Anlaß der Kirchweihfeste darf nur ausnahmsweise an Orten gestattet werden, an welchen eine dreitägige Tanzbelustigung bei dem Kirchweihfeste althergebracht ist und zugleich öffentliche Tanzmusik nur aus Anlaß des Kirchweihfestes veranstaltet zu werden pflegt.

Die Kreisregierungen, Kammern des Innern, diesseits des Rheins, sind ermächtigt, in Gemeinden, in welchen die weltliche Kirchweihfeier auf einen andern, als den althergebrachten Tag

haltung am 1. 2. und 3. Februar ein Tanzmusikverbot (Bl. f. adm. Praxis Bd. 52 S. 130 ff.).

verlegt worden ist, diese Feier an den althergebrachten Tagen unter der Voraussetzung wieder zu gestatten, daß eine Gemeinde — und zwar in Landgemeinden durch einen Beschluß der Gesammtgemeinde, in Städten und Märkten mit magistratischer Verfassung durch übereinstimmende Beschlüsse des Magistrates und der Gemeindebevollmächtigten — darum nachsucht und gegen das Gesuch sich nicht erhebliche Bedenken geltend machen.

Der Beginn der öffentlichen Tanzmusik an Sonn- und Feiertagen darf vor der Beendigung des nachmittägigen Gottesdienstes nicht gestattet werden.

Die festgesetzte längste Dauer soll in der Regel die festgestellte Polizeistunde nicht überschreiten.

Ausnahmen können jedoch gestattet werden:

1. an dem Geburts- und Namenstage des Königs und der Königin;
2. am Kirchweihsonntage;
3. an den Haupttagen von Volksfesten;
4. am Sylvesterabende und bezw. am Neujahrstage;
5. am Fastnacht-Sonntage und Montage und in Märkten und Landgemeinden auch am Fastnacht-Dienstage;
6. aus Anlaß von Hochzeiten und sonstigen besonderen, eine Ausnahme nach den örtlichen Verhältnissen vollständig rechtfertigenden Gelegenheiten.

Die Verlängerung über die Polizeistunde darf am Fastnacht-Dienstage sich niemals über die Mitternachtstunde erstrecken.

In Ortschaften, in welchen aus Anlaß von öffentlichen Tanzunterhaltungen Rauf- oder sonstige Excesse durch Ortsangehörige verübt worden sind, kann sämmtlichen oder einzelnen Wirthschaften auf eine bestimmte Zeit die polizeiliche Erlaubniß zur Veranstaltung öffentlicher Tanzmusik vorenthalten werden.

Dasselbe ist bei Wirthen zulässig, welche öffentliche Tanzmusik ohne polizeiliche Erlaubniß veranstalten oder die bei Ertheilung der Erlaubniß ihnen aufgelegten Bedingungen verletzen und wegen solcher Uebertretungen oder wegen einer bei einer stattgehabten Tanzmusik begangenen Uebertretung des Art. 32 des Polizeistrafgesetzbuches bereits dreimal bestraft worden sind.

Ist ein Wirth wegen der bezeichneten Uebertretungen innerhalb zweier Jahre dreimal bestraft worden, so muß demselben die polizeiliche Erlaubniß zur Veranstaltung öffentlicher Tanzmusik mindestens auf die Dauer eines Jahres vorenthalten werden.

Nach bestehender Anordnung [1]) ist bloßen Schankwirthen, dann jenen Gastwirthen, welche keine besonders eingerichteten

---

[1]) Minist.Entschl. v. 1. Dezember 1878 — Min.A.Bl. des J. S. 399.

Räumlichkeiten für die Abhaltung öffentlicher Tanzmusik besitzen, die Erlaubniß hiezu unbedingt zu versagen.

Auch solchen Gastwirthen, welche geeignete Tanzlokale besitzen, ist diese Erlaubniß dann zu versagen, wenn und soweit öffentliche Interessen der Ertheilung derselben entgegenstehen.

An Werktagen einschließlich der abgewürdigten Feiertage darf öffentliche Tanzmusik in der Regel nicht bewilligt werden.

Hochtzeitstanzunterhaltungen, welche nach der Art der Veranstaltung oder der gestatteten Theilnahme oder in sonstiger Weise als öffentliche sich darstellen, sind gleich den öffentlichen Tanzmusiken zu behandeln.

Art. 212 des b. Gebührengeſ. in der Fassung vom 11. November 1899:

Tanzmusikbewilligungen[1]) unterliegen für jeden Tag einer Gebühr zu fünf Mark in Gemeinden von mehr als 2000 Seelen, drei Mark in allen übrigen Gemeinden[2]). Außerdem ist noch eine besondere Abgabe zu Gunsten der Ortsarmenkasse zu entrichten.

Tanzmusik ist jede durch Ausführung von Tänzen unter Musikbegleitung bethätigte Belustigung zu verstehen; weder wird ein besonderes Lokal, noch ein Raum für eine große Anzahl von Tanzenden vorausgesetzt, da man auch bei schwach besetzter Musik tanzen kann. Eine einzelne Ausführung eines Tanzes fällt aber noch nicht unter den Begriff einer „Tanzmusik"[3]).

Oeffentliche Tanzmusik ist jene, zu welcher Jedermann ohne Unterschied Zutritt hat[4]). Solche ist auch anzunehmen, wenn bei einer Hochzeitfeier auch andere als die geladenen Gäste am Tanze theilnehmen[5]), ferner in einem Falle, wo zur Tanzunterhaltung einer geschlossenen Gesellschaft Fremde gegen Eintrittsgeld zugelassen werden[6]). Eine Hochzeitstanzmusik ist auch dann eine öffentliche, wenn unbestimmte und unbestimmt wie viele Personen daran theilnehmen können; die Mitglieder eines als solcher geladenen Vereins und die Personen, denen das Brautpaar während des Verlaufes der Tanzunterhaltung daran theilzunehmen gestattet, sind „besonders geladene Personen"[7]). Oeffent-

---

[1]) Art. 212 des b. Gebührengeſ. in der Fassung vom 11. November 1899.

[2]) In der Tanzmusikbewilligung liegt auch die Verlängerung der Polizeistunde; für letztere ist daher nur dann eine besondere Gebühr zu erheben, wenn sie unabhängig von einer Tanzmusikbewilligung ertheilt wird.

[3]) O. Min.A.Bl. des J. 1893 S. 61.

[4]) O. Min.A.Bl. des J. 1894 S. 61.

[5]) O. II S. 514.

[6]) Samml. von Entscheid. des obersten Gerichtshofes Bd. VIII S. 61.

[7]) O. VI S. 57.

liche Tanzmusik liegt auch vor, wenn ohne besondere Vorrichtungen in dem Jedermann zugänglichen allgemeinen Gastzimmer eines Wirthshauses eine, wenn auch geringe, doch jeden, der sich betheiligen will, einschließende Anzahl von Personen zur Musik, die eine von einigen Gästen mitgebrachte und von diesen und den andern Tanzenden entlohnte Person ausführt, längere Zeit tanzt. Als Veranstalter der Tanzmusik kann der Wirth betrachtet werden, der im geschäftlichen Interesse das Gastzimmer zum Tanze überläßt[1]). Wenn die aus Anlaß einer Hochzeit in einem Wirthshause stattfindende Tanzmusik, an der theilzunehmen allen Personen gestattet ist, an die der Wirth die ihm vom Hochzeitspaare nicht bloß zur Vertheilung an besonders bezeichnete Personen, sondern zur Vertheilung nach seinem freien Belieben überlassenen Einladungskarten abgegeben hat, ist ebenfalls eine öffentliche Tanzmusik[2]). Der Wirth, der bei einer Tanzmusik aus Anlaß einer Hochzeit auch andere als die geladenen Personen am Tanze theilnehmen läßt, veranstaltet eine öffentliche Tanzmusik. Die Oeffentlichkeit wird durch ein örtliches Herkommen, daß an einem Hochzeits-Tanze alle am Orte der Hochzeitsfeier wohnenden unverheiratheten jungen Leute ohne besondere Einladung theilnehmen dürfen, nicht ausgeschlossen[3]).

40. Musikalische Aufführungen und sonstige Lustbarkeiten[4]).

Die Veranstaltung von Schau- und Vorstellungen, bei welchen ein höheres wissenschaftliches oder ein Kunst-Interesse obwaltet und eigens dazu eingerichtete Lokale in größeren Städten bedingt, kann von den Ortspolizeibehörden bewilligt werden.

Die Abhaltung von musikalischen Vorträgen in Wirthschafts-Lokalitäten durch hiezu berechtigte Musikgesellschaften — welche die Befugniß erlangt haben, in ihrer Eigenschaft als Gesellschaften musikalische Produktionen zu veranstalten — ist an eine polizeiliche Bewilligung nicht gebunden.

Zur Anerkennung solcher Musikgesellschaften ist jene Distriktspolizeibehörde zuständig, in deren Bezirke der Dirigent der Gesellschaft seinen Wohnsitz hat.

Die Anerkennung darf nur erfolgen, wenn die Gesellschaft notorisch eine höhere Stufe der Vollkommenheit einnimmt, oder

---

[1]) O. VII S. 341.
[2]) O. X S. 200.
[3]) O. VII S. 344.
[4]) Verordnung v. 3. Juli 1868, Reg.Bl. S. 1162.

sich über vorzügliche oder mindestens sehr gute Leistungen durch Zeugnisse auszuweisen vermag.

Diese Zeugnisse müssen von Musikverständigen, deren Tüchtigkeit der Behörde bekannt ist, oder von den Vorständen von Schullehrer-Seminarien, welche der Prüfung der Gesellschaft durch die Musiklehrer beizuwohnen haben, ausgestellt sein.

Die Anerkennung erfolgt in Form des Zeugnisses immer nur auf eine bestimmte Zeit, und zwar längstens auf die Dauer eines Jahres.

Feiertagsschüler dürfen als Mitglieder einer Musikgesellschaft nur unter der Bedingung zugelassen werden, daß durch ihre desfallsige Verwendung der Besuch der Feiertagsschule und der Christenlehre nicht beeinträchtigt wird.

Tritt in der Person der Mitglieder eine Veränderung ein, so ist hierüber behufs der Richtigstellung des Verzeichnisses der Behörde, welche dasselbe ausgestellt hat, sofort Anzeige zu erstatten.

Militärmusiker haben zum Musikerwerb kein Zeugniß nothwendig. Militärmusiker, welche außerhalb des Polizeibezirkes ihres Garnisonsortes für Geld Musik machen, müssen mit Urlaubspässen oder dergleichen Ausweisen ihrer vorgesetzten Militärbehörde versehen sein.

Die Genehmigung zur Abhaltung von Passionsvorstellungen erfolgt vom Staatsministerium des Innern.

Unternehmer von öffentlichen theatralischen Vorstellungen mit Einschluß der sogenannten Bauerntheater von Sing- und Spielhallen, Cafés chantants bedürfen einer Erlaubniß der einschlägigen Kreisregierung, Kammer des Innern. Diese Erlaubniß darf umherziehenden Schauspielern nur vorbehaltlich ortspolizeilicher Bewilligung ertheilt werden.

Die Bewilligung zur Veranstaltung öffentlicher theatralischer Vorstellungen zu wohlthätigen oder sonst gemeinnützigen Zwecken durch Dilettanten wird der Ortspolizei vorbehalten.

Wer außer den vorstehend bezeichneten Fällen Schau- und Vorstellungen veranstalten, insbesondere in Wirthschafts-Lokalitäten oder an andern öffentlichen Orten gegen Bezahlung Musikstücke oder Gesänge, ferner Deklamationen, Marionettenspiele, Taschenspielerkünste oder ähnliche Kunstfertigkeiten aufführen, sich mit der Veranstaltung von Feuerwerken oder mit Vorstellungen aus dem Gebiete der Kunstreiterei, Gymnastik oder ähnlicher Kunstfertigkeiten befassen, oder Menagerien, Wachsfiguren-Cabinete, Sammlungen von Kunst- oder Naturmerkwürdigkeiten, Panoramen, Carroussele oder ähnliche Vorrichtungen aufstellen und dafür Eintrittsgeld erheben will, bedarf hiezu eines polizeilichen Erlaubnißscheines.

Im Allgemeinen wird es dem pflichtmäßigen Ermessen der zuständigen Behörden überlassen, welchen Personen sie den Erlaubnißschein ertheilen wollen. Derselbe darf aber jedenfalls nur Personen ertheilt werden, welche

a) das Alter von 21 Jahren erreicht haben;
b) nicht mit einer auffallenden, ansteckenden oder eckelhaften Krankheit oder dergleichen Gebrechen behaftet sind, und sich
c) über völlige Unbescholtenheit ausgewiesen haben und nach ihren persönlichen Verhältnissen und seitherigen Betragen einen Mißbrauch des beabsichtigten Gewerbebetriebs zur Verletzung der Sittlichkeit oder zur Gefährdung der öffentlichen Sicherheit und Ordnung, zum Bettel oder zu sonstiger Belästigung des Publikums nicht besorgen lassen.

Die Bewilligung zur Veranstaltung von Feuerwerk darf nur solchen Personen ertheilt werden, welche ihre Geschicklichkeit und Umsicht bei dergleichen Produktionen genügend dargethan haben.

Der Erlaubnißschein zum Musikmachen ist durch den Nachweis genügender Befähigung bedingt.

Einzeln herumziehenden Musikanten, Harfenspielern, Bänkelsängern, Drehorgelspielern ist der Erlaubnißschein nur ausnahmsweise bei dem Obwalten besonders dringender Gründe, und nach vorhergegangener strenger Prüfung der Erwerbs-Verhältnisse, stets aber nur in mäßiger Anzahl und mit umsichtiger Auswahl zu ertheilen.

Der Erlaubnißschein ist immer nur auf bestimmte Zeit und zwar längstens auf die Dauer eines Jahres zu ertheilen.

Derselbe hat zu bestimmen, auf welche Art von Schau- oder Vorstellungen er sich bezieht, und die vollständige Personalbeschreibung, sowie die Namensunterschrift des Empfängers zu enthalten.

Der Erlaubnißschein zum Betriebe eines der vorbezeichneten Gewerbe ist bei der einschlägigen Distriktspolizeibehörde je für deren Bezirk zu erwirken.

Musiker, welche für den Distriktspolizeibezirk ihres Wohnortes patentisirt sind, dürfen auf vorgängige Bestellung auch in den unmittelbar angrenzenden Amtsbezirken Musik machen.

Jeder Inhaber eines Erlaubnißscheines muß denselben stets in Urschrift bei sich führen, auf Verlangen dem Aufsichtspersonale, den örtlichen Polizeiorganen und der k. Gendarmerie vorzeigen und hat den ihm bei Ertheilung der Erlaubniß auferlegten Bedingungen nachzukommen.

In den einzelnen Orten, in welchen der Berechtigte sein Gewerbe ausüben will, hat derselbe hiezu die besondere Erlaubniß der Ortspolizeibehörde nachzusuchen. Diese kann unter Umständen von weiteren Bedingungen abhängig gemacht werden, die in örtlichen Verhältnissen oder wie z. B. bei Feuerwerken in feuerpolizeilichen Rücksichten begründet sind.

Gegen die Beschlüsse der ersten Instanz können die Betheiligten bei der nächst höheren Verwaltungsstelle Beschwerde führen, welche endgiltig entscheidet. Die Beschwerden sind binnen einer vierzehntägigen Frist bei der ersten Instanz schriftlich einzureichen oder zu Protokoll zu geben.

Bezüglich der zu ertheilenden Bewilligungen, Zeugnisse und Erlaubnißscheine haben die allgemeinen tax- und stempelgesetzlichen Bestimmungen in Anwendung zu kommen. Oertliche Abgaben zu den Armenkassen, Stiftungen und dergl. werden durch vorstehende Bestimmungen nicht berührt[1]).

An Geld bis zu fünfundvierzig Mark oder mit Haft bis zu acht Tagen wird bestraft, wer ohne die nach dieser Verordnung erforderliche polizeiliche Erlaubniß öffentliche Lustbarkeiten, wie Tanzmusiken, Maskeraden, Schießen, Preiskegelschieben, Feuerwerke, theatralische Aufführungen, Vorstellungen aus dem Gebiete der Kunstreiterei, Gymnastik oder ähnlicher Kunstfertigkeiten veranstaltet, ferner wer die bei Ertheilung der Erlaubniß zu solchen Unternehmungen von der Polizeibehörde ihm auferlegten Bedingungen verletzt. Unabhängig von der Strafverfolgung können solche Unternehmungen von der Polizeibehörde jederzeit eingestellt werden[2]).

Ein Wirth begeht aber dadurch, daß er ohne polizeiliche Bewilligung in seiner Wirthschaft von einer hiezu berechtigten Musikgesellschaft Musik machen läßt, keine strafbare Handlung[3]).

Musiker, welche keine zur Abhaltung musikalischer Vorträge in Wirthschaftsräumen berechtigte Musikgesellschaft bilden, sind strafbar, wenn sie, sei es auch auf Bestellung, ohne polizeiliche Erlaubniß in Wirthschaften gegen Bezahlung Musikstücke aufführen[4]).

Wer gewerbsmäßig[5]) Singspiele, Gesangs- und deklamatorische Vorträge, Schaustellungen von Personen oder theatralische Vorstellungen, ohne daß ein höheres Interesse der Kunst oder Wissenschaft dabei obwaltet, in seinen Wirthschafts- oder sonstigen Räumen öffentlich veranstalten oder zu deren öffentlicher

---

[1]) Verordn. v. 3. Juli 1868 — Regier.Bl. S. 1162. — Diese Verordnung ist noch giltig zufolge oberstrichterlichen Urtheils v. 21. September 1901 — Min.A.Bl. des J. S. 516.

[2]) Art. 32 Pol.Strafges.B.

[3]) O. VI S. 429.

[4]) Art. 33 Pol.Str.Ges.B.; § 4 der Verordn. v. 4. Juli 1868; O. III S. 401; VI S. 159 u. 430; VII S. 456; Urtheil des k. b. obersten Landesger. v. 21. Sept. 1901 — Min.A.Bl. des J. S. 516 ff.

[5]) Verordn. v. 3. Juli 1868, Schau- u. Vorstellungen betr., ist jedenfalls noch auf nichtgewerbsmäßige Aufführungen, z. B. Vereinstheater, anwendbar.

Veranstaltung seine Räume benützen lassen will, bedarf zum Betriebe dieses Gewerbes der Erlaubniß ohne Rücksicht auf die etwa bereits erwirkte Erlaubniß zum Betriebe des Gewerbes als Schauspielunternehmer.

Die Erlaubniß ist nur dann zu versagen:

1. wenn gegen den Nachsuchenden Thatsachen vorliegen, welche die Annahme rechtfertigen, daß die beabsichtigten Veranstaltungen den Gesetzen oder guten Sitten zuwiderlaufen werden;
2. wenn das zum Betriebe des Gewerbes bestimmte Lokal wegen seiner Beschaffenheit oder Lage den polizeilichen Anforderungen nicht genügt;
3. wenn der den Verhältnissen des Gemeindebezirks entsprechenden Anzahl von Personen die Erlaubniß bereits ertheilt ist.

Aus den unter Ziffer 1 angeführten Gründen kann die Erlaubniß zurückgenommen und Personen, welche vor dem Inkrafttreten dieses Gesetzes den Gewerbebetrieb begonnen haben, derselbe untersagt werden[1]). Musikalische Aufführungen, welche mittelst eines Orchestrions als stehender Betrieb in einem Wirthschaftslokale stattfinden, bedürfen einer Erlaubniß nicht[2]).

Bei Landestrauer in Folge Ablebens Sr. Majestät des Königs u. s. w. bleiben Musik und Schauspiele bis nach vollendeten Exequien eingestellt[3]).

41. Sonn- und Festtagsfeier.

Alle öffentlich vorgenommenen oder öffentliches Aergerniß erregenden oder geräuschvollen Arbeiten des Gewerbe-, Handels- und Fabrikbetriebes sind an Sonn- und Festtagen untersagt.

Dem Verbote unterliegen nicht:

Die Arbeiten im Verkehrsgewerbe, welche ohne Nachtheil nicht aufgeschoben oder unterbrochen werden können.

Die Arbeiten in Apotheken, Badeanstalten, Gast- und Schankwirthschaftsbetrieben und im Vergnügungsgewerbe (Darbietung von Musikaufführungen, Schaustellungen, theatralischen Vorstellungen oder sonstigen Lustbarkeiten), vorbehaltlich der unten bezeichneten Beschränkungen.

---

[1]) § 33a der R.G.O. Novelle vom 1. Juli 1883.

[2]) B. XVII S. 187.

[3]) § 1 Ziff. 2 der Verordn. v. 20. Juli 1827, die Landestrauer betr.

Die dringenden Arbeiten.

Die offenen Verkaufsstellen sind:

1. am ersten Weihnachtstage,
2. an dem Oster- und Pfingstsonntage,
3. in katholischen Orten am Fronleichnamstage, in protestantischen Orten am Charfreitage den ganzen Tag über geschlossen zu halten, soweit nicht nach der Gewerbeordnung und den hiezu erlassenen Anordnungen Ausnahmen gestattet sind.

Vorstehende Bestimmungen gelten auch hinsichtlich des Oeffnens der Marktbuden an den auf einen Sonn- oder Festtag fallenden Messen und Jahrmärkten.

Die Abhaltung von Getreide- und Viehmärkten, von Treibjagden und öffentlichen Versteigerungen an Sonn- und Festtagen ist verboten.

Lärmendes Zechen und Spielen, lärmende Zusammenkünfte und Lustbarkeiten in Wirthschaftslokalitäten, lärmende Unterhaltungen in der Nähe von Kirchen an Sonn- und Festtagen während des vor- und nachmittägigen Pfarrgottesdienstes sind untersagt.

Es ist verboten, öffentliche Lustbarkeiten, sowie Schau- und Vorstellungen an Sonn- und Festtagen vor Beendigung des vormittägigen Pfarrgottesdienstes zu veranstalten[1]).

Zuwiderhandlungen unterliegen einer Geldstrafe bis zu sechzig Mark oder einer Haftstrafe bis zu vierzehn Tagen[2]).

42. Versammlungen und öffentliche Aufzüge.

Wer zu einer Versammlung, in welcher öffentliche Angelegenheiten erörtert werden sollen, öffentliche oder allgemeine Einladungen erläßt, und wer den Platz zu deren Abhaltung einräumt, ist verpflichtet, mindestens vierundzwanzig Stunden vor dem Beginne der Versammlung unter Angabe des Ortes, der Zeit und des Zweckes derselben Anzeige bei der Ortspolizeibehörde[3]) zu machen.

Zu öffentlichen Aufzügen in Städten[4]) und Ortschaften hat der Unternehmer, Leiter oder Ordner die Zustimmung der betreffenden Gemeindeverwaltung zu erholen und sodann die Ge-

[1]) Verordn. v. 21. Mai 1897.

[2]) § 366 Ziff. 1 R.Str.Ges.

[3]) In München bei der k. Polizei-Direktion.

[4]) Art. 2 des b. Vereinsges. v. 26. Febr. 1850 bezw. 15. Juni 1898.

nehmigung der Distriktspolizeibehörde [1]) nachzusuchen [2]) (Art. 4 des Vereinsgesetzes).

Zuwiderhandlungen gegen diese Bestimmungen sind mit Geldstrafen bis zu einhundertachtzig Mark zu ahnden.

43. Plakate.

Ankündigungen über Abhaltung von Lustbarkeiten (Bällen, Tanzmusiken, Musikproduktionen u. s. w.) ferner über abzuhaltende Versammlungen bedürfen zum Anschlagen auf Straßen und öffentlichen Plätzen der polizeilichen Erlaubniß [3]). Zuwiderhandlung wird mit Haft bis zu vierzehn Tagen und an Geld bis zu neunzig Mark bestraft. Sind mildernde Umstände vorhanden, so kann auf Haft bis zu vierzehn Tagen oder auf Geldstrafe bis zu neunzig Mark erkannt werden.

Die Ertheilung oder Versagung dieser Erlaubniß ist gesetzlich an bestimmte Voraussetzungen nicht gebunden, sondern lediglich dem Ermessen der Polizeibehörde überlassen.

Die Erlaubniß zum Anschlagen eines Plakates auf Straßen und öffentlichen Plätzen ist nicht bloß dann zu versagen, wenn der Inhalt desselben eine bestimmte Gesetzesverletzung enthält, sondern auch dann, wenn derselbe dem öffentlichen Anstande, der guten Sitte oder einem sonstigen Interesse der öffentlichen Ordnung zuwiderläuft. Als solches Interesse der öffentlichen Ordnung stellt sich insbesondere auch Aufrechterhaltung des Ansehens und der Achtung der bestehenden Gesetze dar [4]).

Zum Anschlagen oder Anheften von Plakaten an der Innenseite der gegen die Straße gerichteten Schaufenster von Läden ist polizeiliche Erlaubniß nicht erforderlich [5]). Das Gleiche gilt zweifellos auch von Plakaten, welche im Innern der Wirthschaftsräume angeschlagen werden.

44. Lotterien, Ausspielungen, Glücksbuden.

Die Bewilligung zu öffentlichen Lotterien, Ausspielungen beweglicher Sachen oder zur Aufstellung von Glücksbuden an öffentlichen Orten wird ertheilt:

---

[1]) In München bei der k. Polizei-Direktion.

[2]) Art. 20 des b. Vereinsges. in der Fassung von § 6 des Ges. v. 15. Juni 1998.

[3]) Art. 30 Abs. II des R.Pr.Ges. v. 7. Mai 1874 u. Art. 12 des b. Ges. zur Ausführung der R.Str.P.Ordn. v. 18. August 1879 — Ges. u. V.Bl. S. 790.

[4]) Nach bestehender Min.Entschl., wie solche im Landtage 1902 — 246. (79) Plenarsitzung — bekanntgegeben wurde.

[5]) O. IV S. 429.

1. von der einschlägigen Kreisregierung, Kammer des Innern, wenn der Absatz der Loose sich nur auf den Regierungsbezirk erstreckt,
2. von dem Staatsministerium des Innern, wenn dieser Absatz auf mehrere oder alle Regierungsbezirke ausgedehnt oder die Bewilligung zu periodisch wiederkehrenden Lotterien oder Ausspielungen nachgesucht wird.

Bei Ertheilung der Bewilligung zur Veranstaltung öffentlicher, aus Anlaß von Jahrmärkten, Kirchweihen oder Volksfesten unternommener Lotterien oder Ausspielungen unbedeutender Gegenstände ohne Geldgewinnste und gegen geringen Einsatz ist die Zustimmung der betreffenden Ortspolizeibehörden vorzubehalten.

Von den vorstehenden Bestimmungen sind die in Wirthshäusern veranstalteten Lotterien oder Ausspielungen von Eßwaaren ausgenommen, zu welchen die Bewilligung von der Ortspolizeibehörde in der Haupt- und Residenzstadt München von der Polizeidirection ertheilt wird.

Allerhöchste Bewilligung ist erforderlich:
1. zu öffentlichen Lotterien oder Ausspielungen von unbeweglichen und denselben gleich geachteten Sachen,
2. zu Lotterie-Anlehen,
3. zur Zulassung von Lotterien, Ausspielungen oder Lotterien-Anlehen des Auslandes.

Auf auswärtige Staatsanlehen, sowie auf im Auslande mit Genehmigung der betreffenden Staatsregierung negozirte Privat-Geldanlehen, deren Verzinsung und Tilgung mit einer Verloosung und mit Prämien verbunden ist, findet die vorstehende Bestimmung nicht Anwendung; vielmehr ist der An- und Verkauf der Loose solcher auswärtiger Anlehen im Königreiche gestattet, soferne nicht von Unseren Staatsministerien des Innern und des Handels und der öffentlichen Arbeiten bezüglich des Verkehrs mit Loosen einzelner solcher Lotterie-Anlehen Verbote oder beschränkende Bestimmungen erlassen wurden[1]).

Wer ohne obrigkeitliche Erlaubniß öffentliche Lotterien veranstaltet, wird mit Gefängniß bis zu zwei Jahren oder mit Geldstrafe bis zu dreitausend Mark bestraft. Den Lotterien sind öffentlich veranstaltete Ausspielungen beweglicher oder unbeweglicher Sachen gleich zu erachten[2]).

45. Verbotener Wirthshaus- und Tanzmusik-Besuch.

Eltern, Pflegeeltern, Vormünder, Dienst- und Lehrherrn, welche ihren schulpflichtigen Kindern, Pflegekindern, Mündeln,

---

[1]) Verordn. v. 10. Juli 1867 — Regier.Bl. S. 810.

[2]) § 286 R.Str.Ges.

Dienstboten oder Lehrlingen den Besuch von Wirthshäusern ohne gehörige Aufsicht oder den Besuch öffentlicher Tanzunterhaltungen gestatten, werden an Geld bis zu dreißig Mark oder mit Haft bis zu acht Tagen gestraft.

Mit Haft bis zu sechs Tagen sind Sonntagsschulpflichtige zu bestrafen, welche öffentlichen Tanzunterhaltungen anwohnen oder ohne Erlaubniß der Eltern, Pflegeeltern, Vormünder, Dienst- oder Lehrherrn Wirthshäuser besuchen[1]).

Wenn beispielsweise ein Wirth seinen schulpflichtigen Sohn oder Pflegesohn oder seine schulpflichtige Tochter veranlaßt, im Tanzlokale die Gäste zu bedienen oder zum Tanze aufzuspielen, hat derselbe diesen Kindern den Besuch einer Tanzunterhaltung gestattet und ist strafbar[2]).

46. Wirthshausverbot.

An Geld bis zu fünfzehn Mark werden Wirthe oder deren Stellvertreter gestraft, welche Personen, denen auf Grund gesetzlicher Bestimmungen der Besuch ihrer Wirthshäuser untersagt ist, diesen Besuch ungeachtet des ihnen von der Polizeibehörde bekannt gegebenen Verbotes wissentlich gestatten[3]).

Der Wirth ist hienach verbunden, die betreffenden Personen aus seinem Wirthshause hinauszuweisen[4]).

47. An- und Abmeldung der Fremden.

Gastwirthe und Herberggeber, welche den oberpolizeilichen Vorschriften über Aufzeichnung und Anzeige der Ankunft und Abreise der von ihnen aufgenommenen Fremden und beherbergten Personen zuwiderhandeln, die vorgeschriebenen Aufzeichnungen der Polizeibehörde oder den obrigkeitlichen Dienern auf Verlangen nicht vorzeigen oder dieselben nicht zu der vorgeschriebenen Zeit vorlegen, werden an Geld bis zu fünfzehn Mark bestraft[5]).

---

[1]) Art. 56 P.Str.Ges.B.

[2]) O. IX S. 308; Urtheil des b. obersten Landesger. v. 18. Juni 1900. Min.ABl. d. J. S. 435.

[3]) Art. 31 Pol.Str.Ges.B.

[4]) Riedel Comm. zum Pol.Str.Ges. Note 3 zu Art. 31.

[5]) Art. 46 Pol Str.Ges. Oberpolizeiliche Vorschriften bestehen zu diesem Artikel z. B. für Oberbayern (Kr.A.Bl. 1862 S. 1113); für Niederbayern (Kr.A.Bl. 1862 S. 1078); für die Pfalz (Kr.A.Bl. 1862 S. 880); für die Oberpfalz (Kr.A.Bl. 1872 S. 1346); für Mittelfranken (Kr.A.Bl. 1874 S. 1005); für Unterfranken (Kr.A.Bl. 1874 S. 721).

48. Betrug. (Zechprellerei).

Bestellt in einem Gastlokal ein unbekannter Gast Speisen und Getränke, ohne von seiner ihm bewußten Mittellosigkeit und Zahlungsunfähigkeit dem Gastwirthe oder dessen Personal Mittheilung zu machen, so genügt dieses Verhalten zur Bestrafung des Gastes wegen Betrugs[1]), ohne daß es der Feststellung sonstiger Thatsachen bedarf, aus welchen die Absicht des Gastes, einen Irrthum über seine Zahlungsunfähigkeit zu erregen hervorgeht.

49. Sterbefall.

Wenn ein Fremder in einem Gasthause stirbt, so hat der Gastwirth, falls ein zur Anzeige verpflichtetes Familienhaupt nicht vorhanden ist, die vorgeschriebene Anzeige bei dem einschlägigen Standesamte zu erstatten und zwar spätestens am nächstfolgenden Wochentage[2]).

50. Personal.

a) An- und Abmeldung der Gewerbsgehilfen und Dienstboten.

Wer von der Aufnahme oder Entlassung von Gewerbsgehilfen oder Lehrlingen die durch Verordnung oder ortspolizeiliche Vorschrift geforderte Anzeige nicht erstattet, wird an Geld bis zu fünfzehn Mark gestraft[3]).

An Geld bis zu fünfzehn Mark werden Dienstherrschaften gestraft, welche den Distrikts- oder ortspolizeilichen Vorschriften[4]) über die Anzeige des Ein- und Austritts von Dienstboten, sowie über die Vorlage und Aufbewahrung der Dienstbücher zuwiderhandeln[5]).

Dienstbote ist jene Person, welche sich zur Besorgung häuslicher oder landwirthschaftlicher Arbeiten für die gesammte Dauer einer entweder ortsüblichen, oder allgemein oder einer im voraus festgesetzten Frist an einen Dienstherrn unter Aufnahme in dessen häusliche Gemeinschaft verdingt[6]).

Demnach sind Personen, welche ausschließend oder doch überwiegend mit gewerblichen Arbeiten beschäftigt sind, Gewerbsgehilfen. — Eine Kellnerin, welche sich zur Verrichtung aller häus-

---

[1]) § 263 R.Str.Ges.

[2]) §§ 56 u. 57 des R.Ges. über die Beurkundung des Personenstandes v. 6. Februar 1875.

[3]) Art. 49 Pol.Str.Ges.

[4]) Art. 107 des Pol.Str.Ges.

[5]) Entsch. des obersten Gerichtshofes Bd. II S. 270.

lichen und geschäftlichen Arbeiten verdungen hat, ist Dienstbote und nicht Gewerbsgehilfe[1]).

Unabhängig von der Strafverfolgung steht der Polizeibehörde die Befugniß zu, Dienstboten, welche widerrechtlich den Antritt oder die Fortsetzung des Dienstes verweigern, der Dienstherrschaft auf ihren oder ihres Stellvertreters Antrag zwangsweise vorzuführen[2]).

Gewerbsgehilfen gegenüber ist eine Zurückführung zur Arbeit ausgeschlossen. Hat jedoch ein Gewerbsgehilfe rechtswidrig die Arbeit verlassen, so kann der Arbeitgeber als Entschädigung für den Tag des Vertragsbruches und jeden folgenden Tag der vertragsmäßigen oder gesetzlichen Arbeitszeit höchstens aber für eine Woche, den Betrag des ortsüblichen Tagelohnes fordern. Diese Forderung ist an den Nachweis eines Schadens nicht gebunden[3]).

Verläßt dagegen der Lehrling in einem durch die einschlägigen gewerbsrechtlichen Bestimmungen nicht vorgesehenen Fall[4]) ohne Zustimmung des Lehrherrn die Lehre, so kann Letzterer den Anspruch auf Rückkehr des Lehrlings geltend machen, wenn der Lehrvertrag schriftlich geschlossen ist. Die Polizeibehörde kann in diesem Falle auf Antrag des Lehrherrn den Lehrling anhalten, so lange in der Lehre zu verbleiben, als durch gerichtliches Urtheil das Lehrverhältniß nicht für aufgelöst erklärt ist,

---

[1]) O. IV S. 349.

[2]) Art. 106 Abs. IV Pol.Str.Ges.

[3]) § 124 b R.G.O.

[4]) Das Lehrverhältniß kann vorzeitig d. h. vor Ablauf der ursprünglich vereinbarten Lehrzeit endigen, und zwar dadurch daß beide Theile übereinkommen, das Lehrverhältniß zu lösen. Für diesen Fall gilt nichts besonderes. Aber auch durch einseitigen Rücktritt sei es des Lehrherrn oder Lehrlings kann das Lehrverhältniß gelöst werden. Einseitig lösbar ist das Verhältniß, wenn eine längere Frist nicht vereinbart ist, während der ersten vier Wochen nach Beginn der Lehrzeit. Eine Vereinbarung, wonach die Probezeit mehr als drei Monate betragen soll ist nichtig. Nach Ablauf dieser Frist kann das Lehrverhältniß nur aus bestimmten Gründen, die im Gesetze angegeben sind, gekündigt werden. So kann der Lehrherr den Lehrling entlassen, wenn er die Pflicht zu Folgsamkeit, Treue und Fleiß wiederholt vernachlässigt oder die Fortbildungs- und Fachschule zu besuchen unterläßt. Der Lehrling kann die Lehre verlassen, u. A., wenn der Lehrherr seine gesetzlichen Verpflichtungen gegen den Lehrling in einer die Gesundheit, die Sittlichkeit oder Ausbildung des Lehrlings gefährdenden Weise vernachlässigt, oder das Recht der väterlichen Zucht mißbraucht oder zur Erfüllung seiner Verpflichtungen unfähig ist. Außer in diesen Fällen ist Lehrherr wie Lehrling an den Lehrvertrag gebunden. Einseitige Lösung derselben ist Vertragsbruch. (§ 127 b Abs. 1, 3 u. 4 u. § 127 e R.G.O.).

oder dem Lehrlinge durch einstweilige Verfügung eines Gerichts gestattet ist, der Lehre fern zu bleiben. Der Antrag ist nur zulässig, wenn er binnen einer Woche nach dem Austritt des Lehrlings gestellt ist. Im Falle unbegründeter Weigerung der Rückkehr hat die Polizeibehörde den Lehrling zwangsweise zurückführen zu lassen oder durch Androhung von Geldstrafe bis zu fünfzig Mark oder Haft bis zu fünf Tagen zur Rückkehr anzuhalten [1]).

Außerdem ist der Lehrherr zur Lösung des Lehrvertrages berechtigt und kann dann eine Entschädigung von dem Lehrling verlangen, welche, wenn in dem Lehrvertrag nicht ein geringerer Betrag ausbedungen ist, auf einen Betrag festzusetzen ist, welcher für jeden auf den Tag des Vertragsbruchs folgenden Tag der Lehrzeit, höchstens aber für sechs Monate bis auf die Hälfte des in dem Gewerbe des Lehrherrn der Gesellen oder Gehilfen ortsüblich gezahlten Lohnes sich belaufen darf. Für die Zahlung der Entschädigung haftet sowohl der Vater des Lehrlings als der neue Arbeitgeber, der um das Entlaufen des Lehrlings wußte.

Um das Uebergehen des Lehrlings in eine andere Geschäftssparte zu ermöglichen, läßt die Reichsgewerbe-Ordnung [2]) zu, daß der Vater oder Vormund oder der Lehrling selbst, wenn er volljährig ist, durch eine schriftliche Erklärung dem Lehrherrn gegenüber erkläre, daß er zu einem andern Geschäft übergehe; den Grund der Auflösung hat der Lehrherr in dem Arbeitsbuche zu vermerken. Binnen neun Monaten nach der Auflösung darf der Lehrling in demselben Gewerbe von einem andern Arbeitgeber ohne Zustimmung des früheren Lehrherrn nicht beschäftigt werden.

Selbstverständlich endet der Lehrvertrag beim Tode des Lehrlings. Durch den Tod des Lehrherrn gilt der Lehrvertrag als aufgehoben, sofern die Aufhebung binnen vier Wochen geltend gemacht wird.

b) Krankenversicherung.

Nach der bestehenden Gesetzgebung [3]) sind die in Wirthschaften beschäftigten Personen — Kellner, Kellnerinnen, Schenkkellner, Metzger, Köchinnen, Küchenmägde, Büffetdamen u. s. w. — zur Krankenversicherung anzumelden, soferne deren Beschäftigung gemäß mündlichen oder schriftlichen Arbeitsvertrages oder nach der Natur des Gegenstandes nicht auf weniger als auf eine Woche

---

[1]) § 127 d R.G.O. in der Fassung der Novelle v. 26. Juli 1897.

[2]) § 127 e.

[3]) Vergl. R.Ges. v. 15. Juni 1883 — R.Ges.Bl. S. 73; neue Redaktion R.Ges.Bl. 1892 S. 417; hiezu bayer. Ausführungsgesetz v. 28. Februar 1884 — Ges. u. V.Bl. S. 75 u. 26. März 1892 — Ges. u. V.Bl. S. 144.

beschränkt ist[1]). Sonstige ihrer Natur nach zwar vorübergehende, aber länger als eine Woche dauernde Beschäftigungen sind versicherungspflichtig. Wenn die betreffende Person von vornherein nur auf ganz kurze Zeit, nämlich auf weniger als eine Woche angenommen ist, indem von vornherein eine spätere Fortsetzung der Arbeit über die Dauer einer Woche hinaus nicht in Aussicht genommen ist, tritt also Versicherungspflicht nicht ein. Im Uebrigen kommt es nicht darauf an, auf welche Dauer der Arbeitsvertrag abgeschlossen ist, es unterliegen daher der Versicherungspflicht auch solche Personen, welche jederzeit ohne Kündigung entlaßbar sind. Der reichsgesetzliche Krankenversicherungszwang erstreckt sich mit seinen rechtlichen Wirkungen auch auf Personen, welche bei ihrem aktiven Eintritte in eine versicherungspflichtige Beschäftigung schon krank sind mit beschränkter Erwerbsfähigkeit[2]). Krankheit schließt den Versicherungszwang nur dann aus, insoferne mit demselben Leistungsunfähigkeit hervorgeht[3]).

Nicht die Dauer der Arbeitsleistung, sondern die Dauer des Beschäftigungsverhältnisses ist entscheidend für Beginn und Ende der Versicherungspflicht. Eine nach der Natur des Gegenstandes auf weniger als eine Woche beschränkte Beschäftigung wird, wenn die einzelnen kurzen Dienstleistungen den Ausfluß eines zusammenhängenden einzigen Beschäftigungsverhältnisses sind und sich dementsprechend wiederholen, versicherungspflichtig. Nur muß das Beschäftigungsverhältniß von vorneherein auf die Wiederholung der Dienstleistungen gerichtet sein; eine Kellnerin z. B., die nur an Sonn- und Feiertagen Nachmittags, aber regelmäßig und bei einem Arbeitgeber und ohne jedesmalige Bestellung bedient, ist versicherungspflichtig, denn die an sich vorübergehende Arbeit wird dadurch, daß sie sich regelmäßig wiederholt, zur dauernden, versicherungspflichtigen Beschäftigung[4]).

Es ist nicht nothwendig, daß die Thätigkeit des Arbeiters seine ganze Arbeitskraft und Arbeitszeit in Anspruch nimmt. Ist das Arbeitsverhältniß ein derartiges, daß die Arbeit an einzelnen Tagen der Woche zu unterbrechen ist, so dauert gleichwohl die Versicherung auch während der beschäftigungsfreien Zeit fort, denn das Beschäftigungsverhältniß wird durch kürzere Unterbrechungen der thatsächlichen Arbeitsleistungen nicht aufgehoben; die Versicherungspflicht bleibt auch bei dem Nichtbezuge von Lohn

---

[1]) Durch Ortsstatut kann übrigens auch ein kürzerer Anmeldungs-Termin bestimmt werden. Siehe den Anhang „Statut der Münchener Ortskrankenkassa IV."

[2]) B. VIII S. 215.

[3]) B. XVI S. 35.

[4]) B. XV S. 123.

während dieser Zeit bestehen, wenn der Wille der Betheiligten auf Fortsetzung des Lohnarbeitsverhältnisses nach Beendigung der Unterbrechung gerichtet war [1]). Ist ein Arbeiter in verschiedenen Betrieben oder Gemeinden je mehrere Tage in der Woche beschäftigt, so wird durch dieses gleichzeitige Bestehen mehrerer selbstständiger Arbeitsverhältnisse die Versicherungspflicht nicht ausgeschlossen; es kann aber ein solcher Arbeiter nicht genöthigt werden, sich bei mehreren Krankenkassen zu versichern, denn während der Dauer der versicherungspflichtigen Beschäftigung ist immer nur eine Zwangsversicherung begründet; eine mehrfache Versicherungspflicht gleichzeitig bei mehreren Krankenkassen kennt das Gesetz nicht.

Die Versicherungspflicht tritt im Allgemeinen nur dann ein, wenn ein Lohnarbeitsverhältniß vorliegt, d. h. für die Arbeit muß ein Bezug von Geld oder Naturalien (z. B. freie Wohnung, Kost, Kleidung, Wäsche, Feuerung) gewährt werden. Nicht unbedingt erforderlich ist, daß der Lohn vom Arbeitgeber selbst gezahlt wird. So sind z. B. die den Kellnern von den Gästen üblicher Weise gewährten Trinkgelder als Lohn anzusehen, wenn sie einen dem Arbeitsverhältniß eigenthümlichen, regelmäßigen, wenn auch in seiner Höhe schwankenden wirthschaftlichen Vortheil darstellen, auf welchen, wenn auch nur stillschweigend, bei Vereinbarung der Lohnbedingungen zwischen Arbeitgeber und Arbeitnehmer Rücksicht genommen worden ist.

Das krankenversicherungspflichtige Arbeitsverhältniß erlischt, ohne Rücksicht auf etwaige Kündigungsfrist mit der thatsächlichen Einstellung der Beschäftigung [2]).

Die vorgeschriebene Anmeldepflicht wird in der Regel dann als erfüllt anzusehen sein, wenn der Arbeitgeber die versicherungspflichtige Person rechtzeitig in einer jeden Zweifel über deren Identität ausschließenden Weise bei der hiezu bestimmten Stelle angemeldet hat [3]). Die Anmeldepflicht des Arbeitgebers fällt nicht hinweg, wenn der Arbeiter während der Anmeldefrist erkrankt ist [4]).

Auf Dienstboten kann die Krankenversicherungspflicht nur durch statutarische Bestimmung einer Gemeinde ausgedehnt werden [5]). Dienstmädchen, welche bei Gewerbetreibenden im Dienste stehen, sind, auch wenn dieselben in dieser Stellung geringfügige gewerbliche Arbeiten verrichten, nicht versicherungspflichtig [6]). In

---

[1]) B. XX S. 57.
[2]) B. XII S. 41.
[3]) B. IX S. 474.
[4]) B. XIII S. 448.
[5]) B. XII S. 325 siehe Anhang „Münchener Gemeindekrankenversicherung."
[6]) B. XX S. 72.

der Landwirthschaft gegen Lohn beschäftigte Personen, welche zum Hausstand des Dienstherrn gehören, bei demselben wohnen und von ihm verköstigt werden, zählen zum landwirthschaftlichen Gesinde (Dienstboten), nicht aber zu den landwirthschaftlichen Arbeitern[1]).

c) Invaliditäts- und Altersversicherung[2]).

Alle über sechzehn Jahre alten, gegen Lohn beschäftigten „Arbeiter" auf dem Gebiete des gesammten Erwerbslebens, der Industrie, des Handwerks, des Handels, der Land- und Forstwirthschaft, des häuslichen Dienstes, im Reichs-, Staats- und Gemeindedienste, für kirchliche und Schulzwecke, der sogenannten freien Berufsarten sind versicherungspflichtig; wie auch alle ohne Unterschied, ob männlich oder weiblich, ob ledig oder verheirathet, ob ständig oder nur vorübergehend beschäftigt, ob In- oder Ausländer, ohne Rücksicht auf die Art und Höhe des Lohnes, endlich auch ohne Rücksicht auf etwaige verwandtschaftliche Beziehungen zum Arbeitgeber, selbst Kinder, welche im Betriebe der Angehörigen gegen Lohn beschäftigt, versicherungspflichtig sind. Der Zwang der Versicherung besteht auch für Jene, welche in Folge günstiger Vermögensverhältnisse erklären, nie auf eine Rente Anspruch zu machen.

Nicht versicherungspflichtig sind alle Personen unter sechzehn Jahren, auch wenn sie gegen Lohn arbeiten; alle Arbeiter, welche keinen Lohn, sondern nur freien Unterhalt erhalten; alle Reichs-, Staatsbeamte mit oder ohne Pensions- oder Sustentations-Berechtigung; alle Kreis-, Distrikts- und Gemeindebeamte mit Pensionsberechtigung; alle Soldaten, auch wenn sie dienstlich als Arbeiter beschäftigt werden; alle Personen, welche bereits als invalid (dauernd erwerbsunfähig) zu erachten sind; alle Personen, welche Invalidenrente nach gegenwärtigem Gesetze bereits beziehen; die Apothekergehilfen und -Lehrlinge; die Betriebsbeamten, die Handlungsgehilfen und -Lehrlinge mit mehr als zweitausend Mark Jahreseinkommen; alle im öffentlichen oder im privaten Dienste stehenden Personen mit einer ihrer Natur nach höheren, mehr geistigen (wissenschaftlichen, künstlerischen ꝛc.) Thätigkeit; alle Strafgefangenen, sowie in Arbeitshäusern, Besserungsanstalten u. s. w. untergebrachten Personen.

Zweifel über die Versicherungspflicht entscheidet jenes Bezirksamt oder der Magistrat jener unmittelbaren Stadt, in dessen, bezw. in deren Bezirk der Beschäftigungsort des Arbeiters liegt.

Die Beiträge sind in vier Lohnklassen eingetheilt und richten

---

[1]) B. XII S. 325.

[2]) R.Ges. v. 22. Juni 1889 u. 13. Juli 1899.

sich nach der Höhe des Jahresarbeitsverdienstes, welcher nach einem Durchschnittslohnsatz bemessen wird:

I. Lohnkl. 14 Pfg. m. e. Jahresarbeitsverdienst bis zu 350 Mk.
II. „ 20 „ „ „ „ „ „ von über 350—550 „
III. „ 24 „ „ „ „ „ „ „ „ 550—850 „
IV. „ 30 „ „ „ „ „ „ „ „ 850 „

Die Bezahlung der Beiträge erfolgt durch Marken, welche bei jeder Postanstalt oder auch bei den Landbriefträgern käuflich zu haben sind.

Jeder „Arbeiter" hat sich eine Quittungskarte (welche Namen, Stand, Versicherungsanstalt, Datum u. s. w. enthalten muß) zu beschaffen; er erhält diese Karte unentgeltlich von der zuständigen Behörde seines Beschäftigungsortes. In dieser Karte hat der Arbeitgeber bei jeder Lohnzahlung so viele Marken der betreffenden Lohnklasse auf die nächst freien Felder einzukleben, als Kalenderwochen auf diese Lohnzahlung treffen. Alle andern Marken als jene der zutreffenden Versicherungsanstalt sind ungiltig.

Die Beiträge sind von dem Arbeitgeber zu entrichten. Derselbe ist berechtigt, dem „Arbeiter" bei der Lohnzahlung die Hälfte in Abzug zu bringen; die Abzüge dürfen sich jedoch höchstens auf die beiden letzten Lohnzahlungsperioden erstrecken. Arbeitgeber oder deren Vertreter, welche wissentlich mehr als die Hälfte in Abzug bringen, werden bis zu dreihundert Mark oder mit Haft bestraft. Ebenso ist strafbar, dem Arbeiter die Quittungskarte widerrechtlich vorzuenthalten, Marken in nicht zureichender Höhe oder nicht rechtzeitig eingeklebt zu haben, Einträge und Vermerke zu machen u. s. w. Ist die Karte völlig mit Marken beklebt, so hat der „Arbeiter" dieselbe bei der Gemeindebehörde seines Beschäftigungsortes gegen eine neue Karte umzutauschen, worüber er eine Bescheinigung erhält, aus welcher ersichtlich ist, wie viele Wochen er bisher an der Versicherung gut gemacht hat. Diese Bescheinigung ist sorgfältigst aufzubewahren, da dieselbe bei Erhebung des Rentenanspruchs gebraucht wird. Diese Quittungskarte muß bis zum Schlusse des dritten Jahres nach dem auf der Karte verzeichneten Datum des Ausstellungsjahres, also im vierten Jahre der Ausstellung zum Umtausch eingereicht werden; außerdem verliert sie ihre Giltigkeit.

Freiwillig Versicherte, das sind solche, welche aus dem Arbeitsverhältniß ausscheiden, sich jedoch selbst fortversichern wollen, sind der Lohnklasse II zugetheilt und haben außer dem hiefür fälligen Beitrag von 20 Pfg. noch einen Zusatzbeitrag von 8 Pfg., in Summa also 28 Pfg. zu leisten, soferne überhaupt ihre Verhältnisse dergestalt sind, daß sie den gesetzlichen Anforderungen entsprechen.

Verlorene, unbrauchbar gewordene oder zerstörte Quittungskarten sind durch neue zu ersetzen; die verwendeten Marken können hiebei nur insoweit aufgerechnet werden, als die wirkliche Verwendung nachgewiesen werden kann. — In bestimmten Fällen, z. B. wenn weibliche Arbeiterinnen sich verheirathen, gibt es eine Rückvergütung der Hälfte der für Versicherte entrichteten Beiträge. Auf Verlangen werden die Anträge auf Rückvergütung durch Vermittlung der Gemeindebehörde bei jener Versicherungsanstalt gestellt, an welche zuletzt Beiträge entrichtet wurden. Die Rückzahlung erfolgt durch die Post.

d) Beschäftigung von Gehilfen und Lehrlingen in Gast- und in Schankwirthschaften[1]).

I.

1. In Gast- und in Schankwirthschaften ist jedem Gehilfen und Lehrling über sechzehn Jahre für die Woche siebenmal eine ununterbrochene Ruhezeit von mindestens acht Stunden zu gewähren. Der Beginn der ersten Ruhezeit darf in die vorhergehende, das Ende der siebenten Ruhezeit in die nachfolgende Woche fallen.

Für Gehilfen und Lehrlinge unter sechzehn Jahren muß die Ruhezeit mindestens neun Stunden betragen. Durch Polizeiverordnungen der zum Erlasse solcher Verordnungen berechtigten Behörden kann diese längere Ruhezeit auch für Gehilfen und Lehrlinge über sechzehn Jahre vorgeschrieben werden.

Die höhere Verwaltungsbehörde ist befugt, in Bade- und anderen Kurorten die Ruhezeit für Gehilfen und Lehrlinge über sechzehn Jahre in Gastwirthschaften während der Saison, jedoch nicht über eine Dauer von drei Monaten, bis auf sieben Stunden herabzusetzen. Neben dieser Ruhezeit müssen täglich, abgesehen von den Mahlzeiten, Ruhepausen in der Gesammtdauer von mindestens zwei Stunden gewährt werden.

2. Der Zeitraum zwischen zwei Ruhezeiten, welcher auch die Arbeitsbereitschaft und die Ruhepausen umfaßt, darf in den Fällen der Ziff. 1 Abs. 1 höchstens sechzehn Stunden, in den Fällen der Ziff. 1 Abs. 2 höchstens fünfzehn Stunden und in den Fällen der Ziff. 1 Abs. 3 höchstens siebzehn Stunden betragen.

3. Eine Verlängerung der in Ziffer 2 bezeichneten Zeiträume ist für den Betrieb bis zu sechzigmal im Jahre zulässig. Dabei kommt jeder Fall in Anrechnung, wo auch nur für einen Gehilfen oder Lehrling diese Verlängerung stattgefunden hat.

Auch in diesen Fällen muß für die Woche eine Unterbrechung durch sieben Ruhezeiten von der vorgeschriebenen Dauer (Ziffer 1) stattfinden.

---

[1]) Bekanntm. des Reichskanzlers v. 23. Januar 1902 — R.Ges.Bl. Nr. 4.

4. An Stelle einer der nach Ziffer 1 zu gewährenden ununterbrochenen Ruhezeiten ist den Gehilfen und Lehrlingen mindestens in jeder dritten Woche einmal eine ununterbrochene Ruhezeit von mindestens vierundzwanzig Stunden zu gewähren.

In Gemeinden, welche nach der jeweilig letzten Volkszählung mehr als 20,000 Einwohner haben, ist diese Ruhezeit mindestens in jeder zweiten Woche zu gewähren.

In denjenigen Wochen, in welchen hienach eine vierundzwanzigstündige Ruhezeit nicht gewährt zu werden braucht, ist außer der ununterbrochenen Ruhezeit von der vorgeschriebenen Dauer (Ziffer 1) mindestens einmal eine weitere ununterbrochene Ruhezeit von mindestens sechs Stunden zu gewähren, welche in der Zeit zwischen acht Uhr Morgens und zehn Uhr Abends liegen muß.

5. Die Arbeitgeber sind verpflichtet, ein Verzeichniß anzulegen, welches die Namen der einzelnen Gehilfen und Lehrlinge enthalten muß. In das Verzeichniß ist für jeden einzelnen Gehilfen und Lehrling einzutragen, wann und für welche Dauer eine Ruhezeit gemäß Ziffer 4 gewährt worden ist.

Arbeitgeber, welche von den Bestimmungen der Ziffer 3 Gebrauch machen, sind verpflichtet, ein weiteres Verzeichniß anzulegen, in welches einzutragen ist, wann Ueberarbeit im Betriebe während des Kalenderjahres stattgefunden hat.

Die nach Abs. 1, 2 zu machenden Eintragungen haben spätestens am ersten Tage nach Ablauf jeder Woche für die verflossene Woche zu erfolgen.

Die Verzeichnisse sind auf Erfordern den zuständigen Behörden und Beamten zur Einsicht vorzulegen.

6. Gehilfen und Lehrlinge unter sechzehn Jahren dürfen in der Zeit von zehn Uhr Abends bis sechs Uhr Morgens nicht beschäftigt werden. Außerdem dürfen Gehilfen und Lehrlinge weiblichen Geschlechts zwischen sechzehn und achtzehn Jahren, welche nicht zur Familie des Arbeitgebers gehören, während dieser Zeit nicht zur Bedienung der Gäste verwendet werden.

II.

7. Als Gehilfen und Lehrlinge im Sinne dieser Bestimmungen gelten solche Personen männlichen und weiblichen Geschlechts, welche im Betriebe der Gast- und der Schankwirthschaften als Oberkellner, Kellner oder Kellnerlehrlinge, als Köche oder Kochlehrlinge, am Büffet oder mit dem Fertigmachen kalter Speisen beschäftigt werden. Ausgenommen sind jedoch Personen, welche hauptsächlich in einem mit der Gast- oder der Schankwirthschaft verbundenen kaufmännischen oder sonstigen gewerblichen Betriebe beschäftigt werden, soferne ihre tägliche Arbeitszeit in diesem Betrieb anderweiten reichsrechtlichen Vorschriften unterliegt.

III.

8. Die vorstehenden Bestimmungen traten am 1. April 1902 in Kraft.

Bis zum 31. Dezember 1902 ist Ueberarbeit (Ziffer 3) höchstens fünfundvierzigmal zulässig.

Von dem in Ziffer 6 Satz 2 enthaltenen Verbote sind diejenigen Personen ausgenommen, welche bei der Verkündung dieser Bestimmungen Kellnerinnen sind.

Das k. Staatsministerium des Innern hat zum Vollzuge dieser Vorschriften unterm 11. März 1902 Ausführungsbestimmungen erlassen[1]), wonach zum Erlaß von Polizeiverordnungen zum Zwecke der Einführung der neun- statt der sonst vorgeschriebenen achtstündigen Ruhezeit für Gehilfen und Lehrlinge über sechzehn Jahre, ferner zur Herabsetzung der normalen Ruhezeit der über sechzehn Jahre alten Gehilfen und Lehrlinge in Bade- und andern Kurorten die Kreisregierungen, Kammern des Innern, zuständig sind. Des Weiteren ist verfügt, daß die Ortspolizeibehörden, in München die k. Polizeidirektion, die den Vorschriften unterliegenden Betriebe in ein Verzeichniß aufzunehmen haben und dieselben halbjährig mindestens einer ordentlichen Revision zu unterstellen haben, wobei auch die Seitens der Arbeitgeber bezüglich der besonderen Ruhezeiten, sowie der Ueberarbeit zu führenden Verzeichnisse zu kontrolliren sind. Außerordentliche Revisionen haben Seitens der Ortspolizeibehörde nach Bedarf und insbesondere dann zu erfolgen, wenn der Verdacht einer gesetzwidrigen Beschäftigung von Gehilfen oder Lehrlingen vorliegt.

e) Arbeitsbuch und Arbeitszeugniß.

Minderjährige Personen dürfen[2]) als Arbeiter nur beschäftigt werden, wenn sie mit einem Arbeitsbuche versehen sind. Bei der Annahme solcher Arbeiter hat der Arbeitgeber das Arbeitsbuch einzufordern. Er ist verpflichtet, dasselbe zu verwahren, auf amtliches Verlangen vorzulegen und nach rechtmäßiger Lösung des Arbeitsverhältnisses wieder auszuhändigen. Die Aushändigung erfolgt an den gesetzlichen Vertreter, sofern dieser es verlangt, oder der Arbeiter das sechzehnte Lebensjahr noch nicht vollendet hat, andernfalls an den Arbeiter selbst. Mit Genehmigung der Gemeindebehörde kann die Aushändigung des Arbeitsbuches auch an die zur gesetzlichen Vertretung nicht berechtigte Mutter oder einen sonstigen Angehörigen oder unmittelbar an den Arbeiter erfolgen.

---

[1]) Ges. u. V.Bl. S. 122.

[2]) § 107 R.G.O.

Bei dem Eintritt des Arbeiters [1]) in das Arbeitsverhältniß hat der Arbeitgeber an der dafür bestimmten Stelle des Arbeitsbuches die Zeit des Eintritts und die Art der Beschäftigung, am Ende des Arbeitsverhältnisses die Zeit des Austritts und, wenn die Beschäftigung Aenderungen erfahren hat, die Art der letzten Beschäftigung des Arbeiters einzutragen.

Die Eintragungen sind mit Tinte zu bewirken und von dem Arbeitgeber oder dem dazu bevollmächtigten Betriebsleiter zu unterzeichnen.

Die Eintragungen dürfen nicht mit einem Merkmal versehen sein, welches den Inhaber des Arbeitsbuches günstig oder nachtheilig zu kennzeichnen bezweckt.

Die Eintragung eines Urtheils über die Führung oder die Leistungen des Arbeiters und sonstige durch dieses Gesetz nicht vorgesehene Eintragungen oder Vermerke in oder an dem Arbeitsbuche sind unzulässig.

Ist das Arbeitsbuch bei dem Arbeitgeber [2]) unbrauchbar geworden, verloren gegangen oder vernichtet, oder sind von dem Arbeitgeber unzulässige Merkmale, Eintragungen oder Vermerke in oder an dem Arbeitsbuche gemacht, oder wird von dem Arbeitgeber ohne rechtmäßigen Grund die Aushändigung des Arbeitsbuches verweigert, so kann die Ausstellung eines neuen Arbeitsbuches auf Kosten des Arbeitgebers beansprucht werden.

Ein Arbeitgeber, welcher das Arbeitsbuch seiner gesetzlichen Verpflichtung zuwider nicht rechtzeitig ausgehändigt oder die vorschriftsmäßigen Eintragungen zu machen unterlassen oder unzulässige Merkmale, Eintragungen oder Vermerke gemacht hat, ist dem Arbeiter entschädigungspflichtig. Der Anspruch auf Entschädigung erlischt, wenn er nicht innerhalb vier Wochen nach seiner Entstehung im Wege der Klage oder Einrede geltend gemacht ist.

Beim Abgange [3]) können die Arbeiter ein Zeugniß über die Art und Dauer ihrer Beschäftigung fordern.

Dieses Zeugniß ist auf Verlangen der Arbeiter auch auf ihre Führung und ihre Leistungen auszudehen.

Den Arbeitgebern ist untersagt, die Zeugnisse mit Merkmalen zu versehen, welche den Zweck haben, den Arbeiter in einer aus dem Wortlaut des Zeugnisses nicht ersichtlichen Weise zu kennzeichnen.

Ist der Arbeiter minderjährig, so kann das Zeugniß von dem gesetzlichen Vertreter gefordert werden. Dieser kann verlangen,

---

[1]) § 111 R.G.O.
[2]) § 112 R.G.O.
[3]) § 113 R.G.O.

daß das Zeugniß an ihn, nicht an den Minderjährigen ausgehändigt werde. Mit Genehmigung der Gemeindebehörde kann auch gegen den Willen des gesetzlichen Vertreters die Aushändigung unmittelbar an den Arbeiter erfolgen.

f) Kündigung.

a) Hinsichtlich der Gewerbegehilfen[1]).

Das Arbeitsverhältniß zwischen den Gehilfen und ihren Arbeitgebern kann, wenn nicht ein Anderes verabredet ist, durch eine jedem Theile freistehende, vierzehn Tage vorher erklärte Aufkündigung gelöst werden. Werden andere Aufkündigungsfristen vereinbart, so müssen sie für beide Theile gleich sein. Vereinbarungen, welche dieser Bestimmung zuwiderlaufen, sind nichtig.

Vor Ablauf der vertragsmäßigen Zeit und ohne Aufkündigung können Gesellen und Gehilfen entlassen werden:

1. wenn sie bei Abschluß des Arbeitsvertrages den Arbeitgeber durch Vorzeigung falscher oder verfälschter Arbeitsbücher oder Zeugnisse hintergangen oder ihn über das Bestehen eines andern, sie gleichzeitig verpflichtenden Arbeitsverhältnisses in einen Irrthum versetzt haben;
2. wenn sie eines Diebstahls, einer Entwendung, einer Unterschlagung, eines Betruges oder eines liederlichen Lebenswandels sich schuldig machen;
3. wenn sie die Arbeit unbefugt verlassen haben oder sonst den nach dem Arbeitsvertrage ihnen obliegenden Verpflichtungen nachzukommen beharrlich verweigern;
4. wenn sie der Verwarnung ungeachtet mit Feuer und Licht unvorsichtig umgehen;
5. wenn sie sich Thätlichkeiten oder grobe Beleidigungen gegen den Arbeitgeber oder seine Vertreter oder gegen die Familienangehörigen des Arbeitgebers oder seiner Vertreter zu Schulden kommen lassen;
6. wenn sie einer vorsätzlichen und rechtswidrigen Sachbeschädigung zum Nachtheile des Arbeitgebers oder eines Mitarbeiters sich schuldig machen;
7. wenn sie Familienangehörige des Arbeitgebers oder seiner Vertreter oder Mitarbeiter zu Handlungen verleiten oder zu verleiten versuchen oder mit Familienangehörigen des Arbeitgebers oder seiner Vertreter Handlungen begehen, welche wider die Gesetze oder die guten Sitten verstoßen;

---

[1]) §§ 122, 123, 124 u. 124a der R.G.O.

8. wenn sie zur Fortsetzung der Arbeit unfähig oder mit einer abschreckenden Krankheit behaftet sind.

In den unter Nr. 1 bis 7 gedachten Fällen ist die Entlassung nicht mehr zulässig, wenn die zu Grunde liegenden Thatsachen dem Arbeitgeber länger als eine Woche bekannt sind.

Inwiefern in den unter Nr. 8 gedachten Fällen dem Entlassenen ein Anspruch auf Entschädigung zustehe, ist nach dem Inhalt des Vertrages und nach den allgemeinen gesetzlichen Vorschriften zu beurtheilen.

Vor Ablauf der vertragsmäßigen Zeit und ohne Aufkündigung können Gesellen und Gehilfen die Arbeit verlassen:

1. wenn sie zur Fortsetzung der Arbeit unfähig werden;
2. wenn der Arbeitgeber oder seine Vertreter sich Thätlichkeiten oder grobe Beleidigungen gegen die Arbeiter oder gegen ihre Familienangehörigen zu Schulden kommen lassen;
3. wenn der Arbeitgeber oder seine Vertreter oder Familienangehörige derselben die Arbeiter oder deren Familienangehörige zu Handlungen verleiten oder zu verleiten versuchen oder mit den Familienangehörigen der Arbeiter Handlungen begehen, welche wider die Gesetze oder die guten Sitten laufen;
4. wenn der Arbeitgeber den Arbeitern den schuldigen Lohn nicht in der bedungenen Weise auszahlt, bei Stücklohn nicht für ihre ausreichende Beschäftigung sorgt, oder wenn er sich widerrechtlicher Uebervortheilungen gegen sie schuldig macht;
5. wenn bei Fortsetzung der Arbeit das Leben oder die Gesundheit der Arbeiter einer erweislichen Gefahr ausgesetzt sein würde, welche bei Eingehung des Arbeitsvertrages nicht zu erkennen war.

In den unter Nr. 2 gedachten Fällen ist der Austritt aus der Arbeit nicht mehr zulässig, wenn die zu Grunde liegenden Thatsachen dem Arbeiter länger als eine Woche bekannt sind.

Außer den vorbezeichneten Fällen kann jeder der beiden Theile aus wichtigen Gründen vor Ablauf der vertragsmäßigen Zeit und ohne Innehaltung einer Kündigungsfrist die Aufhebung des Arbeitsverhältnisses verlangen, wenn dasselbe mindestens auf vier Wochen oder wenn eine längere als vierzehntägige Kündigungsfrist vereinbart ist.

b) Hinsichtlich der Dienstboten[1]).

Das Dienstverhältniß eines landwirthschaftlichen Dienstboten ist im Zweifel als für ein Dienstjahr und, falls es im Laufe eines Dienstjahrs beginnt, als für die Zeit bis zum Schlusse dieses Dienstjahrs eingegangen anzusehen. Ist das Dienstverhältniß auf unbestimmte Zeit eingegangen, so ist die Kündigung nur für den Schluß eines Dienstjahrs und nur unter Einhaltung einer Kündigungsfrist von sechs Wochen zulässig. Das Dienstjahr beginnt am 1. Februar.

Bei andern Dienstboten tritt an die Stelle der im § 621 Abs. 4 des B.G.B. bestimmten Kündigungsfrist von sechs Wochen eine solche von einem Monate.

Das Dienstverhältniß kann von jedem Theile ohne Einhaltung einer Kündigungsfrist gekündigt werden, wenn ein wichtiger Grund vorliegt. Die Kündigung ist auch schon vor dem Antritte des Dienstes zulässig.

Als ein wichtiger Grund, der die Dienstherrschaft zur Kündigung ohne Einhaltung einer Kündigungsfrist berechtigt, ist es, sofern nicht besondere Umstände eine andere Beurtheilung rechtfertigen, namtlich anzusehen:

1. wenn der Dienstbote die Dienstherrschaft bei Eingehung des Dienstvertrags durch Vorzeigung eines falschen oder gefälschten Dienstzeugnisses oder Dienstbotenbuchs hintergangen oder über das Bestehen eines andern, ihn gleichzeitig verpflichtenden Dienstverhältnisses in einen Irrthum versetzt hat;
2. wenn der Dienstbote sich eines Diebstahls, mehrmaliger Entwendung, einer Unterschlagung, eines Betrugs oder eines liederlichen Lebenswandels schuldig macht;
3. wenn der Dienstbote den Antritt des Dienstes ohne rechtfertigenden Grund verweigert oder in erheblichem Maße verzögert, wenn er den Dienst während einer den Umständen nach erheblichen Zeit unbefugt verläßt oder den ihm obliegenden Verpflichtungen nachzukommen beharrlich verweigert;
4. wenn der Dienstbote die ihm obliegenden Verpflichtungen beharrlich in grober Weise vernachlässigt, die ihm anvertrauten Personen oder Thiere schlecht behandelt oder durch Vernachlässigung gefährdet;
5. wenn der Dienstbote der Verwarnung ungeachtet mit Feuer und Licht unvorsichtig umgeht;

---

[1]) Art. 22, 23, 24, 25, 26, 27, 28, 29, 30 u. 31 des bayer. Ausführungsgesetzes zum B.G.B. v. 9. Juni 1899. Beilage zu Nr. 28 des Ges. u. V.Bl. S. 6ff.

6. wenn der Dienstbote sich Thätlichkeiten oder grobe Beleidigungen gegen die Dienstherrschaft oder ihren Vertreter oder gegen die Familienangehörigen der Dienstherrschaft oder des Vertreters zu Schulden kommen läßt;
7. wenn der Dienstbote sich einer vorsätzlichen rechtswidrigen Sachbeschädigung zum Nachtheile der Dienstherrschaft, ihres Vertreters, ihrer Familienangehörigen oder des Nebengesindes schuldig macht;
8. wenn der Dienstbote Familienangehörige der Dienstherrschaft oder ihres Vertreters oder das Nebengesinde zu Handlungen verleitet oder zu verleiten versucht oder mit Familienangehörigen der Dienstherrschaft oder des Vertreters Handlungen begeht, die wider die Gesetze oder die guten Sitten verstoßen;
9. wenn der Dienstbote die Behausung zur Nachtzeit heimlich verläßt oder jemand zur Nachtzeit heimlich in die Behausung einläßt;
10. wenn der Dienstbote zu den ihm obliegenden Dienstleistungen unfähig ist oder an der Verrichtung der Dienste durch anhaltende Krankheit oder eine mehr als eine Woche dauernde Freiheitsstrafe oder eine die Zeit von vier Wochen übersteigende militärische Dienstleistung verhindert wird;
11. wenn der Dienstbote an einer ansteckenden oder abschreckenden Krankheit leidet;
12. wenn ein weiblicher Dienstbote sich verheirathet;
13. wenn ein unverheiratheter weiblicher Dienstbote sich im Zustande der Schwangerschaft befindet.

In den unter Ziff. 1 bis 9, 12 genannten Fällen ist die Kündigung wegen Thatsachen, die der Dienstherrschaft länger als eine Woche bekannt sind, nicht mehr zulässig.

Als ein wichtiger Grund, der den Dienstboten zur Kündigung ohne Einhaltung einer Kündigungsfrist berechtigt, ist es, sofern nicht besondere Umstände eine andere Beurtheilung rechtfertigen, namentlich anzusehen:

1. wenn die Dienstherrschaft die Aufnahme des Dienstboten verweigert oder den Dienstboten vor Beendigung des Dienstverhältnisses entläßt;
2. wenn der Dienstbote zu den ihm obliegenden Verrichtungen unfähig wird oder wenn sich ergibt, daß die Fortsetzung der Verrichtungen das Leben oder die Gesundheit des Dienstboten einer erheblichen Gefahr aussetzen würde, die ihm bei Eingehung des Dienstverhältnisses nicht bekannt war;
3. wenn die Dienstherrschaft oder ihr Vertreter sich Thätlichkeiten oder grobe Beleidigungen gegen den Dienst-

boten zu Schulden kommen läßt oder es verweigert, den Dienstboten gegen solche Handlungen eines Familienangehörigen der Dienstherrschaft oder des Vertreters, eines andern Dienstboten oder eines Angestellten zu schützen;

4. wenn die Dienstherrschaft oder ihr Vertreter oder Familienangehörige der Dienstherrschaft oder des Vertreters dem Dienstboten Handlungen zumuthen, die wider die Gesetze oder die guten Sitten verstoßen;
5. wenn die Dienstherrschaft den Lohn oder den gebührenden Unterhalt nicht gewährt;
6. wenn der Dienstherrschaft das Halten des Dienstboten verboten ist.

In den unter Ziff. 3 genannten Fällen ist die Kündigung wegen Thatsachen, die dem Dienstboten länger als eine Woche bekannt sind, nicht mehr zulässig.

Wird das Dienstverhältniß wegen vertragswidrigen Verhaltens des einen Theiles gekündigt, so kann der andere Theil als Schadensersatz den Betrag der Hälfte des auf ein Vierteljahr treffenden Lohnes verlangen. Bei landwirthschaftlichen Dienstboten erhöht sich der Schadensersatz auf den Betrag des vierten Theiles des Jahreslohns, wenn die Kündigung von Seite der Dienstherrschaft in der Zeit vom 1. Juni bis zum 31. Oktober oder von Seite des Dienstboten in der Zeit vom 1. Oktober bis zum Schlusse des Monats Februar erfolgt.

Ist das Dienstverhältniß auf kürzere Zeit als ein Vierteljahr oder so eingegangen, daß es nach kürzeren Zeiträumen als von Vierteljahr zu Vierteljahr gekündigt werden kann, so ist als Schadensersatz im ersteren Falle der Betrag der Hälfte des für die Dienstzeit vereinbarten, im letzteren Falle der Betrag der Hälfte des auf den Zeitraum von einem Kündigungstermine zum andern treffenden Lohnes zu leisten.

Der in den Abs. 1, 2 bestimmte Schadensersatz kann verlangt werden, ohne daß der Eintritt eines Schadens dargelegt wird. Durch die Geltendmachung des Anspruchs auf diesen Schadensersatz wird das Verlangen eines weiteren Schadensersatzes ausgeschlossen.

Würde der Dienstbote durch den Antritt des Dienstes oder die Fortsetzung des Dienstverhältnisses verhindert, von der ihm gebotenen Gelegenheit zur Verheirathung oder zur Begründung eines eigenen Hausstandes Gebrauch zu machen, so ist er zur Kündigung berechtigt. Die Kündigung ist nach dem Antritte des Dienstes nur für den Schluß eines Kalendermonats zulässig; sie hat spätestens am fünfzehnten des Monats zu erfolgen.

Ist die Dienstherrschaft infolge einer wesentlichen Veränderung der Umstände, insbesondere wegen Verlegung des Wohnsitzes oder wegen Veräußerung des Gutes, zu dessen Bewirthschaftung der Dienstbote aufgenommen ist, dauernd verhindert, von der Dienstleistung Gebrauch zu machen, so kann sie ein auf längere Zeit eingegangenes Dienstverhältniß unter Einhaltung einer einmonatigen Kündigungsfrist für den Schluß des Kalendervierteljahrs kündigen.

Im Falle des Todes der Dienstherrschaft ist sowohl der Erbe als der Dienstbote zu der Kündigung nach Abs. 1 berechtigt.

Ertheilt die Dienstherrschaft einem Dienstboten, der gegen sie eine schwere Veruntreuung begangen hat, in Kenntniß dieser Thatsache das Zeugniß treuen Verhaltens, so ist sie für den Schaden verantwortlich, welcher der nachfolgenden Dienstherrschaft aus dem Vertrauen auf die Richtigkeit des Zeugnisses entsteht. Die Verantwortlichkeit erlischt mit dem Ablaufe von drei Jahren seit der Ertheilung des Zeugnisses, soweit sie nicht vorher gerichtlich geltend gemacht wird.

Wer einen Dienstboten verleitet, den Dienst ohne rechtfertigenden Grund nicht anzutreten oder vor der Beendigung des Dienstverhältnisses zu verlassen, ist der Dienstherrschaft für den daraus entstehenden Schaden verantwortlich; er haftet neben dem Dienstboten als Gesammtschuldner.

In gleicher Weise haftet derjenige, welcher wissentlich einen bereits verdungenen Dienstboten für die nämliche Zeit für sich dingt.

Ein zur Zeit des Inkrafttretens des B.G.B.[1]) bestehendes Dienstverhältniß bestimmt sich, wenn nicht die Kündigung nach dem Inkrafttreten des B.G.B. für den ersten Termin erfolgte, für den sie nach den bisherigen Gesetzen zulässig ist, von diesem Termin an nach den neuen Vorschriften.

g) Gewerbegericht[2]).

Für die Entscheidung von gewerblichen Streitigkeiten zwischen Arbeitern (für Kellner, Kellnerinnen u. s. w.) einerseits und ihren Arbeitgebern (hier den Wirthen) andrerseits sowie zwischen Arbeiter desselben Arbeitgebers können Gewerbegerichte errichtet werden.

Die Gewerbegerichte sind ohne Rücksicht auf den Werth des Gegenstandes zuständig für Streitigkeiten: 1. über den Antritt, die Fortsetzung oder die Auflösung des Arbeitsverhältnisses sowie über die Aushändigung oder den Inhalt des Arbeitsbuches, Zeug-

---

[1]) 1. Januar 1900.

[2]) Gewerbegerichtsges. v. 29. Sept. 1901. Neue Fassung gilt ab 1. Januar 1902. Reichsges.Bl. S. 353 ff.

nisses, Lohnbuchs, Arbeitszettels oder Lohnzahlungsbuchs, 2. über die Leistungen aus dem Arbeitsverhältnisse, 3. über die Rückgabe von Zeugnissen, Büchern, Legitimationspapieren, Urkunden, Geräthschaften, Kleidungsstücken, Kautionen u. dergl., welche aus Anlaß des Arbeitsverhältnisses übergeben worden sind, 4. über Ansprüche auf Schadenersatz oder auf Zahlung einer Vertragsstrafe wegen Nichterfüllung oder nicht gehöriger Erfüllung der Verpflichtungen, welche die unter Nr. 1 bis 3 bezeichneten Gegenstände betreffen, sowie wegen gesetzwidriger oder unrichtiger Eintragungen in Arbeitsbücher, Zeugnisse, Lehrbücher, Arbeitszettel, Lohnzahlungsbücher, Krankenkassabücher oder Quittungskarten der Invalidenversicherung, 5. über die Berechnung und Anrechnung der von den Arbeitern zu leistenden Krankenversicherungsbeiträge und Eintrittsgelder. Zuständig ist dasjenige Gewerbegericht, in dessen Bezirk die streitige Verpflichtung zu erfüllen ist oder sich die gewerbliche Niederlassung des Arbeitgebers befindet oder beide Parteien ihren Wohnsitz haben. Rechtsanwälte und Personen, welche das Verhandeln vor Gericht geschäftsmäßig betreiben, werden als Prozeßbevollmächtigte oder Beistände vor dem Gewerbegericht nicht zugelassen. Die Klage kann schriftlich eingereicht oder zu Protokoll des Gerichtsschreibers gegeben werden.

Ist ein zuständiges Gewerbegericht nicht vorhanden[1]) so kann bei den oben angegebenen Streitigkeiten jede Partei die vorläufige Entscheidung durch den Vorsteher der Gemeinde (Bürgermeister u. s. w.) nachsuchen. Zuständig ist der Vorsteher der Gemeinde, in deren Bezirk die streitige Verpflichtung aus dem Arbeitsverhältnisse zu erfüllen ist, oder sich die gewerbliche Niederlassung des Arbeitgebers befindet oder beide Parteien ihren Wohnsitz haben. Die schriftlich abzufassende Entscheidung des Gemeindevorstehers geht in Rechtskraft über, wenn nicht binnen einer Nothfrist von zehn Tagen von einer der Parteien Klage bei dem ordentlichen Gerichte erhoben wird.

51. Haftpflicht der Kellnerin für Zechen.

Für nicht bezahlte Zechen ist nicht der Wirth, sondern die Kellnerin haftbar. Denn das Kreditgewähren in Restaurants ist lediglich Sache der Kellnerin, insoferne sie Speisen und Getränke gegen Baar oder Marken am Büffet entgegennimmt. Falls die Zeche nicht bezahlt wird, hat sie den Schaden allein zu tragen. Eine Ausnahme hievon findet nur statt, wenn dem borgenden Gaste mit Wissen und Willen des Wirthes Kredit gewährt und

---

[1]) Für Gemeinden, welche nach der jeweilig letzten Volkszählung mehr als zwanzigtausend Einwohner haben, muß ein Gewerbegericht errichtet werden (§ 2 des Ges.).

die Speisen und Getränke, welche ihm vorgesetzt werden, an der Kasse lediglich aufgeschrieben werden, nicht aber von der Kellnerin baar oder vermittelst Marken bezahlt sind.

52. Verbot Kellnerinnen zu halten.

Die Befugniß zum selbstständigen Betrieb einer Wirthschaft begreift das Recht in sich, in beliebiger Zahl Gehilfen, Arbeiter jeder Art u. s. w. anzunehmen. In der Wahl des Arbeits- und Hilfspersonals finden keine andere Beschränkungen statt, als die durch die Reichsgewerbeordnung festgestellten[1]). Es kann daher eine Wirthschaftskonzession nicht unter der Bedingung verliehen werden, daß Kellnerinnen (Schankmädchen) nicht gehalten werden. Auch ist unzulässig einem Wirthe zur Auflage zu machen, eine bestimmte Kellnerin fernerhin in seinem Lokale zum Bedienen der Gäste nicht zu verwenden. Derartige Verordnungen oder Verfügungen würden mit der Reichsgewerbeordnung in Widerspruch stehen und daher ungiltig sein[2]). Dagegen kann bei Gesuchen von Wirthen um Polizeistundverlängerung eine diesbezügliche Bedingung an diese letztere Genehmigung geknüpft werden[3]).

53. Bierlieferungsvertrag.

Wird zwischen einem Brauer und einem Wirth ein Vertrag über die Lieferung von Bier ohne Bestimmungen der Menge des zu liefernden Bieres geschlossen, so gilt, soweit nicht ein Anderes vereinbart ist, als Gegenstand des Vertrags der gesammte Bedarf an Bier, der sich in dem Gewerbebetriebe des Wirthes während der Dauer des Vertragsverhältnisses ergibt. Der Wirth ist verpflichtet, den Bedarf ausschließlich von dem Brauer zu beziehen, der Brauer hat dem Wirthe die jeweils verlangten Mengen zu liefern. Ist die Dauer des Vertragsverhältnisses nicht bestimmt, so kann dieses von jedem Theil für den Schluß des Monats September jedes Jahres gekündigt werden. Geht das Geschäft des einen oder andern Theiles durch Rechtsgeschäft unter Lebenden auf einen Dritten über, so hat der bisherige Inhaber dafür einzustehen, daß der neue Inhaber in den Vertrag eintritt.

Ist bei dem Bestehen eines Vertragsverhältnisses der Wirth Eigenthümer des Grundstücks, auf welchem er sein Geschäft betreibt, so kann der Brauer verlangen, daß ihm für den gestundeten oder

---

[1]) § 41 der R.G.O.
[2]) Reger IV S. 401; XVII S. 122; XIX S. 5.
[3]) Reger I S. 363.

rückständigen Kaufpreis des gelieferten Bieres eine Sicherungshypothek an dem Grundstück bestellt wird. Hat der Wirth noch andere Grundstücke, die mit dem seinem Geschäftsbetriebe dienenden Grundstücke gemeinschaftlich bewirthschaftet werden, so kann die Erstreckung der Sicherungshypothek auch auf diese Grundstücke verlangt werden, soweit sie erforderlich ist, damit der Betrag des Kaufpreises durch den Werth der Grundstücke doppelt gedeckt wird. Der Werth wird unter Abzug der Belastungen berechnet, die der Sicherungshypothek im Range vorgehen[1]).

---

[1]) Art. 13 u. 14 des b. Ausführungsges. v. 9. Juni 1899 zum B.G.B. Diese Bestimmungen beziehen sich nicht auf Verträge, die der Brauer mit Flaschenbierhändler abschließt.

Die Frage, welche Rechte der Wirth bei vertragswidrigem Verhalten des Brauers hat, beantwortet sich auch bei der unter den Art. 13 fallenden Bierlieferungsverträgen aus den allgemeinen Vorschriften des bürgerlichen Gesetzbuches (§§ 326, 361) bezw. des Handelsgesetzbuches §§ 376 ff.

§ 326 des B.G.B.: Ist bei einem gegenseitigen Vertrage der eine Theil mit der ihm obliegenden Leistung im Verzuge, so kann ihm der andere Theil zur Bewirkung der Leistung eine angemessene Frist mit der Erklärung bestimmen, daß er die Annahme der Leistung nach dem Ablaufe der Frist ablehne. Nach dem Ablaufe der Frist ist er berechtigt, Schadensersatz wegen Nichterfüllung zu verlangen oder von dem Vertrage zurückzutreten, wenn nicht die Leistung rechtzeitig erfolgt ist; der Anspruch auf Erfüllung ist ausgeschlossen.

Hat die Erfüllung des Vertrags infolge des Verzugs für den andern Theil kein Interesse, so stehen ihm die im Absatz 1 bezeichneten Rechte zu, ohne daß es der Bestimmung einer Frist bedarf.

§ 361: Ist in einem gegenseitigen Vertrage vereinbart, daß die Leistung des einen Theiles genau zu einer festbestimmten Zeit oder innerhalb einer festbestimmten Frist bewirkt werden soll, so ist im Zweifel anzunehmen, daß der andere Theil zum Rücktritte berechtigt sein soll, wenn die Leistung nicht zu der bestimmten Zeit oder innerhalb der bestimmten Frist erfolgt.

§ 376 des Handelsgesetzbuches: Ist bedungen, daß die Leistung des einen Theiles genau zu einer festbestimmten Zeit oder innerhalb einer festbestimmten Frist bewirkt werden soll, so kann der andere Theil, wenn die Leistung nicht zu der bestimmten Zeit oder nicht innerhalb der bestimmten Frist erfolgt, von dem Vertrage zurücktreten oder, falls der Schuldner im Verzug ist, statt der Erfüllung Schadensersatz wegen Nichterfüllung verlangen. Erfüllung kann er nur beanspruchen wenn er sofort nach dem Ablaufe der Zeit oder der Frist dem Gegner anzeigt, daß er auf Erfüllung bestehe.

Wird Schadensersatz wegen Nichterfüllung verlangt und hat die Waare einen Börsen- oder Marktpreis, so kann der Unterschied des Kaufpreises und des Börsen- oder Marktpreises zur Zeit und am Orte der geschuldeten Leistung gefordert werden.

Das Ergebniß eines anderweit vorgenommenen Verkaufs oder

54. Haftpflicht der Gastwirthe für eingebrachte Sachen[1]).

Ein Gastwirth, der gewerbsmäßig Fremde zur Beherbergung aufnimmt, hat einem im Betriebe dieses Gewerbes aufgenommenen Gast den Schaden zu ersetzen, den der

---

Kaufs kann, falls die Waare einen Börsen- oder Marktpreis hat, dem Ersatzanspruche nur zu Grunde gelegt werden, wenn der Verkauf oder Kauf sofort nach dem Ablaufe der bedungenen Leistungszeit oder Leistungsfrist bewirkt ist. Der Verkauf oder Kauf muß, wenn er nicht in öffentlicher Versteigerung geschieht, durch einen zu solchen Verkäufen oder Käufen öffentlich ermächtigten Handelsmäkler oder eine zur öffentlichen Versteigerung befugte Person zum laufenden Preise erfolgen.

Von dem Verkauf oder Kauf hat der Gläubiger den Schuldner unverzüglich zu benachrichtigen; im Falle der Unterlassung ist er zum Schadensersatze verpflichtet.

§ 377. Ist der Kauf für beide Theile ein Handelsgeschäft, so hat der Käufer die Waare unverzüglich nach der Ablieferung durch den Verkäufer, soweit dies nach ordnungsmäßigem Geschäftsgange thunlich ist, zu untersuchen und, wenn sich ein Mangel zeigt, dem Verkäufer unverzüglich Anzeige zu machen.

Unterläßt der Käufer die Anzeige, so gilt die Waare als genehmigt, es sei denn, daß es sich um einen Mangel handelt, der bei der Untersuchung nicht erkennbar war.

Zeigt sich später ein solcher Mangel, so muß die Anzeige unverzüglich nach der Entdeckung gemacht werden; andernfalls gilt die Waare auch in Ansehung dieses Mangels als genehmigt.

Zur Erhaltung der Rechte des Käufers genügt die rechtzeitige Absendung der Anzeige.

Hat der Verkäufer den Mangel arglistig verschwiegen, so kann er sich auf diese Vorschriften nicht berufen.

§ 378. Die vorstehenden Vorschriften finden auch dann Anwendung, wenn eine andere als die bedungene Waare oder eine andere als die bedungene Menge von Waaren geliefert ist, sofern die gelieferte Waare nicht offensichtlich von der Bestellung so erheblich abweicht, daß der Verkäufer die Genehmigung des Käufers als ausgeschlossen betrachten mußte.

§ 379. Ist der Kauf für beide Theile ein Handelsgeschäft, so ist der Käufer, wenn er die ihm von einem andern Orte übersendete Waare beanstandet, verpflichtet, für ihre einstweilige Aufbewahrung zu sorgen.

Er kann die Waare, wenn sie dem Verderb ausgesetzt und Gefahr im Verzug ist, verkaufen lassen.

Kommt der Wirth in Konkurs, so kann der Konkursverwalter den Bierlieferungsvertrag lösen; in diesem Falle kann der Brauer nur seine Forderung auf Schadensersatz als Konkursforderung geltend machen. Löst der Konkursverwalter den Vertrag nicht, so gilt für ihn der Artikel 13 (Konkurs-Ordnung §§ 17 ff.).

[1]) § 701 des B.G.B.

Gast durch den Verlust oder die Beschädigung eingebrachter Sachen erleidet. Die Ersatzpflicht tritt nicht ein, wenn der Schaden von dem Gaste, einem Begleiter des Gastes oder einer Person, die er bei sich aufgenommen hat, verursacht wird, oder durch die Beschaffenheit der Sachen oder durch höhere Gewalt entsteht.

Als eingebracht gelten die Sachen, welche der Gast dem Gastwirth oder Leuten des Gastwirths, die zur Entgegennahme der Sachen bestellt oder nach Umständen als dazu bestellt anzusehen waren, übergeben oder an einen ihm von diesem angewiesenen Ort oder in Ermanglung einer Anweisung an den hiezu bestimmten Ort gebracht hat[1]).

Ein Anschlag, durch den der Gastwirth die Haftung ablehnt, ist ohne Wirkung. Für Geld, Werthpapiere und Kostbarkeiten haftet der Gastwirth nur bis zu dem Betrage von eintausend Mark, es sei denn, daß er diese Gegenstände in Kenntniß ihrer Eigenschaft als Werthsachen zur Aufbewahrung übernimmt oder die Aufbewahrung ablehnt, oder daß der Schaden von ihm oder von seinen Leuten verschuldet wird[2]).

Der dem Gaste zustehende Anspruch erlischt, wenn nicht der Gast unverzüglich, nachdem er von dem Verluste oder der Beschädigung Kenntniß erlangt hat, dem Gastwirth Anzeige macht. Der Anspruch erlischt nicht, wenn die Sachen dem Gastwirthe zur Aufbewahrung übergeben waren[3]).

Ueber die Tragweite der Haftpflicht der Gastwirthe ist einem im Februar 1902 ergangenen Urtheile des k. Landgerichts München I zu entnehmen:

Ein Reisender hatte während der Mittagszeit sein Zimmer verlassen und den Zimmerschlüssel stecken lassen. Als er nach einer halben Stunde zurückkehrte, fand er, daß verschiedene Sachen im Werthe von hundert Mark gestohlen waren. Der sofort herbeigerufene Hotelbesitzer lehnte jede Haftpflicht ab, weil der Reisende selbst den Diebstahl verschuldet habe, indem er den Schlüssel habe stecken lassen, zumal da Jedermann habe sehen müssen, daß Arbeitsleute im Hause beschäftigt seien. Das Amtsgericht wies die Entschädigungsklage des Reisenden ab, indem es die Anschauung des Beklagten für zutreffend erklärte. Auf Berufung des Klägers hat nun das Landgericht München I das Urtheil des Amtsgerichtes aufgehoben, und den Beklagten zum vollen Schadensersatz verurtheilt. — Das k. Landgericht motivirte seine Entscheidung damit, daß aus dem zwischen Gast und Wirth geschlossenen Aufnahmevertrage für den Wirth neben der Verpflichtung zur Beherbergung des Gastes

---

[1]) § 702 des B.G.B.

[2]) § 703 des B.G.B.

auch die Verpflichtung zur Fürsorge für die vom Gaste eingebrachten Sachen erwachse. Wer als Gast aufgenommen werde, rechne darauf, sichere Unterkunft zu finden, so zwar, daß es Sache des Wirthes ist, die nöthigen Vorsichtsmaaßregeln und Einrichtungen zu treffen, um die bei ihm einkehrenden Fremden vor Schaden zu bewahren. Der Reisende solle sich im Gasthause ebenso sicher fühlen wie zu Hause. Um in dieser Hinsicht einen Druck auszuüben, habe das B.G.B. § 701 es für nothwendig erachtet, dem Gastwirth eine strengere Haftung aufzulegen. Der Umstand, daß Arbeiter im Hause beschäftigt gewesen seien, vermöge den Gastwirth nicht zu entschuldigen; es sei vielmehr daraus eine erhöhte Fürsorgepflicht in erster Linie nicht für den Gast, sondern für den Wirth abzuleiten.

Ferner hat das k. Landgericht Elberfeld als Berufungsinstanz sich mit dieser Sache im Januar 1902 befaßt. Bei einem Einbruchsdiebstahl in einem Hotel-Restaurant wurde einem Logirgast sein Ueberzieher gestohlen, welchen er während der Nacht im Restaurationszimmer hängen ließ. Nach § 701 Abschn. 2 B.G.B. gelten als eingebrachte Sachen, für welche der Gastwirth haftet, auch solche, welche der Logirgast zur Aufbewahrung an den dazu bestimmten Ort gebracht hat. Das Gericht erster Instanz erachtete den Ueberzieher als eingebracht, weil das Restaurationszimmer Kleiderständer enthielt, welches als eine Aufforderung zur Unterbringung der Kleidungsstücke anzusehen sei. Der Gastwirth wurde zur Ersatzleistung eines neuen Ueberziehers verurtheilt. Die Berufungsinstanz dagegen entschied: In Ermanglung eines besonderen Raumes zur Unterbringung der Sachen der Logirgäste sei nur das Schlafzimmer derjenige Ort, welchen der § 701 als „hiezu bestimmt" bezeichnet, nicht aber die jedem Gast zugänglichen Restaurationsräume, wenn dieselben auch Kleiderständer enthielten, welche in jedem Restaurationszimmer seien. Es wurde deshalb auf eigenes Verschulden des Klägers erkannt und die Klage kostenfällig abgewiesen.

55. Pfandrecht des Gastwirths an den eingebrachten Sachen.

Der Gastwirth hat für seine Forderungen für Wohnung und andere dem Gaste zur Befriedigung seiner Bedürfnisse gewährte Leistungen, mit Einschluß der Auslagen, ein Pfandrecht an den eingebrachten Sachen des Gastes [1]).

---

[1]) § 704 des B.G.B.

Das Pfandrecht erstreckt sich nicht[1]) auf die der Pfändung nicht unterworfenen Sachen[2]).

Das Pfandrecht des Vermiethers erlischt mit der Entfernung der Sachen von dem Grundstücke, es sei denn, daß die Entfernung ohne Wissen oder unter Widerspruch des Vermiethers erfolgt. Der Vermiether kann der Entfernung nicht widersprechen, wenn sie im regelmäßigen Betriebe des Geschäftes des Miethers oder den gewöhnlichen Lebensverhältnissen entsprechend erfolgt oder wenn die zurückbleibenden Sachen zur Sicherung des Vermiethers offenbar ausreichen[3]).

---

[1]) § 559 Satz 3 des B.G.B.

[2]) § 715 der R.C.Pr.O. bestimmt: Folgende Sachen sind der Pfändung nicht unterworfen:

1. die Kleidungsstücke, die Betten, das Haus- und Küchengeräth, insbesondere die Heiz- und Kochöfen, soweit diese Gegenstände für den Schuldner, seine Familie und sein Gesinde unentbehrlich sind;
2. die für den Schuldner, seine Familie und sein Gesinde auf zwei Wochen erforderlichen Nahrungs- und Feuerungsmittel;
3. eine Milchkuh oder nach der Wahl des Schuldners statt einer solchen zwei Ziegen oder zwei Schafe nebst dem zum Unterhalte und zur Streu für dieselben auf zwei Wochen erforderlichen Futter und Stroh, sofern die bezeichneten Thiere für die Ernährung des Schuldners, seiner Familie und seines Gesindes unentbehrlich sind;
4. bei Künstlern, Handwerkern, Hand- und Fabrikarbeitern sowie bei Hebammen die zur persönlichen Ausübung des Berufs unentbehrlichen Gegenstände;
5. bei Personen, welche Landwirthschaft betreiben, das zum Wirthschaftsbetriebe unentbehrliche Geräth, Vieh- und Feldinventarium nebst dem nöthigen Dünger, sowie die landwirthschaftlichen Erzeugnisse, welche zur Fortsetzung der Wirthschaft bis zur nächsten Ernte unentbehrlich sind;
6. bei Offizieren, Deckoffizieren, Beamten, Geistlichen, Lehrern an öffentlichen Unterrichtsanstalten, Rechtsanwälten, Notaren und Aerzten die zur Verwaltung des Dienstes oder Ausübung des Berufs erforderlichen Gegenstände sowie anständige Kleidung;
7. bei Offizieren, Militärärzten, Deckoffizieren, Beamten, Geistlichen und Lehrern an öffentlichen Unterrichtsanstalten ein Geldbetrag, welcher dem der Pfändung nicht unterworfenen Theile des Diensteinkommens oder der Pension für die Zeit von der Pfändung bis zum nächsten Termine der Gehalts- oder Pensionszahlung gleichkommt;
8. die zum Betriebe einer Apotheke unentbehrlichen Geräthe, Gefäße und Waaren;
9. Orden und Ehrenzeichen;
10. die Bücher, welche zum Gebrauche des Schuldners und seiner Familie in der Kirche oder Schule bestimmt sind.

[3]) § 560 des B.G.B.

Der Vermiether darf die Entfernung der seinem Pfandrecht unterliegenden Sachen, soweit er ihr zu widersprechen berechtigt ist, auch ohne Anrufen des Gerichts verhindern und, wenn der Miether auszieht, die Sachen in seinen Besitz nehmen.

Sind die Sachen ohne Wissen oder unter Widerspruch des Vermiethers entfernt worden, so kann er die Herausgabe zum Zwecke der Zurückschaffung in das Grundstück und, wenn der Miether ausgezogen ist, die Ueberlassung des Besitzes verlangen. Das Pfandrecht erlischt mit dem Ablauf eines Monats, nachdem der Vermiether von der Entfernung der Sachen Kenntniß erlangt hat, wenn nicht der Vermiether diesen Anspruch vorher gerichtlich geltend gemacht hat[1]).

Der Miether kann die Geltendmachung des Pfandrechts des Vermiethers durch Sicherheitsleistung abwenden; er kann jede einzelne Sache dadurch von dem Pfandrechte befreien, daß er in Höhe ihres Werthes Sicherheit leistet[2]).

Wird eine dem Pfandrechte des Vermiethers unterliegende Sache für einen andern Gläubiger gepfändet, so kann diesem gegenüber das Pfandrecht nicht wegen des Miethzinses für eine frühere Zeit als das letzte Jahr vor der Pfändung geltend gemacht werden[3]).

56. Streitigkeiten zwischen Reisenden und Wirthen.

Streitigkeiten zwischen Reisenden und Wirthen, welche über Wirthszechen entstanden sind, gehören ohne Rücksicht auf den Werth des Streitgegenstandes zur Zuständigkeit der Amtsgerichte[4]). Die Klage kann bei dem Amtsgerichte schriftlich eingereicht oder zu Protokoll des Gerichtsschreibers angebracht werden[5]). Urtheile, welche derartige Streitigkeiten betreffen, sind auf Antrag für vorläufig vollstreckbar zu erklären[6]) und kann deshalb die Zwangsvollstreckung sofort stattfinden[7]). Die Zwangsvollstreckung erfolgt auf Grund einer mit der Vollstreckungsklausel versehenen Ausfertigung des Urtheils (vollstreckbare Ausfertigung), welche von dem Gerichtsschreiber des Amtsgerichts ertheilt wird[8]). Die Zwangsvollstreckung erfolgt durch den Gerichtsvollzieher[9]),

---

[1]) § 561 des B.G.B.
[2]) § 562 des B.G.B.
[3]) § 563 des B.G B.
[4]) § 23 des R.G.V.G.
[5]) § 457 der R.C.Pr.O.
[6]) § 649 Ziff. 3 der R.C.Pr.O.
[7]) § 644 der R.C.Pr.O.
[8]) § 662 der R.C.Pr.O.
[9]) § 674 der R.C.Pr.O.

welcher unter Uebergabe der vollstreckbaren Ausfertigung schriftlich oder mündlich zur Zwangsvollstreckung beauftragt werden kann[1]).

57. Entschädigung bei Ableben eines Gastes.

Soferne durch das Ableben eines Gastes dem Gastwirthe ein Vermögensnachtheil zugefügt wird, hat der Gastwirth Anspruch auf Schadenersatz und hat der zum Schadenersatz Verpflichtete — die Hinterbliebenen oder Erben — den Zustand wieder herzustellen, der bestehen würde, wenn der zum Ersatz verpflichtete Umstand nicht eingetreten wäre. Der Wirth kann in diesem Falle auch statt der Herstellung den dazu erforderlichen Geldbetrag verlangen[2]). Ein Gasthausbesitzer aber, welcher, nachdem in seinem Hause Selbstmord begangen worden ist, einen Angehörigen des Selbstmörders durch Erregung von Furcht vor einem Prozesse nöthigt, ihm für den durch den Selbstmord verursachten Vermögensnachtheil eine Entschädigung zu versprechen, von der er sich bewußt ist, daß er sie in so hohem Betrage zu fordern nicht berechtigt ist, ist wegen Erpressung zu verfolgen[3]).

58. Verjährung von Forderungen der Gastwirthe.

Die Ansprüche der Gastwirthe und Derjenigen, welche Speisen oder Getränke gewerbsmäßig verabreichen, für Gewährung von Wohnung und Beköstigung, sowie für andere den Gästen zur Befriedigung ihrer Bedürfnisse gewährten Leistungen, mit Einschluß der Auslagen verjähren in zwei Jahren[4]). Die Verjährung beginnt mit der Entstehung des Anspruches[5]) und zwar mit dem Schlusse des Jahres, in welchem die Entstehung begonnen hat[6]). Sie ist gehemmt, solange die Leistung gestundet oder der Verpflichtete aus einem andern Grunde vorübergehend zur Verweigerung der Leistung berechtigt ist[7]). Die Verjährung wird weiter unterbrochen, wenn der Schuldner gegenüber dem Berechtigten den Anspruch durch Abschlagszahlung, Zinszahlung, Sicherheitsleistung oder in anderer Weise anerkennt[8]); sie wird auch unterbrochen durch Erhebung der Klage, Zustellung eines Zahlungsbefehles u. s. w.[9]). Der Zeitraum, während dessen die

---

[1]) § 675 der R.C.Pr.O.
[2]) § 249 des B.G.B.
[3]) R.Str.Ges. § 253; O. IV S. 448.
[4]) § 196 Ziff. 4 des B.G.B.
[5]) § 198 des B.G.B.
[6]) § 201 des B.G.B.
[7]) § 202 des B.G.B.
[8]) § 208 des B.G.B.
[9]) § 209 des B.G.B.

Verjährung gehemmt ist, wird in die Verjährungsfrist nicht mit-eingerechnet[1]).

Sind diese Ansprüche vor dem 1. Januar 1900 entstanden, fällig und klagbar geworden, so verjähren dieselben bis zum 1. Januar 1902 auch dann, wenn die nach dem früheren Landesrechte für jene Forderungen festgesetzte Verjährungsfrist eine längere, über den 1. Januar 1902 hinausgehende ist, vorausgesetzt, daß nicht eine Unterbrechung oder Hemmung der Verjährung — durch Stundung, Anerkenntniß, Zinszahlung, Klage, Zahlbefehl — zu Gunsten der Forderung stattgefunden hat[2]).

59. Einstellung des Gewerbebetriebes.

Bierwirthe, welche den Betrieb ihres Gewerbes ohne genügende Entschuldigung einstellen, ohne solches wenigstens vierzehn Tage zuvor der Ortspolizeibehörde angezeigt zu haben, werden an Geld bis zu neunzig Mark gestraft[3]).

Abgesehen hievon haben Gast- und Schankwirthe die Niederlegung ihrer Gewerbe bei der Gemeindebehörde anzuzeigen[4]). Es liegt dies sehr im Interesse der Betheiligten, da die Gewerbesteuer bis zum Tage der Abmeldung fortzuentrichten ist.

Will eine Gast- oder Schankwirthschaft neuerdings begonnen werden, muß wieder die Konzession nachgesucht und der Gewerbebeginn wieder bei der Gemeindebehörde angemeldet werden.

---

[1]) § 205 des B.G.B.
[2]) Art. 169 des Einführ.Ges. zum B.G.B.
[3]) Art. 144 Abs. II Pol.Str.G.B.
[4]) § 7 der Min.-Bekanntm. v. 12. Januar 1900 — Ges. u. V.Bl. S. 29.

Anhang.

Münchener Verhältnisse.

1. Behördliche Genehmigung (Konzession).

Die Gesuche um Ertheilung von Wirthschaftskonzessionen sind bei dem einschlägigen Bezirksinspektor[1]) einzureichen und zwar schon vor dem Beginne des Geschäftsbetriebes. Es darf auch mit dem Geschäftsbetriebe erst begonnen werden, wenn die Konzession ertheilt ist. Der Betrieb einer Wirthschaft ohne Konzession ist nicht nur strafbar[2]), sondern kann auch vom Magistrat eingestellt werden[3]).

Die Aufgabe des Wirthschaftsgewerbes ist ebenfalls beim einschlägigen Bezirksinspektor abzumelden.

2. Schankwirthschaftslokale[4]).

A.

Das Wirthschaftslokal bei Gast- und Schankwirthschaften (Wein und Kaffee) muß mindestens 50 qm Fläche und 3,50 m Höhe, 5 m Frontlänge gegen die Straße und eine entsprechende Ventilations-Vorrichtung haben, sowie mit einem Thermometer versehen sein. Es darf nicht unter dem Niveau der Straße liegen. Für je 20 qm weitere Fläche ist 5 cm mehr Höhe erforderlich. Als Maximum wird 5 m Höhe angenommen.

Ueberschreitet das Lokal 15 m Tiefe, so muß Licht und Luft anderweitig (seitwärts, rückwärts oder von oben) in genügendem Maße zugeführt werden.

Der Zugang muß direkt von der Straße oder einem hellen mindestens 1½ m breiten Vorplatze aus stattfinden und von dem

---

1) Die Bezirksinspektoren sind auf der letzten Seite aufgeführt.
2) § 147 Ziff. 1 der R.G.O.
3) § 15 Abs. 2 R.G.O.
4) Bestimmungen des Magistrats v. 23. Oktober 1877, abgeändert durch Beschluß v. 29. April 1890 u. 23. Dezember 1895.

zu den Wohnungen getrennt sein, er darf nicht höher als 0,50 m über dem Straßenniveau liegen. Die Thüre muß sich mindestens 1 m weit öffnen.

Die Küche muß vom Wirthschaftslokal getrennt, mit einem Fenster gegen das Freie und mit Ventilationsvorrichtung, der Küchenausguß mit Syphonverschluß versehen sein.

Bei jedem Wirthschaftslokale muß ein 25 qm großer Keller mit einem Fenster gegen das Freie vorhanden sein.

Die Abortanlage muß allen baupolizeilichen Anforderungen entsprechen, darf nicht weiter als 15 m vom Wirthschaftslokale entfernt und muß von demselben leicht zugänglich sein. Dieselbe hat aus 3 Abtheilungen zu bestehen, je 1 Abort für Männer und Frauen mit getrenntem Zugang und 1 Pissoir. Jeder der beiden Aborte muß abzüglich des Sitzes noch einen freien Raum von mindestens 1 qm Bodenfläche haben. Der Fußboden und im Anschluß an denselben die Wände sind auf Höhe von wenigstens 10 cm wasserdicht herzustellen.

Das Pissoir muß bei einem Wirthslokal bis zu 50 qm Bodenfläche mindestens 2 m lang und 1,75 m breit sein und eine 2 m lange Pißrinne haben. Bei je 25 qm weiterer Bodenfläche muß es um 1 qm größer und die Pißrinne um 0,50 m länger werden. Dessen Fußboden ist wasserdicht herzustellen, ebenso müssen die Wände auf eine Höhe von 1,5 m aus wasserdichtem, an der Oberfläche geglätteten Material bestehen und auf $2^1/_2$ m Höhe mit dunkler Oelfarbe gestrichen sein oder aus einem Material (Marmor, Porzellan rc.) bestehen, welches das Beschreiben verhindert.

Die Pißrinne ist am Boden anzubringen und mit ausreichendem Gefäll, sowie mit Wasserschluß am Ablauf zur Grube und mit steter Wasserspülung soweit möglich zu versehen.

Die Abortanlage muß direktes Licht haben, ist in allen ihren Abtheilungen entsprechend zu ventiliren und zu beleuchten.

Bei Wirthschaftslokalitäten von mehr als 100 qm Fläche, oder nicht im Erdgeschoß gelegene werden besondere Anforderungen, insbesonders hinsichtlich der Abortanlagen (Damenaborte) vorbehalten. Hinsichtlich der Ventilationsvorrichtung ist hiebei die jeweilige Anordnung des Stadtmagistrates zu befolgen.

Die Wirthschaftslokale sind stets in reinlichem Zustande zu erhalten.

Die Wohnung des Wirthes muß von dem Wirthschaftslokal getrennt sein und einen eigenen Zugang haben.

Für die Dienstboten müssen entsprechende Schlafstätten vorhanden sein.

B.

Branntweinschenken müssen 25 qm Fläche und 3 m Höhe haben, gegen die Straße zu gelegen sein und Ventilationsvorrichtung sowie einen besonderen direkt und leicht zugänglichen Abort mit einer Pißschale haben.

C.

Kaffeeschenken müssen 18 qm Fläche und 2,75 m Höhe haben, gegen die Straße gelegen sein und einen besonderen direkt und leicht zugänglichen Abort mit einer Pißschale haben. Als Wohnung oder Küche darf das Lokal nicht benützt werden. Nur für jene Kaffeeschenken gelten diese Bestimmungen, welche während der üblichen Essenszeit — also nicht über 10 Uhr abends hinaus — billigen Kaffee abgeben, wie dies in Küchelbäckereien, Speisewirthschaften, Milchgeschäften der Fall ist.

3. Gewerbszeichen.

Der Magistrat sah sich in letzter Zeit wiederholt veranlaßt, die Wiederentfernung von in den Straßenraum hineinragenden Gewerbszeichen und Reklameschildern aus dem Grunde verfügen zu müssen, weil sie entweder von unschönem Aussehen oder von übermäßiger Größe waren.

Zur Vermeidung ähnlicher Fälle erscheint es im eigenen Interesse derjenigen Personen, welche an Gebäuden oder Umfriedungen Gewerbszeichen oder Reklameschilder anbringen wollen, gelegen, daß sie vor der Ausführung stets dem Stadtbauamte Zeichnungen zur Prüfung vorlegen; das Stadtbauamt wird die Zeichnungen sodann im Falle des Einverständnisses dem Magistrat zur Ertheilung der Genehmigung zuleiten.

Von Vorlage einer Zeichnung kann abgesehen werden bei Schildern und Zeichen, welche nicht mehr als 0,40 m vor die Gebäudeflucht vorstehen, nicht größer als 0,15 qm und von ganz einfacher äußerer Erscheinung sind [1]).

4. Flaschenbierhandel [2]).

Die Abfüllung des Bieres, sowie die Aufbewahrung und Reinigung der Flaschen darf nur in hiezu geeigneten Räumlichkeiten geschehen, welche von allen mit diesem Zwecke unverträglichen Gegenständen freizuhalten sind.

Flaschen, in welchen sich zuvor Petroleum oder ähnliche Flüssigkeiten befunden haben, ferner Flaschen, welche am Rande beschädigt oder zersplittert sind und infolge dessen den Ansatz von Schmutz begünstigen, dürfen zur Abfüllung von Bier nicht verwendet werden.

---

[1]) Bekanntm. des Magistrats v. 10. März 1899.

[2]) Ortspol. Vorschr. des Magistrats v. 27. November 1896.

Unmittelbar vor der Füllung sind die Flaschen einer gründlichen und sorgfältigen Reinigung zu unterstellen. Die Verwendung von Bleischrot zu diesem Behufe ist verboten. Das bei der Spülung zurückbleibende Wasser ist durch Stürzen der Flaschen über geeignete Gestelle zum Ablauf zu bringen.

Die Benützung von Hebevorrichtungen, welche mit dem Munde angesaugt werden müssen, ist beim Abziehen des Bieres auf Flaschen unstatthaft.

Nicht ausgegohrenes, schlecht bezw. schal gewordenes Bier, insbesondere Tropf- und Neigbier darf nicht in Flaschen abgeführt werden.

Zuwiderhandlungen gegen diese Anordnungen werden mit Geld bis zu fünfundvierzig Mark gestraft; womit, im Falle die Uebertretung innerhalb zwei Jahren wiederholt wird, Haft bis zu acht Tagen verbunden werden kann.

5. Behandlung von Fleisch, Bier und anderen Nahrungs- und Genußmitteln[1]).

Der Verkehr mit Nahrungs- und Genußmitteln innerhalb der Stadt München unterliegt der Beaufsichtigung nach Maßgabe der nachstehenden Vorschriften.

Die Beaufsichtigung wird ausgeübt durch die polizeilichen Aufsichtsorgane des Stadtmagistrates, als:

1. die städtischen Thierärzte,
2. „ „ Bezirksinspektoren,
3. „ „ Marktinspektoren

mit ihrem Hilfspersonale und erstreckt sich sowohl auf die Beschaffenheit der Nahrungs- und Genußmittel, die Art der Zubereitung, Aufbewahrung und Feilhaltung derselben, als auch auf das Ausmessen und Auswägen der für den Verkehr bestimmten Nahrungs- und Genußmittel.

Demnach unterliegen der gleichen Beaufsichtigung, wie die letzteren selbst, auch alle Räumlichkeiten, Einrichtungen und Geräthschaften, welche der Zubereitung, Aufbewahrung, Feilhaltung und dem Verkaufe von Nahrungs- und Genußmitteln dienen.

Sämmtliche Nahrungs- und Genußmittel, welche für den Verkehr bestimmt sind, sowie sämmtliche einschlägige Geschäftsräumlichkeiten und Geräthschaften müssen stets in reinlichem Zustande gehalten werden und haben alle mit der Zubereitung, dem Transporte ꝛc. und dem Verkaufe von Nahrungs- und Genußmitteln sich befassenden Personen an sich und an ihren Kleidern die bestmögliche Reinlichkeit zu beobachten.

Von Personen, welche mit ekelerregenden oder ansteckenden

---

[1]) Ortspol. Vorschr. des Magistrats v. 12. Juni 1892.

Krankheiten behaftet sind, darf der Verkehr mit Lebensmitteln nicht betrieben werden.

Sämmtliche Geschäftsräume, welche dem Verkaufe der Aufbewahrung oder Zubereitung von Nahrungs- und Genußmitteln dienen, dürfen nicht als Schlaf- oder Koch- oder als Familienwohnräume benützt werden und müssen direkt ins Freie gelüftet werden können.

Die Lüftung von Wohnungsräumen durch die Geschäftsräume hindurch ist verboten.

Die Verkaufsräume müssen hell, trocken und luftig sein und einen direkten Zugang von der Straße aus haben. Ungeeignete Verkaufslokale müssen nach Auftrag des Stadtmagistrats entweder entsprechend abgeändert oder verlassen werden.

Der Detailverkauf, sowie die Aufbewahrung von Petroleum und andern übelriechenden oder scharfen Flüssigkeiten ist in Läden, in welchen Nahrungs- und Genußmittel feilgehalten oder verkauft werden, die nicht ihrer Natur nach oder durch die Art ihrer Verpackung gegen jede Verunreinigung mit den vorgenannten Stoffen hinreichend gesichert sind, nur dann gestattet, wenn diese Flüssigkeiten in besonderen, gut verschlossenen, mit eigener Meßvorrichtung versehenen Gefäßen aufbewahrt sind.

In Brod-, Mehl- und Milchläden ist der Verkauf und die Lagerung von Petroleum rc. gänzlich untersagt.

Es ist verboten, Nahrungs- und Genußmittel auf eine gesundheitsschädliche oder ekelerregende Weise aufzubewahren, zuzumessen oder zuzuwägen.

Des Weiteren ist insbesondere untersagt:

a) außerhalb der Freibank Fleisch, Eingeweide und sonstige Fleischwaaren, welche von unreifen oder nicht vollkommen gesunden Thieren herrühren,
b) giftige oder mit solchen leicht zu verwechselnde Schwämme, unreife Kartoffeln und, außerhalb der Obstlagerhalle des Viktualienmarktes, unreifes Obst und unreife Südfrüchte, feilzuhalten oder zu verkaufen,
c) geschlachtete Thiere aufzublasen,
d) totes Geflügel, welches nicht zum Wildpret zählt, in ungeputztem Zustande zum Verkaufe auszulegen;
e) auf Wägen oder Karren, auf denen sich Nahrungs- oder Genußmittel, die für den öffentlichen Verkehr bestimmt sind, befinden, gleichzeitig ekelerregende oder üblen Geruch verbreitende Materialien (wie z. B. sogenannten Schweinetrank, Dünger rc.) mitzuführen; lebende Thiere dürfen auf denselben nur dann befördert werden, wenn sie von dem die Lebensmittel enthaltenden Raume derart abgeschlossen sind, daß eine Berührung oder Verunreinigung der Lebensmittel durch die Thiere wirksam verhindert ist.

Fleisch- und Fleischwaaren sind in den Straßen der Stadt immer reinlich bedeckt zu tragen und zu fahren und ist es verboten, sich in den für die Aufnahme des Fleisches bestimmten Raum oder auf dieses selbst zu stellen, zu setzen oder zu legen.

Das Auslegen, Aushängen und Aufstellen von Fleisch und Fleischwaaren außerhalb der Verkaufslokale, insbesondere auf offener Straße ist mit Ausnahme des Viktualienmarktes verboten.

Bezüglich der übrigen Nahrungs- und Genußmittel ist dieses gestattet; jedoch dürfen dieselben nicht direkt auf dem Boden liegen, sondern auf einem Podium von mindestens 50 cm Höhe und müssen vor der Einwirkung der Sonne und des Regens, sowie vor ekelerregender oder fäulnisbeschleunigender Verunreinigung thunlichst geschützt werden.

Fleisch und Fleischwaaren, sowie Kuttlerwaaren, Geflügel und Wildpret dürfen nicht unmittelbar auf Eis gelegt werden und sind, soferne sie nicht aufgehängt werden, gleich allen fettigen Waaren, eingesalzenen Fischen oder sonstigen, in saurer Gährung befindlichen oder in Säure konservirten Lebensmitteln nur in Gefäßen von Holz, gebrannter und glasirter Erde, Steingut, Glas oder gut verzinntem Eisenblech, sowie in emaillirten Geschirren aufzubewahren.

Gesalzene Fische müssen über dieses immer mit der Salzlacke, oder mit einem reinlichen, feuchten Gegenstand bedeckt sein.

Geschirre von Kupfer, oder Metallkomposition, welche, wo dieses überhaupt zulässig ist, zur Bereitung und Aufbewahrung von Nahrungsmitteln dienen, müssen innen stets gut verzinnt sein.

Der Gebrauch von Aufsatzröhrchen aus Messing, Gelb- oder Rothguß oder Kupfer bei Spritzen zur Verfertigung von Würsten ist verboten.

Bei Abzapfung von Most, Wein, Branntwein, Essig und Fruchtsäften dürfen Hähne aus Kupfer oder dessen Legirungen nicht verwendet werden und ist auch die Verwendung von Metallgefäßen zur Aufbewahrung dieser Flüssigkeiten verboten.

Waagschalen von Kupfer oder Messing mit umgebogenem Rande dürfen zum Zuwägen von Nahrungs- und Genußmitteln nur dann verwendet werden, wenn die Ränder an der Außenseite mit Zinn verglättet sind.

Die Verwendung von Metallunterlagen zur Aufbewahrung von Käse ist verboten.

Fettige und nasse Lebensmittel dürfen nicht unmittelbar in bedrucktes oder beschriebenes Papier eingewickelt werden.

Für Metzger, Pferdemetzger rc. rc. und andere, für ihren Gewerbebetrieb schlachtende Personen (Köche, Bräuer, Wirthe rc.), welche Fleisch zum Zwecke des Genusses feilhalten oder verkaufen, sind bezüglich der Schlachtung, Fleischbeschau und Aufschlagsentrichtung zunächst die Bestimmungen der Schlacht- und Viehhofordnung nebst der hiezu ergangenen Beschau- und Aufschlagsordnung maßgebend.

Für die Beschau bei Schlachtungen zum Hausgebrauche und bei Nothschlachtungen, ferner für die Einfuhr von Fleisch und Fleischfabrikaten in rohem Zustande gelten die hiefür erlassenen besonderen Beschau- und Aufschlagsordnungen.

Außerdem aber unterliegt der Verkauf, das Feilhalten und Lagern von Fleisch, Eingeweiden und Fleischwaaren, sowie die Zubereitung der letzteren der beständigen Aufsicht durch die zuständigen städtischen Aufsichtsorgane.

Für die dem Verkehr mit Fleisch und Fleischwaaren dienenden Lokale sind in erster Linie die allgemeinen, in gegenwärtiger ortspolizeil. Vorschrift enthaltenen Bestimmungen maßgebend. Der Boden dieser Lokale ist aus wasserdichtem Materiale herzustellen und sind auch die Wände in einer Weise zu betünchen oder zu belegen, welche das Ansetzen von Feuchtigkeit oder Fäulnißstoffen nicht gestattet.

Das Dulden von Hunden in den Fleischverkaufslokalen, sowie das Stehenlassen von Fleischkarren in diesen Lokalen ist verboten.

In den städtischen Verkaufshallen richtet sich die Art des Fleischverkaufes nach den mit den Metzgern getroffenen besonderen Verabredungen. Für den Fleischverkauf in der städtischen Freibank sind die Bestimmungen der Freibankordnung maaßgebend.

In allen hiesigen Fleischverkaufslokalen darf nur solches Fleisch feilgehalten und verkauft werden, welches nach Maaßgabe der Schlacht- und Viehhofordnung und der zu derselben ergangenen Beschauordnung für diesen Zweck beschaut, begutachtet und entweder mit dem entsprechenden Beschauzeichen oder dem bezüglichen Erlaubnißscheine versehen ist.

Jeder Metzger ist verpflichtet, seinen Vorrath so auszulegen, daß er von dem Käufer gesehen und ausgewählt werden kann.

Metzger, welche Ochsen- und Rindfleisch (Stier-, Kuh- und Jungrindfleisch) zugleich feilbieten, sind gehalten, diese beiden Fleischgattungen in ihren Verkaufslokalen gehörig zu sondern und für jede derselben eine besondere Preisbezeichnung zu machen.

Es ist verboten, an der Tafel den Preis für Ochsenfleisch auszuzeichnen, insolange solches nicht zum Verkaufe vorräthig ist. Die für die verschiedenen Fleischgattungen, resp. für die verschiedenen Fleischqualitäten der gleichen Gattung jeweils gestellten besonderen Preise müssen auf einer in oder am Verkaufslokale befindlichen, auffällig sichtbaren Tafel gesondert und gut leserlich angeschrieben werden.

In gleicher Weise, wie auf den vorerwähnten Tafeln sind auch auf den an die Kunden hinausgegebenen sogenannten „Fleischzetteln" (Fleischlieferscheinen), welche Qualität, Gattung und Preis des verabreichten Fleisches ausweisen, die vorgenannten Fleischgattungen gesondert auszusetzen und für jede gesondert der Preis aufzuzeichnen.

Insbesondere ist es verboten, Ochsenfleisch unter die allgemeine Benennung „Rindfleisch" einzusetzen.

Die Metzger sind verpflichtet, das von ihnen abverlangt werdende Fleisch des vorhandenen Vorrathes unter genauer Einhaltung des Gewichts und bis zum Mindestgewicht von einhundertfünfundzwanzig Gramm herab gegen Baarzahlung unweigerlich abzugeben, ausgenommen bei den der Regel nach nur in größeren Quantitäten verabreichten Stücken, wie z. B. Lendenbraten und Filet, Gratstück, Schlegel.

Zuwaagen dürfen beim Kalb-, Schaf-, Ziegen- und Schweinefleisch zu allen Fleischtheilen, beim Ochsen- und Rindfleisch nur zu den Lendbraten, Gratstücken, dem Filet, den Rosenstücken und dem ausgelösten Brustkern, den Schoripen, den Scherzeln, den langen Schweifstücken, den Bauchschlampen, dem dünnen Nabel, den Weichen, den dicken und dünnen Zwerchrippen verabreicht werden.

Als Zuwaage gelten jene Fleisch- und Knochenstücke, welche nicht dem gekauften Fleischstücke angehören; dieselbe darf bei allen Fleischgattungen nicht mehr als ein Fünftel des Gesammtgewichtes betragen. Als Zuwaage dürfen nur Fleischtheile der nämlichen Gattung abgegeben werden, beim Ochsen- und Rindfleisch auch Kopfknochen, sowie auf ausdrückliches Verlangen des Käufers auch die Knochen vom Knie abwärts.

Beim Kalbfleische dürfen als Zuwaage nur der Kopf und die Haxe verwendet werden, wogegen die Kälberfüße stets als solche für sich verkauft werden müssen.

Die Metzger sind verpflichtet, die vom Magistrate ihnen zu diesem Behufe zugestellten Auszüge aus gegenwärtiger ortspolizeilicher Vorschrift in ihren Verkaufslokalen auf eine deutliche und Jedermann sichtbare Weise anzuschlagen oder aufzuhängen.

Metzger, welche das Fleisch von Pferden, oder solches Fleisch enthaltende Fabrikate feilbieten und verkaufen, müssen der Bezeichnung „Metzger" den Namen der einschlägigen Thiergattung voransetzen (z. B. Pferdemetzger).

Das Fleisch von Pferden ist je in gesonderten Lokalen feilzuhalten und zu verkaufen und ist es verboten, solches Fleisch mit andern Fleischgattungen im gleichen Lokale zu halten, soferne es sich nicht um Verwendung des Letzteren zur Bereitung von Pferdefleisch 2c. -Fabrikaten handelt.

Alle Lokale, in welchen Fleisch solcher Thiere oder Fabrikate, zu deren Herstellung solches Fleisch verwendet wird, feilgehalten oder verkauft werden, sind durch eine diesbezügliche deutliche Aufschrift kenntlich zu machen („Pferde-Metzgerei").

Es ist verboten, Bier, welches unrein, trübe, sauer oder von ekelerregendem Geschmack, Geruch oder Aussehen ist, ferner solches Bier, welches beim Einschenken in die Unterständer abgelaufen, oder in den den Gästen vorgesetzten Gefäßen stehen geblieben ist, auszuschenken.

Desgleichen ist es verboten, derartiges Bier in den Schanklokalen aufzubewahren, bereitzuhalten oder feilzuhalten.

Es ist verboten, zum Ausschank von Bier Spritzhähne, Bierspritzen, Bierpumpen oder Pressionen irgend welcher Art zu verwenden.

Der für das Bier festgesetzte Preis muß in deutlicher und auffällig sichtbarer Weise, sowohl an der Gassenschenke, als im Gastlokale angeschlagen oder angeschrieben sein.

6. Schankgefäße für Bier[1]).

1. Die Gast- und Schankwirthe haben die vorgeschriebenen gehörig geaichten Maaße — 1 L.-, $^1/_2$ L.- und $^1/_4$ L.-Gatzen — zu führen und dieselben stets in gutem, reinlichem Zustande in ihren Schanklokalen bereit zu halten.
2. Die Schankgefäße, welche zur Verabreichung von Bier an die Gäste dienen, müssen den Vorschriften des Reichs-Gesetzes vom 20. Juli 1881 „betr. die Bezeichnung des Rauminhaltes der Schankgefäße“[2]) entsprechen.
3. Des Weiteren werden Gast- und Schankwirthe darauf aufmerksam gemacht, daß das städtische Aufsichtspersonal angewiesen ist, nicht nur selbst auf die Einhaltung des richtigen Maßes bei Verabreichung von Bier ein wachsames Auge zu haben, sondern auch ihnen zukommende Anzeigen über Zuwiderhandlungen weiter zu verfolgen und eventuell Strafanzeige wegen Betrug oder Betrug-Versuchs zu erstatten.

7. Fleisch-Beschau- und Aufschlag-Ordnung[3]).

Fleisch, Speck, Eingeweide und Fleischwaaren, welche in rohem Zustande in die Stadt eingebracht werden, müssen mit einem thierärztlichen oder durch einen verpflichteten Fleischbeschauer ausgestellten Zeugnisse darüber versehen sein, daß das Thier, von welchem diese Gegenstände herrühren, vor der Zertheilung be-

---

[1]) Auszug aus der ortspol. Vorschr. des Magistrats v. 5. Februar 1892.

[2]) Siehe oben S. 48.

[3]) Ortspol. Vorschr. des Magistrats v. 17. September 1880. — Aufrecht erhalten durch § 20 Abs. 2 des R.Ges. betr. die Schlachtvieh- u. Fleischbeschau v. 3. Juni 1900

schaut und in allen Theilen vollkommen gesund befunden worden sei.

Gegenstände der vorbezeichneten Art, welche in anderer Weise als per Bahn in die Stadt eingebracht werden, müssen bei der Einbringung an der Eingangs-Pflasterzoll-Station vorgezeigt und nach Quantität und Bezeichnung, Einbringer und Empfänger, Herkunft und Bestimmung genau angemeldet werden.

Alsbald nach Einbringung solcher Gegenstände in die Stadt hat, soferne sie per Bahn erfolgt ist, der Empfänger, außerdem der Einbringer dieselben mit dem Begleitzeugnisse behufs der Beschau in die Sanitäts-Anstalt des Schlacht- und Viehhofes, oder soferne es sich nicht um Bestandtheile von Pferden handelt, in die städtische Freibank zu verbringen. In der Sanitäts-Anstalt des Schlacht- und Viehhofes wird diese Beschau während der jeweiligen Schlachtzeit, in der Freibank bloß in den Morgenstunden von $7\frac{1}{2}$ bis $8\frac{1}{2}$ Uhr vorgenommen.

Gegenständen, welche bei dieser Beschau nicht beanstandet werden, wird eine Plombe angeheftet, wofür der Betrag von 5 Pfg. an den Beschauer zu entrichten ist.

Diese Plombe darf vor Verwendung des betreffenden Gegenstandes nicht abgenommen werden.

Von in rohem Zustande in die Stadt eingebrachtem Fleisch, Speck, Eingeweiden und Fleischwaaren ist der städtische Fleischaufschlag mit 1 Pfg. von $\frac{1}{2}$ kg zu entrichten, und zwar insoferne die Einbringung per Bahn erfolgt ist, gleichzeitig mit der Fracht vom Empfänger bei der einschlägigen k. Güterexpedition, außerdem innerhalb vierundzwanzig Stunden vom Einbringer bei dem städtischen Aufschlagamte.

Befreit von den Bestimmungen wegen Beibringung eines thierärztlichen Zeugnisses u. s. w. — mit Ausnahme der Vorzeigung an der Pflasterzollstation — und von der jeweiligen sofortigen Entrichtung des Fleischaufschlages sind jene in der Nähe des städtischen Burgfriedens wohnenden Metzger der angrenzenden Landgemeinden, welche Gegenstände aus ihren dortigen Geschäftslokalitäten an ihre im städtischen Burgfrieden wohnende Nachbarschaft abgeben oder liefern, insoweit und insolange ihnen diese Vergünstigung auf Grund besonderer Bewilligung durch den Stadtmagistrat eingeräumt ist.

8. Fleischaufschlag.

Bei Einfuhr von Fleisch und Fleischfabrikaten ist der Fleischaufschlag innerhalb vierundzwanzig Stunden und zwar, soferne die Einfuhr mittelst der Bahn erfolgt, an die treffende Güterexpedition, soferne sie auf der Landstraße geschieht, an das städtische Aufschlagamt einzubezahlen.

Der Fleischaufschlag beträgt:

a)	2 Mk.	90	Pfg.	von einem Ochsen,
b)	1 „	30	„	von einem Stiere oder einer Kuh,
c)	1 „	15	„	von einem Jungrind (bis zu 280 Pfund),
d)	— „	30	„	von einem Kalbe,
e)	— „	20	„	von einem Schafe, einem Bocke oder einer Ziege,
f)	— „	90	„	von einem Mastschweine (zu 90 Pfund und darüber),
g)	— „	30	„	von einem gemeinen Schweine (zu 30 bis 90 Pfund),
h)	— „	15	„	von einem Frischlinge (unter 30 Pfund),
i)	— „	65	„	von einem Zentner und
	— „	1	„	von einem Pfunde eingeführten Fleisches oder Fleischfabrikates.

Hinterziehung des Aufschlags und Nichtbeachtung der hiefür festgesetzten Kontroll-Vorschriften hat Strafeinschreitung zur Folge[1]).

Von allen mit der Eisenbahn hieher gelangenden, dem Aufschlage oder der Schrannengebühr oder dem Pflasterzolle oder der Deklarations-Gebühr unterworfenen Gütern, welche nicht den städtischen Lagerhäusern bei der Haltstelle Thalkirchen zugeführt werden, sind diese Gefälle, soweit nicht ausdrücklich anders bestimmt ist, alsbald nach Ankunft der Waare vom Adressaten (Empfänger) nach Maßgabe nachfolgender Bestimmungen gleichzeitig mit der Fracht bei der einschlägigen Güter-Expedition zu entrichten.

Der Fleisch-Aufschlag ist von dem durch die Bahn stückweise hieher gelangenden Fleisch von Schlachtvieh (Rindvieh, Schafen, Ziegen und Schweinen) und den hieraus bereiteten Fleischwaaren, gleichviel ob das Fleisch oder die Fleischwaaren roh, gesalzen, getrocknet oder geräuchert sind, mit 65 Pfg. vom Zentner und 1 Pfg. vom Pfunde bei der einschlägigen Güter-Expedition zu entrichten.

Erfolgt die Einbringung der Güter in einer Weise, daß ein Frachtbrief bei der Münchener Ankunfts-Güterexpedition nicht auszulösen ist (wie bei Expreß- und Passagiergutsendungen, Postsendungen, Extrazügen u. dgl.), so sind die betreffenden städtischen Gefälle innerhalb vierundzwanzig Stunden vom Empfänger der Waare bei der städtischen Abtheilungskasse I (Rathhaus, Zimmer Nr. 31, I. Stock) einzuzahlen[2]).

---

[1]) Beschau- u. Aufschlagsordnung v. 9. September 1878. —

[2]) Ortspol. Vorschr. über Gefällserhebung auf den Bahnen v. 21. März 1876 u. 17. Juni 1898.

9. Schlacht- und Viehhof-Ordnung[1]).

Sowohl die Metzger (Alt- und Jung-Metzger, Stadt- und Vorstadt-Metzger, Schweine- und Lämmer-Metzger) als die andern zum Feilbieten von Fleisch berechtigten oder für ihren Gewerbebetrieb schlachtenden Personen (Köche, Bräuer, Wirthe) haben Großvieh (Ochsen, Kühe, Stiere und Rinder) und Kleinvieh (Kälber, Schafe, Ziegen und Schweine, Lämmer, Kitze und Spanferkel) ausschließend in den hiezu bestimmten Schlachthallen im Schlachthofe zu schlachten, auszuweiden und mit Ausnahme des Kleinviehes auch abzuhäuten.

Auch das Brühen von Thieren der obigen Art oder von Bestandtheilen und Eingeweiden derselben, ferner die Enthaarung der Ersteren und die Reinigung der Letzteren ist den vorbenannten Gewerbebetreibenden sowie den Kuttlern, Darm- und Seitlinghändlern nur in den hiezu bestimmten Räumlichkeiten des Schlachthofes gestattet.

Die Benützung von Räumlichkeiten außerhalb des Schlachthofes zur Vornahme der vorstehend bezeichneten Arbeiten ist den genannten Gewerbetreibenden verboten.

In geschlachtetem Zustande dürfen nur Kälber, Schweine, Lämmer und Kitze und auch diese Thiergattungen nur in der Zeit vom 15. September bis einschließlich 14. Mai hieher gebracht werden.

Todte Kälber und Schweine dürfen nur am Viehhofe abgeladen werden.

Die Einfuhr von rohem Fleisch und Speck, rohen Eingeweiden und rohen Fleischwaaren in die Stadt ist verboten.

Die oben bezeichneten Arbeiten (Schlachten, Ausweiden u. s. w.) dürfen in den Monaten April bis einschließlich September nur von Morgens zwei Uhr bis Abends acht Uhr, in den übrigen Monaten nur von Morgens vier Uhr bis Abends sechs Uhr, an Sonn- und Feiertagen nur bis Morgens acht Uhr und an den ersten Festtagen von Ostern, Pfingsten und Weihnachten überhaupt nicht vorgenommen werden.

Die vorstehend bezeichnete Arbeitszeit kann vom Magistrate eingeschränkt und erweitert werden.

In einzelnen dringenden Fällen kann der Direktor außerhalb der regelmäßigen Arbeitszeit die Arbeit gestatten.

Kein Schlachtthier darf in den Schlachthof eingebracht werden, ohne daß dasselbe zuvor der Beschau unterstellt und die Schlacht- und Brühgebühr, sodann der Fleischaufschlag hiefür bei der Aufschlagseinnehmerei einbezahlt worden ist.

---

[1]) Ortspol. Vorschr. des Magistrats v. 9. August 1878 u. Ergänzungen v. 4. September 1885, 12. Mai 1896.

Die dem Viehhofe zugeführten Thiere dürfen vor Erfüllung dieser Verbindlichkeiten aus demselben in den Schlachthof nicht abgeführt werden.

Für Thiere, wofür nach erfolgtem Ankaufe auf dem Viehhofe noch Fütterungs- und Einstellgebühren erwachsen sind, sind vor Einzahlung der Schlacht-, Brüh- und Aufschlagsgebühren noch die erlaufenen Fütterungs- und Einstellgebühren bei der Kassa zu entrichten.

Nicht vom Viehhofe kommende Thiere müssen bis zur erfolgten Beschau und Gebührenentrichtung im Vorraume des Viehhofes gehalten werden.

Für die in diesem Vorraume beschauten Thiere wird von dem Beschauer eine Beschaumarke ausgestellt, welche bei der Entrichtung der Schlacht-, Brüh- und Aufschlagsgebühren an die Aufschlagseinnehmerei abzugeben ist.

Schlachtthiere dürfen im Vorraume nur eine halbe Stunde verbleiben und müssen nach Umfluß dieser Zeit in die Hallen des Viehhofes verbracht und dort für dieselben die Gebühr bezahlt werden.

Die Einbringung von Schlachtthieren und Geräthen in den Schlachthof ist nur durch das westliche Thor, die Hinausbringung von Schlachtthieren, Fleisch und Eingeweiden, Abfällen, Geräthen u. dergl. nur durch das östliche Thor gestattet.

Bei der Einbringung von Schlachtthieren in den Schlachthof ist der Ausweis über die erfolgte Gebührenentrichtung (das Schlacht- und Aufschlags-Billet) dem daselbst aufgestellten Thorwart vorzuzeigen und von demselben koupieren zu lassen; bei der Beschau ist dieses Billet an den die Aufsicht über die betreffende Schlachthalle übenden Schlachthofoffizianten abzugeben.

Die in den Reservestallungen eingestellten Thiere dürfen, soferne dem Einsteller nicht periodische Zahlung gestattet ist, vor Entrichtung der darauf erwachsenen Fütterungs- und Einstellgebühren bei der Kassa und Abgabe des Zahlungsausweises an den Viehwärter nicht zur Schlachtung abgeführt werden.

Die Schlachtung der in den Schlachthof eingebrachten Schlachtthiere darf, soferne dem Betheiligten kein ständiger Platz hiezu überlassen ist, nur an der Stelle geschehen, welche vom Schlachthofoffizianten hiezu angewiesen wird.

Jeder Schlachtberechtigte hat seine Schlachtthiere, soferne solches nicht schon am Viehhofe geschehen, unmittelbar nach Einbringung derselben in den Schlachthof mit seinem, für immer anzunehmenden Zeichen kenntlich zu machen.

Das gewählte Zeichen ist nach getroffener Wahl in der Direktion vormerken zu lassen und im Falle der Beanstandung zu ändern.

Die Schlachtung aller Viehgattungen hat regelrecht und auf die schnellste Weise zu geschehen.

Alle Thiere, welche nicht zur Schächtung bestimmt sind, müssen vor der Blutentziehung betäubt werden.

Junge Leute unter achtzehn Jahren und schwächliche Personen dürfen zum Schlagen von Großvieh nicht verwendet werden oder sich verwenden lassen.

Das bei der Schlachtung sich ergebende Blut muß in Gefäßen aufgefangen werden.

Das Aufblasen von Thieren, insbesondere von Kälbern und Schafen, ist verboten.

Die Entleerung der Mägen von Großvieh hat am Düngerhofe, die Reinigung derselben in der Kuttlerei zu geschehen; die Entleerung und Reinigung der Gedärme von Schlachtvieh aller Art und der Mägen von Kleinvieh und Schweinen darf in den Schlachthallen, jedoch nur an den hiezu bestimmten Plätzen geschehen; der hiebei sich ergebende Unrath muß in Gefäßen aufgefangen und alsbald auf den Düngerhof gebracht werden.

Die Verwendung des Blutes geschächteter Thiere als Nahrungsmittel, bezw. zur Zubereitung von Nahrungs- und Genußmitteln ist verboten.

Alle im Schlachthofe geschlachteten oder in bereits geschlachtetem Zustande in denselben eingebrachten Thiere unterliegen der Beschau durch den Thierarzt oder den Hilfsthierarzt.

Vor erfolgter Beschau und Markirung mittelst des Beschauzeichens darf weder das geschlachtete Thier selbst noch irgend ein Theil desselben von der Schlachtstätte entfernt werden.

Auffällige Erscheinungen an dem geschlachteten Thiere oder Theilen desselben sind von dem Schlächter dem Beschauer schon vor Vornahme der Beschau anzuzeigen.

Behufs entsprechender Beschau sind die Eingeweide gehörig auszulegen und die geschlachteten Kleinviehstücke und Schweine innerhalb des dem Schlachtberechtigten zugewiesenen Rahmenraumes aufzuhängen; dabei ist es verboten, mehr als ein Stück oder dasselbe Stück mit beiden Füßen an einen Nagel zu hängen.

Beanstandete Schlachtthiere oder Theile derselben sind auf Anordnung des Beschauers sofort in die Sanitätsanstalt schaffen zu lassen.

Bei Thieren, welche an ansteckenden Krankheiten gelitten haben, hat auch die Entleerung und Reinigung der Eingeweide einschließlich des Brühens in der Sanitätsanstalt zu geschehen.

Alsbald nach vorgenommener Beschau sind Blut, Haut, Unschlitt und Abfälle aus der Schlachthalle zu entfernen.

In die in den Schlachthallen angebrachten Utensilienkästchen dürfen nur Schlachtgeräthe und Kleidungsstücke, nicht aber thierische Theile gelegt werden.

Die von der Stadtgemeinde den Schlachtberechtigten zur Verfügung gestellten Geräthe dürfen aus derjenigen Halle zu deren Gebrauch sie dienen, nicht entfernt werden.

Die Jalousien dürfen von niemand Anderm als von den vom Direktor hiezu ermächtigten Bediensteten gestellt oder in ihrer Stellung geändert werden.

Die vorhandenen Gasflammen dürfen nur mit Genehmigung der vom Direktor hiezu ermächtigten Bediensteten entzündet und müssen sofort nach vollendeter Arbeit von demjenigen, der sie entzündet hat, gelöscht werden.

Die vorhandenen Wasserhähne dürfen nur zum Bezuge des benöthigten Trink- und Reinigungswassers geöffnet und müssen alsbald nach erreichtem Bedarf wiederum geschlossen werden.

Nach den oben bezeichneten Arbeiten (Schlachten, Ausweiden u. s. w.) sind die hiezu benützten Räume und Geräthe von jenem, der sie benützt hat, sorgfältig zu reinigen.

In den Groß- und Kleinviehschlachthallen muß der Raum zwischen den beiden Säulenreihen für den allgemeinen Verkehr freigehalten werden, weshalb die Verwendung dieses Raumes zur Arbeit oder zur Aufstellung von Geräthen unstatthaft ist.

In denselben, sowie in der Schweineschlachthalle dürfen nur Handkarren und auch diese nur solange in Gebrauch kommen, als zur Beladung derselben unumgänglich nothwendig ist.

Alle im Schlachthofe sich ergebenden Abwägungen, bei denen Dritte betheiligt sind, haben gegen Einzahlung der festgesetzten Waaggebühr durch die vom Magistrate hiezu aufgestellten Wäger zu geschehen; über jede vollzogene Abwägung ist Waagschein zu ertheilen und zu nehmen [1]).

Fleisch und Eingeweide müssen bei der Abführung aus dem Schlachthofe in reinlicher Weise bedeckt sein.

In den Großvieh-Schlachthallen dürfen nur Ochsen, Kühe, Stiere und Jungrinder geschlachtet werden.

---

[1]) Nachdem über den Sinn dieser Vorschrift verschiedene Auffassungen sich ergeben haben, so wird darauf aufmerksam gemacht, daß unentgeltliche Abwägungen auf den sogenannten Freiwaagen nur dann zulässig sind, wenn die Gewichtsermittlung im alleinigen Interesse des Abwiegenden geschieht.

Erscheint dagegen an der Gewichtsermittlung noch irgend jemand Anderer, sei es als Verkäufer oder als Käufer betheiligt oder interessiert, so hat diese Vorschrift Anwendung zu finden und muß deshalb die Abwägung durch die vom Magistrat hiezu aufgestellten Personen geschehen, die treffende Gebühr hiefür einbezahlt und Waagschein hierüber ausgestellt und angenommen werden, auch wenn derjenige, der die Waage in Anspruch nimmt, auf denselben verzichten zu wollen erklärt. (Bekanntm. des Magistrats v. 3. Juni 1890.)

Die Aufzüge in den Großviehschlachthallen dürfen nur von Demjenigen, dem sie zur Benützung überwiesen wurden und seinen Arbeitsleuten, ferner von dem Beschaupersonale in Bewegung gesetzt und nur vom Maschinisten oder dessen Gehilfen regulirt werden.

In den Reservestallungen darf nur das von den Schlachtberechtigten zur Schlachtung erkaufte Großvieh und auch dieses nur an der vom Viehwärter hiezu angewiesenen Stelle eingestellt werden.

In den Kleinvieh-Schlachthallen dürfen nur Kälber, Schafe und Ziegen, Lämmer und Kitze geschlachtet werden.

In der Schweine-Schlachthalle dürfen nur Schweine geschlachtet werden.

Das Brühen der geschlachteten Schweine darf nur in dem von dem Brühmeister oder dessen Gehilfen hiezu angewiesenen Kessel und nur in der von demselben festgesetzten Reihenfolge geschehen.

In die Kuttlerei dürfen außer Zungen, Lungen und Mäulern nur Mägen, Gedärme und Füße von Schlachtthieren gebracht werden.

Die am Düngerhofe entleerten Mägen und die Füße sind, bevor sie in die Kuttlerei gebracht werden, in den oberhalb des Düngerhofes angebrachten Bassins sorgfältig zu waschen.

Auffällige Erscheinungen an den in die Kuttlerei verbrachten thierischen Theilen sind sofort dem Thierarzte oder Schlachtoffizianten zu melden; solche Gegenstände dürfen vor erfolgtem Ausspruche des Beschauers aus der Kuttlerei nicht entfernt werden.

Die in der Kuttlerei vorhandenen Kessel dürfen nur zum Brühen, nicht auch zum Sieden der Gegenstände und nur nach Anweisung des Brühmeisters verwendet werden.

In das Innere der Kuttlerei darf mit Handkarren nicht eingefahren werden; die während der Arbeit benützten Geräthe sind nach Vollendung derselben aus der Kuttlerhalle hinweg und an die hiezu bestimmten Aufbewahrungsplätze zu schaffen.

Die vorhandenen Kühlräume (Keller) dürfen, soweit sie den Betheiligten nicht ständig überlassen sind, nur nach Anweisung des Schlachthofoffizianten benützt werden.

In den Kühlräumen dürfen Häute, Unschlitt, Abfälle und verdorbene Fleisch- oder Eingeweidetheile nicht aufbewahrt und muß die größte Reinlichkeit geübt werden.

In der Häute- und Unschlittkammer dürfen Häute und Unschlitt sowie Kuttlereiwaaren nicht länger als vierundzwanzig Stunden gelagert bleiben.

In den Blutkammern darf das Blut nur bis zur vollzogenen Scheidung aufbewahrt werden; nach vollzogener Scheidung sind Serum, Blutkuchen und sonstige Abfälle innerhalb vierundzwanzig Stunden aus dem Schlachthofe zu entfernen.

Die Zu- und Abfuhr des Blutes und seiner Bestandtheile hat in geschlossenen Geräthen, Tonnen und Wägen zu geschehen.

Am Düngerhofe darf der Magen- und Gedärmeinhalt nur in jene Vertiefungen eingeschüttet werden, unter welchen eben Düngerwägen aufgestellt sind.

Das Einschütten von Magen- oder Gedärmeinhalt in Düngerwägen, welche bereits der Füllung nahe sind, sowie das Ausschütten desselben außerhalb der Vertiefungen ist verboten.

Nach jeder Entleerung ist die hiezu benutzte Vertiefung und Arbeitsstelle wieder zu reinigen.

Die Hofräume und Straßenzüge im Schlachthofe sind stets für den allgemeinen Verkehr freizuhalten.

Schlachtthiere, welche alsbald geschlachtet werden sollen, sind bis zur erfolgenden Schlachtung an die an den Außenseiten der Schlachthallen angebrachten Ringe anzubinden, oder soferne es sich um Schweine handelt, in die bei der Schweineschlachthalle angebrachten Wartbuchten einzutreiben.

Der Viehhof dient zur Abhaltung des Viehmarktes, außerdem auch zur Einstellung des Viehes vor und nach dem Markte.

Der Viehmarkt wird daselbst

a) für Kälber, Schafe, Ziegen, Lämmer, Kitze und Spanferkel an jedem Werktage,
b) für Schweine an jedem Montag, Mittwoch, Donnerstag und Freitag,
c) für Großvieh an jedem Montag, Mittwoch und Freitag, bei einfallenden Feiertagen am darauffolgenden Werktage und zwar jederzeit von zehn Uhr Morgens bis zwei Uhr Nachmittags abgehalten.

Die vorstehend bezeichneten Markttage und Marktstunden können vom Magistrate eingeschränkt und erweitert werden.

Die Jahresviehmärkte werden an den hiefür herkömmlichen Tagen für sämmtliche obige Viehgattungen gleichfalls im Viehhofe abgehalten.

Alles Schlachtvieh, welches zum Zwecke des Verkaufes hieher gebracht wird, muß während der für die einzelnen Viehgattungen bestimmten Marktzeit auf den Viehhof gebracht und darf nur auf diesem und nur während der festgesetzten Marktzeit verkauft und gekauft werden.

Nur Lämmer, Kitze und Spanferkel dürfen auch auf dem Viktualienmarkte ver- und gekauft, in abgehäutetem oder zerstückeltem Zustande jedoch nur durch gewerbsberechtigte Metzger feilgeboten werden.

Melk- und Nutzvieh wird zu den Großviehmärkten zugelassen.

Abgesehen von Kälbern, Schweinen, Lämmern und Kitzen, welche während der Zeit vom 15. September bis einschließlich 14. Mai auch in geschlachtetem Zustande in die Stadt eingeführt werden dürfen, müssen die Schlachtthiere lebend zu Markte kommen.

Die während obiger Zeit in geschlachtetem Zustande in die Stadt eingeführten Kälber und Schweine müssen stets auf den Viehhof gebracht werden.

Die Zufuhr von Vieh zum Viehhofe ist per Bahn zu jeder Stunde, von der Landstraße her jedoch nur innerhalb der oben für den Schlachthof festgesetzten Arbeitszeit und stets nur durch das östliche Thor des Viehhofes zulässig.

Der Magistrat kann für das auf der Landstraße zugeführte Vieh die vorstehend bezeichnete Zutriebszeit einschränken und erweitern.

Es ist verboten, dem Viehhofe kranke oder unreife Thiere, gefallene, nothgestochene oder verdorbene Schlachtstücke zuzuführen.

Als unreif gelten Lämmer und Kitze, wenn sie nicht bereits acht vollkommen ausgebildete Schneidezähne besitzen, Kälber, wenn sie nicht gleichfalls bereits acht vollkommen ausgebildete Schneidezähne haben oder den Hornansatz deutlich fühlen lassen.

Alles dem Viehhofe zugeführte Vieh ist bei der Ankunft an der betreffenden Viehhalle oder Stallung dem hiefür aufgestellten Oberwärter oder dessen Stellvertreter nach Gattung und Zahl unter Angabe des Namens, Standes und Wohnortes des Vieheigenthümers und seines etwaigen Verkaufsbevollmächtigten und der Art der Einbringung (ob per Bahn oder auf der Landstraße) anzumelden.

Die zum Viehhofe gebrachten Viehstücke dürfen nur in der für die betreffende Viehgattung bestimmten Halle oder Stallung nach den unten folgenden besonderen Bestimmungen und nur an dem vom Oberwärter oder dessen Stellvertreter angewiesenen Platze aufgestellt werden. Den eingestellten Thieren können jederzeit wiederum andere als die bisherigen Standplätze angewiesen werden.

Alles dem Viehhofe zugeführte Vieh unterliegt der Beschau, welcher es nicht entzogen werden darf.

Todte Thiere müssen zu diesem Behufe an den hiefür bestimmten Nägeln aufgehängt werden; dabei ist es verboten, mehr als ein Stück oder dasselbe Stück mit beiden Füßen an einen Nagel zu hängen. Beanstandete Thiere sind auf Anordnung des Beschauers sofort in die Sanitätsanstalt schaffen zu lassen.

Jeder Vieheigenthümer hat sein Vieh schon vor oder unmittelbar nach dessen Einbringung in den Viehhof mit seinem für immer anzunehmenden Zeichen kenntlich zu machen.

Der Beginn und das Ende des Viehmarktes, d. i. der Ein- und Verkaufszeit, wird durch ein Zeichen mit der Marktglocke bekannt gegeben. Die Anzahl der bis zum Beginne des Marktes zugeführten Viehstücke wird amtlich an der Markttafel und an den betreffenden Viehhallen und Stallungen angeschrieben. Diese Anschreibungen dürfen nur von den hiezu ermächtigten Bediensteten gelöscht oder geändert werden.

Bis zum Beginne des Marktes müssen sämmtliche auf die zugeführten Viehstücke erlaufenen Gebühren an der Kasse bezahlt sein. Für später dem Markte zugetriebenes Vieh müssen die treffenden Gebühren sofort nach der Einbringung an der Kassa einbezahlt werden. Der Verkäufer hat sich hierüber, soferne bloß Markt- und Pflasterzollgebühren zu bezahlen waren, durch Marktpolette, soferne außerdem auch noch Fütterungs- und Einstellgebühren zu entrichten waren, durch Auslaßkarte bei dem Marktaufsichtspersonale auszuweisen. Ueber den gegen Auslaßkarten eingezahlten Gesammtbetrag wird außerdem Quittung ausgestellt und auf Verlangen Spezialausweis ertheilt.

Es ist verboten:

1. auf dem Markte Angebote zu machen, ohne die Aufstellung des Viehes an den hiezu bestimmten Plätzen oder die Forderung des Verkäufers abzuwarten,
2. die Forderung des Verkäufers zu überbieten,
3. einen bereits angeknüpften Handel durch Ueberbieten (Einhandeln) oder sonst wie zu stören,
4. vor Beginn oder nach Beendigung des Marktes zu kaufen oder zu verkaufen.

Lohnschlächtern, Viehführern, Fleischführern und Viehschaffnern, sowie deren Hilfspersonen ist der Einkauf von zum Viehhofe gelangten Schlachtthieren, sei es für ihre eigene Rechnung, sei es für Rechnung Dritter, verboten.

Nichtachtung dieses Verbotes hat für dieselben neben Strafeinschreitung die Einziehung ihrer Legitimation und nach Umständen den Ausschluß aus der Anstalt zur Folge.

Nach abgeschlossenem Verkaufe hat a) der Verkäufer Marktpolette bezw. Auslaßkarte an den Käufer abzugeben und den abgeschlossenen Verkauf dem Oberwärter zur Anzeige zu bringen, b) der Käufer das erkaufte Vieh mit seinem für immer anzunehmenden Zeichen zu versehen.

Die Abwägung der erkauften Schweine und Kälber geschieht unentgeltlich in den betreffenden Viehhallen. Die etwaige Abwägung von Großvieh, wofür die festgesetzte Waaggebühr entrichtet und Waagschein gegeben und genommen werden muß, hat auf der großen Marktwaage zu geschehen.

Es ist verboten, das auf dem Markte erkaufte Vieh noch an demselben Tag auf dem Markte zu verkaufen oder vor Bezahlung des Kaufschillings gegen Einspruch des Verkäufers vom Viehhofe hinwegzuführen.

Dieser Einspruch ist ohne Wirksamkeit, wenn Streitigkeiten über den Kaufpreis bestehen und derselbe nicht in Reichswährung oder nicht in vollausgesprochener Summe festgesetzt worden ist.

Für Thiere, welche noch vor der dem Markte zunächst folgenden Fütterungszeit die Gesammtanstalt des Vieh- und Schlachthofes verlassen, ist bei deren Abführung die Marktpolette oder Auslaßkarte von dem Oberwärter oder dessen Stellvertreter koupiren zu lassen und dem am Austriebsthore, bezw. an der Bahnausfahrt aufgestellten Thorwarte auszufolgen.

Todte Kälber und Schweine, welche nicht mit der Bahn abgehen, hat der Käufer noch vor der dem Markte zunächst folgenden Fütterungszeit in den Schlachthof verbringen zu lassen.

Die gleiche Verbindlichkeit besteht für die Käufer von Großvieh, soweit dasselbe zur Schlachtung im Schlachthofe bestimmt ist und die dortigen Reservestallungen zu dessen Unterbringung ausreichen.

Für das vorbezeichnete und für sonstiges Vieh, welches noch vor der dem Markte zunächst folgenden Fütterungszeit nach dem Schlachthofe verbracht werden soll, hat der Käufer vor Entfernung desselben aus der Viehhalle oder Stallung die Marktpolette oder Auslaßkarte unversehrt (ohne vorgängige Koupirung durch den Oberwärter) an die Aufschlagseinnehmerei abzugeben und bei derselben gegen Einzahlung der Schlacht-, Brüh- und Aufschlagsgebühren das Schlacht- und Aufschlagsbillet zu erholen.

Bei der Abführung des Viehes aus dem Viehhofe ist das Schlacht- und Aufschlagsbillet sowohl vom Oberwärter oder dessen Stellvertreter als von dem am Austriebsthore aufgestellten Thorwarte koupiren zu lassen.

Ohne Erfüllung der oben aufgeführten Verbindlichkeiten darf das Vieh vom Viehhofe nicht entfernt werden.

Der Abtrieb von Vieh auf der Landstraße und nach dem Schlachthofe ist nur während der für den Schlachthof festgesetzten Arbeitszeit und nur durch das westliche Thor des Viehhofes gestattet. Der Magistrat kann diese Abtriebszeit jedoch einschränken und erweitern.

Für das per Bahn abgehende Vieh sind die benöthigten Eisenbahnwaggons bei dem hiezu aufgestellten städtischen Bediensteten zu bestellen.

Alles Vieh, welches außerhalb der Marktzeit dem Viehhofe zugeführt wird oder nach dieser Zeit auf demselben verbleibt, ist zur festgesetzten Fütterungszeit nach Maßgabe der Fütterungsordnung durch die aufgestellten Viehwärter füttern zu lassen.

Für jedes zur festgesetzten Fütterungszeit vorhandene Thier ist vom Einsteller Fütterungs- und Einstellgebühr zu entrichten.

Vieh, auf welches Fütterungs- und Einstellgebühren erwachsen sind, darf aus dem Viehhofe nicht entfernt werden, bevor nicht bei der Kassa die Entrichtung dieser Gebühren stattgefunden hat.

Zu diesem Behufe ist für Vieh, welches nach abgehaltenem Markte bis zum nächsten Markte im Viehhofe eingestellt bleibt, vor Beginn des nächsten Marktes bei der Kassa gegen Einzahlung der inzwischen erwachsenen Fütterungs- und Einstellgebühren und Abgabe der am vorigen Markte erhaltenen Marktpolette oder Auslaßkarte eine neue Auslaßkarte zu erholen, welche an die Stelle der abgegebenen Marktpolette oder Auslaßkarte tritt.

Für solches Vieh hingegen, welches nach abgehaltenem Markte noch über eine Fütterungszeit auf dem Viehhofe stehen geblieben ist, jedoch noch vor dem nächsten Markte abgeführt wird, ist die am vorhergegangenen Markte erhaltene Marktpolette oder Auslaßkarte noch vor dessen Abführung gegen Einzahlung der inzwischen erwachsenen Fütterungs- und Einstellgebühren bei der Kassa abstempeln zu lassen und sodann, je nachdem das Vieh die Gesammtanstalt verläßt oder nach dem Schlachthofe abgeführt wird, weiter zu behandeln, im ersteren Falle sohin nach vorgängiger Koupirung durch den Oberwärter bei dem Thorwarte abzugeben, in letzterem Falle behufs Erholung des Schlacht- und Aufschlagsbillets unversehrt an die Aufschlagseinnehmerei zu verabfolgen.

Wird Fütterung zu anderer Zeit oder in reichlicherer Weise verlangt als in der Fütterungsordnung vorgeschrieben ist, so hat der Vieheigenthümer oder dessen Stellvertreter hievon den Oberwärter zu verständigen und demselben hiebei die bei der Kasse hiefür erholten Rationenmarken zu behändigen.

Es ist verboten, das zum Viehhofe gebrachte Vieh durch andere als die vom Magistrate hiezu aufgestellten Personen aus den Bahnwaggons ausladen, in die Viehhallen oder Stallungen verbringen, tränken oder füttern und zur Fütterung anderes als aus dem städtischen Fourage-Magazin bezogenes Futter verwenden zu lassen.

Das Verbringen der Thiere zur Waage und von da zurück in den Standort oder zum Schlachthofe und zu den Eisenbahn-Waggons, ferner das Putzen, Waschen und Melken der Thiere obliegt dem Vieheigenthümer oder dessen Stellvertreter.

In Ansehung des eingestellten Viehes übernimmt die Stadtgemeinde nur die Haftung für den durch Absicht oder grobes Versehen ihrer Bediensteten verursachten Schaden. Für alle andern, insbesondere auch für die durch Zufall eintretende Schäden wird jede Haftung der Stadtgemeinde abgelehnt; jedoch versichert dieselbe das eingestellte Vieh gegen Feuersgefahr.

Im Falle von Brandschäden wird an die Beschädigten nach Maßgabe der von den Versicherungsgesellschaften bezahlten Schadenssumme Ersatz geleistet.

Alles in den Viehhof eingebrachte Großvieh muß mit einer entsprechenden Vorrichtung (Stricke, Kette, Riehmen) zum Anbinden der Thiere versehen sein; dasselbe muß wohl versichert geführt werden.

Auf bösartige Thiere muß schon bei der Einbringung besonders aufmerksam gemacht werden.

Schlachtthiere sind während der wärmeren Jahreszeit zunächst in der Großviehhalle, während der kälteren in der Stallung, Melk- und Nutzthiere in der Regel in den besonderen Melk- und Nutzvieh-Stallungen aufzustellen.

An Jahresviehmärkten und bei sonstiger Ueberfüllung des Marktes sind die zuletzt ankommenden Thiere an den an der Außenseite der Gebäude angebrachten Ringen anzubinden.

Die Anordnung des Vollzugs ist der Direktion überlassen, deren Weisungen über die Aufstellung des Viehes sowohl für die Marktgäste als für das Dienstpersonal maßgebend sind.

Melkvieh muß alle zwölf Stunden der angesammelten Milch entledigt werden; sind seit dem Kalben der Kuh nicht wenigstens acht Tage verflossen, so darf die gewonnene Milch nur zu Schweine- oder Kälbertrank verwendet werden.

Schlachtkühe dürfen nicht gemolken werden.

Kälber dürfen in gebundenem Zustande weder in die Kälberhalle noch zur Waage noch zum Schlachthofe gebracht werden; dieselben müssen mit einem entsprechenden Stricke zum Anbinden versehen sein.

Beim Transporte dieser Thiere innerhalb des Vieh- und Schlachthofes muß jede Quälerei vermieden und soweit möglich von den vorhandenen Rollwägen Gebrauch gemacht werden.

Mit Fuhrwerken in die Kälberhalle einzufahren ist verboten.

Während der kälteren Jahreszeit sind lebende Kälber zunächst in den Kälberställen, todte zunächst in der hiefür bestimmten besonderen Abtheilung der Kälberhalle unterzubringen.

Schafe und lebende Schweine sind in der Schweine- und Schafhalle unterzubringen und letztere, soferne sie einzeln zu- oder abgeführt werden, mittelst Wagens zu transportiren oder am Stricke zu führen.

Todte Schweine, Lämmer und Kitze dürfen nur in der hiefür bestimmten Abtheilung der Kälberhalle eingestellt und zum Verkauf ausgeboten werden.

Die zum Transport verwendeten Rollwägen dürfen außerhalb des Vieh- und Schlachthofes nicht benützt und müssen nach gemachtem Gebrauche stets wieder an die im Viehhofe hiefür bestimmte Stelle zurückgebracht werden.

Die Hofräume und Straßenzüge im Viehhofe, sodann die Gänge in den Viehhallen und Stallungen sind stets für den allgemeinen Verkehr frei zu halten.

Bei der Zu- und Abfuhr ist die festgesetzte Fahrordnung zu beobachten.

Die Sanitätsanstalt dient zur Schlachtung kranker Thiere im Polizei-Schlachthause, zur Schlachtung von Pferden im Pferde-Schlachthause und zur Verwahrung von kranken Thieren und von Pferden bis zur erfolgenden Schlachtung im Kontumazstalle.

Der Schlachtung und weiteren Behandlung im Polizeischlachthause unterliegen diejenigen Thiere und thierischen Bestandtheile, welche wegen Krankheit, Verunglückung, Magerkeit, Unreife oder sonstiger Mängel durch den Beschauer dahin verwiesen oder freiwillig zugeführt werden.

Die hienach sich ergebenden Arbeiten dürfen im Polizeischlachthause nur durch den Polizeischlächter oder dessen Gehilfen, wozu auch die Stockknechte der Freibank gehören, geschehen.

Ueber die Genußfähigkeit und Verwendung der im Polizeischlachthause geschlachteten Viehstücke oder einzelner Theile derselben hat der Thierarzt, dessen spezieller Aufsicht die Sanitätsanstalt unterstellt ist, zu entscheiden.

Die vom Thierarzte für ungenießbar erklärten Schlachtstücke, Fleisch- und Eingeweidetheile dürfen nicht als Hunde- oder Schweinefutter abgegeben werden; sie sind vielmehr sofort zu imprägniren und auf Rechnung des Betheiligten, soferne eine ansteckende Krankheit in Mitte liegt, an die Wasenstätte zur Vergrabung, außerdem bei entsprechender Quantität zur technischen Verwerthung abzugeben.

Häute, Unschlitt und Abfälle von Thieren, welche nicht an ansteckenden Krankheiten gelitten haben, sind, soferne der Vieheigenthümer oder dessen Stellvertreter sie nicht innerhalb vierundzwanzig Stunden aus der Anstalt entfernt, durch den Polizeischlächter zu verwerthen.

Die für genießbar erklärten Fleisch- und Eingeweidetheile sind in die Freibank verbringen und daselbst nach Maßgabe der Freibankordnung verwerthen zu lassen.

Der erzielte Erlös ist nach Deckung der hierauf erwachsenen Auslagen und städtischen Gebühren dem Vieheigenthümer auszufolgen.

Die Pferdeschlächter haben Pferde, Maulthiere und Esel im Pferdeschlachthause zu schlachten, auszuweiden und abzuhäuten und ebendaselbst auch die Reinigung der Eingeweide an der hiefür bestimmten Stelle vorzunehmen.

Die Schlachtung der Pferde darf nur bei Tageshelle und nachdem die Beschau der Thiere durch den Thierarzt und die Entrichtung der Schlachtgebühr erfolgt ist, geschehen.

Nach erfolgter Schlachtung darf kein Theil des Thieres vor der Beschau durch den Thierarzt entfernt werden. Zum Behufe dieser Beschau ist der Pferdekopf in der Mitte der Längslinie so zu spalten, daß die Nasenscheidewand nicht verletzt wird.

Die Bestimmungen für das Polizeischlachthaus gelten gleichmäßig auch für das Pferdeschlachthaus.

Eingeweide, welche nicht alsbald nach der Schlachtung, ferner Fleischtheile, welche nicht innerhalb vierundzwanzig Stunden aus dem Schlachthause und innerhalb weiterer achtundvierzig Stunden aus dem Keller entfernt werden, sind bei entsprechender Quantität zur technischen Verwerthung abzugeben, außerdem zu beseitigen.

Der Einstellung im Kontumazstalle unterliegen jene Thiere, welche wegen ansteckender Krankheit oder Verdachts der Ansteckung durch den Beschauer dahin verwiesen werden, ferner jene zur Schlachtung im Pferdeschlachthause bestimmten Pferde, welche aus irgend einem Grunde nicht sofort geschlachtet werden können.

Die im Kontumazstalle eingestellten Thiere dürfen nur durch den Polizeischlächter oder dessen Gehilfen gefüttert und gepflegt und müssen, sobald der Thierarzt solches anordnet oder für zulässig erklärt im Polizei- bezw. Pferdeschlachthause nach den für diese Abtheilungen der Sanitätsanstalt geltenden Bestimmungen geschlachtet und weiter behandelt werden.

Vom Schlachthofe her dürfen nur die aus demselben in die Sanitätsanstalt verwiesenen Schlachtstücke und thierischen Bestandtheile in dieselbe eingebracht werden.

Alle übrigen Zufuhren zur Sanitätsanstalt, sodann alle Abfuhren aus derselben haben durch das Thor gegen die Thalkirchnerstraße zu geschehen.

Thiere, welche wegen ansteckender Krankheit oder Verunglückung vom Viehhofe in die Sanitätsanstalt verwiesen wurden, sind auf Anordnung des Beschauers auf der Thalkirchnerstraße vom Viehhofe zur Sanitätsanstalt zu verbringen.

Soweit für die Sanitätsanstalt und deren einzelne Abtheilungen vorstehend nichts Besonderes angeordnet ist, kommen auf dieselben die für den Schlachthof und für den Viehhof geltenden Bestimmungen gleichmäßig zur Anwendung.

Außer denjenigen Thieren und thierischen Bestandtheilen, welche in der Freibank verwerthet werden müssen, können Vieheigenthümer nach Maßgabe der Freibankordnung für dieselbe auch gesunde Thiere Fleisch- und Eingeweidetheile bestimmen.

Herrenlose Thiere, Fleisch- und Eingeweidetheile solcher Beschaffenheit werden von der Direktion zur Verwerthung in der Freibank bestimmt.

Die Schlachtung solcher Thiere ist dem Polizeischlächter anzumelden und darf nur durch diesen oder die hiezu aufgestellten Stockknechte zu der von Ersterem bestimmten Zeit an den hiezu bestimmten Stellen der Schlachthallen im Schlachthofe geschehen.

Bis zur erfolgten Schlachtung sind solche Thiere im Viehhofe mit Angabe ihrer Bestimmung einzustellen.

Solche zur Schlachtung für die Freibank bestimmte Thiere

unterliegen im Uebrigen bezüglich der Schlachtung den Bestimmungen für den Schlachthof, bezüglich der Einstellung jenen für den Viehhof, bezüglich der Verwerthung den Anordnungen für das Polizeischlachthaus.

Die in gegenwärtiger ortspolizeilicher Vorschrift getroffenen Bestimmungen erstrecken sich soferne sie nicht der Natur der Sache nach nur auf lebende Thiere anwendbar sind, zugleich auch auf die Thiere in geschlachtetem Zustande.

Bezüglich der zu entrichtenden Gebühren ist die besondere Gebührenordnung maßgebend.

In Ansehung der erwachsenen Gebühren, Auslagen, und aller sonstigen Ansprüche wahrt sich die Stadtgemeinde das Retentions- und Faustpfandrecht an den in die Anstalt eingebrachten Thieren.

Es ist verboten, in die Anstalt Hunde mitzunehmen oder in den Viehhallen oder Stallungen zu rauchen.

Die Befriedigung natürlicher Bedürfnisse außerhalb der öffentlichen Abtritte oder Pissoirs ist unstatthaft.

Der Eintritt in den Schlachthof, in den Viehhof und in die Sanitätsanstalt ist ohne besondere Erlaubniß des Direktors nur den darin Beschäftigten, der Eintritt in den Kontumazstall ohne besondere Erlaubniß des Direktors oder des mit der Aufsicht über die Sanitätsanstalt betrauten Thierarztes Niemandem gestattet.

Gewerbsmäßig für Andere zu schlachten, Mägen oder Gedärme abzunehmen, Fleisch abzuführen, zu verkaufen, oder die in den Bestimmungen für den Viehhof aufgeführten Verrichtungen vorzunehmen, ist nur denjenigen Personen gestattet, welche durch den Magistrat mit einer Legitimation hiezu versehen sind und das für sie bestimmte Erkennungszeichen tragen.

Die für die Arbeiten nach den Bestimmungen über den Viehhof zugelassenen Personen haben auf Verlangen der hiezu ermächtigten Bediensteten zur Fütterung und Tränkung der Thiere beizuhelfen.

Die Geschäftsherren sind für die durch ihre Dienst- oder Arbeitsleute verübten Beschädigungen oder Uebertretungen verantwortlich.

Die im Schlachthofe, im Viehhofe und in der Sanitätsanstalt beschäftigten Personen haben den Weisungen des vom Stadtmagistrate aufgestellten Aufsichts- und Verwaltungspersonals, auch wo solches in den vorstehenden Vorschriften nicht ausdrücklich vorgesehen ist, unbedingt Folge zu leisten.

Beschwerden gegen dieses Personal oder deren Weisungen sind beim Direktor anzubringen oder in das bei der Direktion aufliegende Beschwerdebuch einzutragen und werden letzterenfalls vom Magistrate von Woche zu Woche, in dringenden Fällen von dem Direktor vorbehaltlich des Rekurses an den Magistrat sofort beschieden.

Hilfspersonal kann vom Magistrate wegen verübten Beschädigungen oder Uebertretungen, rohen und exzessiven Benehmens, insbesondere Thierquälerei, Unreinlichkeit oder sonstiger Unregelmäßigkeiten, sowie wegen ansteckender oder ekelerregender Krankheiten von der Gesammtanstalt ausgeschlossen werden; solchenfalls dürfen die hiedurch betroffenen Personen keine Abtheilung der Gesammtanstalt mehr betreten, viel weniger in einer derselben verwendet werden oder sich verwenden lassen.

Die nach gegenwärtiger ortspolizeilicher Vorschrift den Geschäftsherren oder deren Dienst= und Arbeitsleuten obliegenden Verbindlichkeiten werden, soferne sie dem Aufsichtspersonale nicht rechtzeitig oder nicht gehörig vollzogen erscheinen, auf Rechnung der Geschäftsherren von Amtswegen vollzogen. Bei wiederholten Unregelmäßigkeiten, welche Geschäftsherren sich zu Schulden kommen lassen, kann der Magistrat Entziehung der ihnen etwa gewährten ständigen Einstell= oder Arbeitsplätze und nach Umständen Veröffentlichung der Namen verfügen.

Die Schlachthausstraße bildet einen Bestandtheil des Schlacht= und Viehhofes und ist jede mit ihrer Bestimmung zur Vermittlung des Verkehrs von und zu dieser Anstalt im Widerspruche stehende Benützung derselben verboten.

Der Magistrat kann diese Straße für jeden andern Verkehr absperren.

10. Gebühren=Ordnung für den Münchener Schlacht= und Viehhof[1]).

Für die Benützung des Schlacht= und Viehhofes und seiner Einrichtungen sind nachfolgende Gebühren zu entrichten:

Die Marktgebühr ist für jedes zu Markt gebrachte Stück Vieh schon vor Beginn des Marktes und bei späterer Einbringung unmittelbar nach derselben bei der Schlacht= und Viehhofkasse zu entrichten.

Dieselbe beträgt für Großvieh eine Mark, für Kälber, Schweine und Schafe dreißig Pfennig, für Spanferkel, Lämmer und Kitze fünf Pfennig per Stück.

Vieh, welches nach dem Markte auf dem Viehhofe eingestellt und an späteren Markttagen wiederholt zum Verkaufe ausgeboten wird, ist von der Entrichtung weiterer Markt=Gebühren befreit.

Der Pflasterzoll ist für mit der Eisenbahn kommendes Vieh gleichzeitig mit der Markt=Gebühr bei der Schlacht= und Viehhofkasse zu entrichten.

---

[1]) Vom 20. August 1878.

Derselbe beträgt wie bisher für Großvieh zwanzig Pfennig, für Kälber, Mast- und gemeine Schweine zehn Pfennig, für Frischlinge, Schafe und Ziegen drei Pfennig, für Spanferkel, Lämmer und Kitze ein Pfennig per Stück.

Für von auswärts auf der Landstraße zugetriebenes Vieh ist bei Bezahlung der Marktgebühr die an der Pflasterzollstation erhaltene Pflasterzollquittung abzugeben und in Ermangelung der Pflasterzollpolette neben der Marktgebühr auch der vorbezeichnete Pflasterzoll zu entrichten.

Die Fütterungsgebühr ist für jedes zur festgesetzten Fütterungszeit im Viehhof vorhandene lebende Thier gleichfalls vor Beginn des Marktes und bei Abtrieb nach der dem Markte folgenden Fütterungszeit unmittelbar vor dessen Abtrieb bei der Schlacht- und Viehhofkassa einzubezahlen.

Die Fütterungsgebühr wird nach dem jeweiligen Futtertarife berechnet und ist so oftmal zu entrichten, als die Dauer der Einstellung Fütterungszeiten in sich begreift.

Die Einstellgebühr ist für jedes zur festgesetzten Fütterungszeit im Viehhofe vorhandene Thier, gleichviel ob lebend oder todt, gleichfalls vor Beginn des Marktes und bei Abführung nach der dem Markte folgenden Fütterungszeit unmittelbar vor der Abführung bei der Schlacht- und Viehhofkassa zu entrichten.

Die Einstellgebühr beträgt für Großvieh zwanzig Pfennig, für Kälber, Schweine, Schafe und Ziegen fünf Pfennig, für Spanferkel, Lämmer und Kitze ein Pfennig per Stück.

Sie ist gleich der Fütterungsgebühr so oftmal zu entrichten, als die Dauer der Einstellung Fütterungszeiten in sich begreift.

Die Rangirgebühr ist sowohl für die Ein- als Ausfahrt mit je vierunddreißig Pfennig, zusammen achtundsechzig Pfennig, und zwar:

a) für beladen in den Viehhof eingehende Viehtransportwägen von dem im Frachtbriefe bezeichneten Empfänger,
b) für beladen vom Viehhofe ausgehende Viehtransportwägen von dem im Frachtbriefe bezeichneten Absender des Viehes

an die vom Magistrate hiezu ermächtigte Behörde oder Person zu entrichten.

Für die Abwägung von Kälbern und Schweinen in der Kälber- und Schweinehalle werden Waaggebühren nicht erhoben, aber auch Waagscheine nicht ausgestellt.

Die Abwägung von Großvieh und Futter aller Art, ferner während der Marktzeit auch die Abwägung von Kleinvieh aller Art, wofür Waagschein gewünscht wird, hat auf der Marktwaage im Waaggebäude zu geschehen; außerhalb der Marktzeit können zur Abwägung von Kleinvieh gegen Waagschein auch die Waagen in den Viehhallen benützt werden.

Die Abwägungen können an jedem Werktage von Früh 7½ Uhr bis Nachmittags 4 Uhr vorgenommen werden[1]).

Die Gebühr für die vorbezeichneten Abwägungen einschließlich des Waagscheines beträgt:

a) für Großvieh 25 Pfg. vom Stück.
b) für Kleinvieh 3 Pfg. vom Stück.
c) für Futter aller Art 45 Pfg. von der Fuhre.

Die Waaggebühr ist gegen Ausfolgelassung des Waagscheines an den Offizianten für die Waagen bezw. den Wäger zu entrichten.

Die **Schlachtgebühr** ist für jedes zur Schlachtung im Schlachthofe bestimmte Thier vor dessen Einbringung in denselben bei der Aufschlagseinnehmerei zu entrichten.

Die Schlachtgebühr beträgt für Großvieh zwei Mark, für Kälber fünfzig Pfennig, für Mastschweine eine Mark fünfzig Pfennig, für gemeine Schweine eine Mark, für Frischlinge sechzig Pfennig, für Schafe und Ziegen dreißig Pfennig, für Spanferkel, Lämmer und Kitze zwanzig Pfennig per Stück.

Die Einbringgebühr ist für jedes direkt in den Schlachthof eingebrachte Stück Vieh sofort bei Einbringung an der Schlacht- und Viehhofkasse zu entrichten.

Ihr Betrag ist gleich dem der Marktgebühr für die verschiedenen Arten von Schlachtvieh[2]).

Die **Brühgebühr** ist für jedes zur Schlachtung im Schlachthofe bestimmte Stück Großvieh vor dessen Einbringung in denselben gemeinsam mit der Schlachtgebühr bei der Aufschlagseinnehmerei zu entrichten.

Die Brühgebühr beträgt fünfzig Pfennig per Stück und ist von den Kuttlern demjenigen, der sie vorgeschossen hat, zurückzuersetzen.

Der **Fleischaufschlag** ist für jedes zur Schlachtung im Schlachthofe bestimmte Thier mit Ausnahme von Spanferkeln, Lämmern und Kitzen vor dessen Einbringung in denselben gemeinsam mit der Schlachtgebühr bei der Aufschlagseinnehmerei zu entrichten.

Der Fleischaufschlag beträgt, wie bisher, für einen Ochsen zwei Mark neunzig Pfennig, für eine Kuh oder einen Stier eine Mark dreißig Pfennig, für ein Jungrind eine Mark fünfzehn Pfennig, für ein Mastschwein neunzig Pfennig, für ein gemeines Schwein dreißig Pfennig, für einen Frischling fünzehn Pfennig, für ein Schaf, eine Ziege oder einen Bock zwanzig Pfennig.

---

[1]) Ortspol. Vorschr. v. 11. Dezember 1888.
[2]) Ortspol. Vorschr. v. 13. Oktober 1893.

Die Fütterungsgebühr und die Einstellgebühr von dem in den Reservestallungen des Schlachthofes eingestellten Großvieh ist jener im Viehhof gleich und muß, soferne dem Betheiligten nicht wöchentliche Abrechnung gestattet ist, unmittelbar vor Abführung des Thieres zur Schlachtung bei der Schlacht- und Viehhofkassa entrichtet werden.

Abwägungen, bei welchen Dritte beteiligt sind, z. B. von Häuten, Unschlitt oder bei Schlachtungen ins Gewicht, haben durch die hiezu aufgestellten Wäger zu geschehen.

Die Waaggebühr beträgt drei Pfennig vom Zentner, bei einem Gewichte von weniger als einem Zentner gleichfalls drei Pfennig; bei Gegenständen welche mehr als einen Zentner wiegen, bleiben Gewichtsgrößen bis zu fünfzig Pfund einschließlich außer Ansatz, während Gewichtsgrößen von mehr als fünfzig Pfund bis zu einem Zentner gleich einem vollen Zentner gerechnet werden.

Die Waaggebühr ist an den Wäger zu entrichten[1]).

Die Badegebühr beträgt:

a) für animalische Bäder und zwar für ein Arm- oder Fußbad fünzig Pfennig, für ein Sitz- oder Vollbad eine Mark,

b) für ein Reinigungsbad fünfzig Pfennig.

Die Fütterungs- und Einstellgebühr ist die gleiche, wie im Viehhofe und wird von dem durch die Schlachtung der Thiere sich ergebenden Erlöse in Abzug gebracht.

Die Schlacht-, Brüh- und Waaggebühr, ferner der Aufschlag entsprechen den bezüglichen Ansätzen im Schlachthofe und werden gleichfalls von dem durch die Schlachtung der Thiere sich ergebenden Erlöse in Abzug gebracht.

Die Schlachtgebühr für ein Pferd beträgt zwei Mark und ist vor der Schlachtung des Thieres bei der Schlacht- und Viehhofkassa zu entrichten.

Hinterziehung der vorstehend aufgeführten Gebühren und Nichtbeachtung der in der Schlacht- und Viehhofordnung hiefür festgesetzten Kontroll-Vorschriften hat Strafeinschreitung zur Folge.

11. Fütterungs-Ordnung für den Münchener Schlacht- und Viehhof[2]).

Um sieben Uhr Morgens und um vier Uhr Abends wird sämmtliches im Viehhofe und in den Reservestallungen des Schlachthofes vorhandene Vieh gefüttert.

Für Kälber wird nach Bedarf früherer Beginn mit der Fütterung und weitere Erstreckung derselben vorbehalten.

---

[1]) Ortspol. Vorschr. v. 11. Dezember 1888.

[2]) Vom 20. August 1878.

Der Magistrat ist berechtigt, für die allgemeine Fütterung auch andere Stunden festzusetzen.

Die Fütterung und Tränkung der Thiere geschieht lediglich durch die hiezu aufgestellten Viehwärter und lediglich mit von der Schlacht- und Viehhofverwaltung hiezu geliefertem Futter.

Als Futter wird zu jeder Fütterungszeit verabreicht und verrechnet:

a) für ein Stück Großvieh zehn Pfund (ein Bund) Heu,
b) für ein Schaf ein Pfund (ein Zentel Bund) Heu,
c) für ein Schwein nach Wahl des Einstellers ein Pfund Gerste oder Mais,
d) für ein Kalb ein Liter Mehlsuppe.

Die Preise der vorbezeichneten Futterrationen werden zu Anfang jeden Monats von der Schlacht- und Viehhofverwaltung für den betreffenden Monat festgestellt und durch Anschlag im Schlacht- und Viehhofe bekannt gemacht.

Für Wart und Pflege der Thiere und für Streu wird eine besondere Gebühr nicht erhoben.

Die auf die regelmäßige Fütterung erwachsenden Fütterungskosten sind gemeinsam mit den Einstellgebühren (und den etwa treffenden Marktgebühren und Pflasterzöllen) vor Beginn des Marktes und wenn die Thiere nach dem Markte noch über die dem Markte folgende Fütterungszeit im Viehhofe eingestellt bleiben, unmittelbar vor dem Abtriebe aus demselben bei der Schlacht- und Viehhofkassa zu entrichten.

Für das in den Reservestallungen des Schlachthofes eingestellte Großvieh ist, soferne dem Einsteller nicht wöchentliche Abrechnung gestattet ist, die Fütterungsgebühr gemeinsam mit der Einstellgebühr vor der Abführung des Thieres zur Schlachtung bei der Schlacht- und Viehhofkassa einzubezahlen.

Für Fütterung zur außergewöhnlichen Zeit ist das benöthigte Futter sofort an der Schlacht- und Viehhofkassa zu bezahlen.

Es sind daselbst die für die einzelnen Futtergattungen bestimmten Rationenmarken zu erholen, gegen welche der Futtermeister das verlangte Futter abgibt.

Gleiches ist der Fall, wenn Futter für Pferde oder zu den regelmäßigen Futterquantitäten noch Zuthaten derselben oder einer andern Futtergattung oder von Salz gewünscht werden.

Zu dem vorbezeichneten Zwecke wird weniger als ein halber Bund (fünf Pfund) Heu und als ein Pfund Haber, Gerste, Mais, Mehl oder Salz nicht abgegeben.

Der Einwand, das von der Anstalt verabreichte Futter sei von den Thieren nicht angenommen worden, wird nicht berücksichtigt.

Wenn einzelne Thiere Futter nicht annehmen, so wird dasselbe dem Futter der übrigen Thiere zugesetzt; ist dasselbe bis zur nächsten Fütterungszeit nicht aufgezehrt, so verfällt es der Anstalt.

Thiere, für welche die Fütterungs- und Einstellgebühren acht Tage lang im Rückstande geblieben sind, werden zur Schlachtung und Verwerthung auf Rechnung des Einstellers an die Freibank abgegeben.

12. Benützung der Kühlanlage am Münchener Schlacht- und Viehhofe betr.[1]).

In die Kühlräume dürfen nur frisches Fleisch, auch in gehacktem oder gequetschtem Zustande, ganze geschlachtete Thiere (Kälber, Schweine, Schafe, Ziegen, Spanferkel, Lämmer und Kitze), sowie Lungen, Herzen, Lebern, Milzen und Nieren (ebenfalls nur im frischen Zustande) eingebracht werden.

Die geschlachteten Thiere, das Fleisch, sowie die genannten Eingeweide müssen, bevor sie in das Kühlhaus übergeführt werden, abgetrocknet und abgekühlt sein. (In Streitfällen entscheidet die Direktion).

Von auswärts eingeführtes frisches Fleisch, Eingeweide rc. darf nur dann in die Kühlhalle gebracht werden, wenn es hier beschaut und gesund befunden worden ist. Blut, welches zur Verarbeitung als Nahrungsmittel bestimmt ist, darf in gut verschließbaren, dichten Gefäßen, die jede Verunreinigung des Bodens ausschließen, in den Kühlzellen aufbewahrt werden; sonst aber ist es verboten, Blut in die Kühlräume zu bringen.

Fleisch oder Fleischwaaren, welche bereits einen sauren oder Fäulnisgeruch haben oder überhaupt irgendwie unangenehm riechen, sind von der Unterbringung in die Kühlräume ausgeschlossen.

Die Entscheidung steht im Zweifel dem Kühlhaus-Aufseher und wenn dessen Ausspruch nicht anerkannt wird, dem Thierarzte und Oberthierarzte, sowie dem Direktor zu.

Geräucherte Würste und andere geräucherte Fleischwaaren, Pferdefleisch, dann frische oder zubereitete Kuttelwaaren, sowie Gedärme, Harnblasen, Euter, Geschlechtsteile, ferner Häute, Unschlitt und Schlachtabfälle jeder Art dürfen in die Kühlräume nicht eingebracht werden.

Salzen und Pöckeln von Fleisch ist in den gemeinschaftlichen Kühlräumen nicht gestattet, jedoch können auf Wunsch solche Räume eingerichtet werden, welche dann auch zur Aufbewahrung von geräucherten Wurstwaaren benützt werden können.

Hierüber bleibt besondere Vereinbarung vorbehalten.

Insoferne übler Geruch oder vorschriftswidrige Beschaffenheit an dem eingebrachten Fleische oder Fleischtheilen u. s. w. erst nach

---

[1]) Ortspol. Vorschr. des Magistrats vom 19. Mai 1899.

dem Einbringen in die Kühlräume wahrgenommen wird, müssen auf Verlangen der Schlachthof-Direktion solche Gegenstände vom Eigenthümer sofort wieder entfernt werden. Im Falle der Weigerung geschieht die Entfernung auf Kosten des Eigenthümer durch die Direktion.

Den Beamten und Bediensteten des Schlachthofes muß jederzeit auf Verlangen der Zutritt in die Kühlzellen gewährt werden.

Es ist verboten, in den Kühlräumen zu rauchen oder Gegenstände, welche nicht zur Aufbewahrung von Fleischtheilen nothwendig sind, sowie Handwerkszeug und Geräthe mit Ausnahme von Messern, Beil, Knochensägen, Mulden und Handkörben, in die Kühlzellen zu verbringen. Das Anbringen von Haken ist nur an den Fleischrahmen gestattet, an den Zellenwänden oder Decken aber verboten, wie überhaupt jede willkürliche Aenderung im Innern der gemietheten Zellen untersagt ist.

Die zur Einlage in die Kühlräume zugelassenen ganzen Thiere, Fleischtheile und Fleischwaaren ꝛc. dürfen sowohl aus den Hallen des Schlacht- und Viehhofes, als auch aus den in der Stadt befindlichen Fleischverkaufsstellen der hier schlachtenden Gewerbetreibenden in die gemietheten Zellen oder an die sonst zugewiesenen Plätze gebracht werden.

Die Miether haben ihre Zellen gut verschlossen zu halten und übernimmt der Magistrat keinerlei Haftung oder Verantwortlichkeit für die in den Kühlräumen aufbewahrten Vorräthe und Gegenstände. Die Miether haben die Vorhängschlösser an den Zellen selbst zu beschaffen und einen zweiten Schlüssel der Schlachthof-Direktion zu übergeben, um bei dringenden, unvorhergesehenen Fällen die Zelle sofort öffnen zu können. In diesem Falle müssen stets zwei Personen anwesend sein. Die Schlüssel werden stets verschlossen aufbewahrt.

Zum Zwecke des Einbringens und Ausführens des Fleisches u. s. w. sind die Kühlräume geöffnet:

In den Monaten April bis einschließlich September
von Morgens 2—6 Uhr,
in den Monaten Oktober bis einschließlich März
von Morgens 4—8 Uhr,
außerdem an jedem Wochentage
von 10—3 Uhr Mittags
und 5—6 Uhr Abends.

An Sonn- und Feiertagen sind die Kühlräume an den oben genannten Morgenstunden, sowie von 10—12 Uhr Mittags geöffnet.

Am ersten Feiertage zu Ostern, Pfingsten und Weihnachten bleiben die Kühlräume wie der Schlachthof geschlossen.

Außer den angegebenen Zeiten ist das Betreten der Kühlräume nur mit Erlaubnis des Direktors oder dessen Stellvertreters gestattet und ist der Eintritt in die Kühlräume überhaupt nur den darin Beschäftigten erlaubt.

Die Betriebszeit kann vom Magistrat erweitert oder eingeschränkt werden.

Die Schließung wird fünfzehn Minuten vorher durch Glockenzeichen im Kühlhaus und während der Schlachtzeit auch in der Schlachthalle bekannt gegeben.

In den Kühlräumen ist die peinlichste Reinlichkeit zu beachten und sind für die Erhaltung derselben in den gemietheten Zellen die Miether verantwortlich.

Auf den Fußböden der Zellen dürfen weder Fleisch-, noch Fetttheile, weder Blut noch Knochen oder sonstige Gegenstände umherliegen. Zur Reinigung sind feuchte Tücher zu verwenden, das Auswaschen der Zellen mit Wasser darf nur mit Genehmigung oder auf Anordnung der Direktion geschehen.

Das Aushauen von Fleischstücken darf nur im Vorraume zum Kühlhause vorgenommen werden.

Kauf und Verkauf von Fleisch und Fleischwaaren oder ganzen Thieren ist jedoch sowohl im Vorraume wie im Kühlraume selbst verboten.

Die für den Verkehr bestimmten Gänge in den Kühlräumen dürfen mit keinerlei Gegenständen besetzt und zu keinen Arbeiten benützt werden; auch darf weder in den Vorraum noch in die Kühlräume mit Handwagen oder Karren eingefahren, noch dürfen die zu diesen Räumen führenden Thüren durch Unterlagen oder sonstwie offen gehalten werden; ebenso ist das Aufstellen von Waagen, um Gewichte festzustellen, in diesen beiden Räumen, sowie das Beschreiben der Wände &c. verboten.

Den Weisungen des Aufsichtspersonals in Bezug auf Aufrechthaltung der Reinlichkeit und eines geordneten Verkehrs, der Besichtigung des einzubringenden Fleisches u. s. w. ist Folge zu leisten.

Die Inhaber der Zellen sind verpflichtet, alljährlich nach Weisung der Schlachthof-Direktion die ihnen überlassenen Kühlzellen acht bis vierzehn Tage lang zur etwaigen Vornahme von Bau-, Reinigungs- und sonstigen Arbeiten zu räumen, ohne daß ihnen hiewegen ein Anspruch auf Schadloshaltung oder Ermäßigung der Gebühr zusteht.

Kein Miether einer Zelle darf ohne Genehmigung des Direktors eine gemiethete Zelle abtreten oder zur Mitbenützung überlassen.

13. Geschäftsführung der vom Stadtmagistrate München legitimirten Verkaufsvermittler im städt. Viehhofe daselbst[1]).

Den Viehschaffnern und ihrem Hilfspersonal ist in Ansehung des zum Schlacht- und Viehhofe verbrachten Viehes Ein- und Verkauf für eigene Rechnung verboten.

Die Ausführung von Einkaufsaufträgen für fremde Rechnung ist ihnen nur auf nachzuweisenden Auftrag hin gestattet.

Derartige Aufträge sind noch vor Ausführung dem Oberwärter der Halle, in welcher der Verkaufsplatz des Viehschaffners sich befindet, anzuzeigen. Außerdem ist bei Aufträgen auswärtiger Kunden auch die erfolgte Ausfuhr der gekauften Thiere nachzuweisen.

Bestellte Thiere sind jeweils längstens bis 9½ Uhr früh in die hiefür bestimmten Plätze zu verbringen. Nach 9½ Uhr früh dürfen Bestellungen nicht mehr berücksichtigt werden.

Zurückstellen von Thieren für Viehschaffner und Händler ist nicht gestattet.

Viehschaffnern, welche mehr Vieh zurückstellen, als thatsächlich bestellt ist, kann das Zurückstellen zeitweilig oder dauernd verboten werden. Den Viehschaffnern und deren Hilfspersonal ist verboten, andere als ihnen zum Verkaufe übergebene Thiere zu mustern und abzugreifen.

Die Viehschaffner haben Sorge zu tragen, daß die ihnen zum Verkaufe anvertrauten Thiere alsbald nach Einbringung in den Viehhof mit einem bestimmten, für immer anzunehmenden Zeichen kenntlich gemacht werden.

Die Viehschaffner haben vor jedem Markte, längstens bis 9 Uhr morgens, dem Oberwärter der betreffenden Halle eine nach Viehgattung abgetheilte Uebersicht über den gesammten Viehstand, dessen Verkauf ihnen zur Vermittlung übertragen ist, einschließlich der vom vorhergegangenen Markte übriggebliebenen Reste und des bereits vor Beginn des Marktes bestellten Viehes, abzugeben; bei Letzterem ist der Name des Bestellers, sowie die Stückzahl zu benennen.

Diese Ueberschriften können mit Bleistift geschrieben werden.

Etwa noch später ankommendes Vieh ist vom Viehschaffner sofort dem betreffenden Oberwärter in der gleichen Weise anzugeben.

Unmittelbar nach jedem Markte haben die Viehschaffner in gleicher Weise den Bestand des Marktrestes anzugeben und einen schriftlichen Rapport über die abgeschlossenen Verkäufe einschließlich der Bestellungen dem Oberwärter zu behändigen.

---

[1]) Ortspol. Vorschrift vom 28. Februar 1899.

Den Viehschaffnern wird die ordnungsmäßige Führung von Geschäftsbüchern zur Pflicht gemacht. Das Geschäftsbuch muß dauerhaft gebunden, im Rücken mit einem starken Faden durchzogen und mit fortlaufenden Seitenzahlen versehen sein. Dasselbe muß, bevor es in Gebrauch kommt, dem Magistrat vorgelegt werden. Findet dieser den Einband und die Seitenzahl in Ordnung, so genehmigt er die Verwendung des Geschäftsbuches, indem er zugleich auf der ersten Seite desselben die Anzahl der Seiten bemerkt und die beiden Ende des Fadens mittelst amtlichen Siegels befestigt.

Sämmtliche, nach vorstehenden Bestimmungen zu erstattenden Uebersichten und Rapporte, sowie die Einträge in das Geschäftsbuch müssen deutlich, vollständig und wahrheitsgetreu abgefaßt, die Einträge im Geschäftsbuche außerdem mit Tinte geschrieben sein.

Die Einträge in das Geschäftsbuch müssen enthalten:

1. Datum des Markttages;

2. Gesammtstückzahl des dem Viehschaffner anvertrauten Viehes;

3. Gesammtzahl des vom Viehschaffner an dem betreffenden Markttage verkauften Viehes (einschl. der Bestellungen);

4. Gesammtsumme der nach Schluß des Marktes in Händen des Viehschaffners zum Verkaufe auf dem nächsten Markte gebliebenen Thiere;

5. eine Aufzählung der einzelnen vermittelten Verkäufe, einschließlich der Bestellungen.

In dieser Aufzählung ist anzugeben:

a) Vor- und Zuname und Wohnort des Vieheigentümers (Auftraggebers);

b) Gattung der verkauften Thiere, bei Kälbern und Schweinen ob lebend oder tot;

c) Name, Stand und Wohnort des Käufers;

d) Angabe des Gewichtes der Thiere (Lebend- oder Schlachtgewicht) nach Kilogramm, beim Großvieh nur für den Fall, daß dasselbe nach Lebend- oder Schlachtgewicht verkauft wurde;

e) Angabe des Preises nach Stück (event. nach Doppelzentner) beim Großvieh, bezw. nach Kilogramm beim Kleinvieh.

Ausgeführte Bestellungen sind im Geschäftsbuche unter der Rubrik „Bemerkungen" als „vor dem Markte bestellt" zu bezeichnen.

Die Geschäftsbücher sind mindestens drei Jahre aufzubewahren und der Direktion auf Verlangen jederzeit in Vorlage zu bringen. Ebenso ist Letzterer, sowie den von ihr speziell hiemit beauftragten Beamten, jede für nötig erachtete, auf den Geschäftsbetrieb bezügliche Auskunft zu erteilen.

Ist der Absender oder **Eigenthümer** eines irgend einem Viehschaffner zugekommenen Thieres **unbekannt**, so hat Letzterer sofort dem Viehhofinspektor hievon Anzeige zu erstatten und dessen Weisungen für den Fall unbedingt Folge zu leisten.

Der Inspektor wird die Direktion hievon verständigen, welche weitere Verfügung zu treffen hat.

Bis zur endgiltigen Entscheidung ist der **Verkaufserlös für solche Thiere** beim Viehhofinspektor zu hinterlegen und darf derselbe nur auf Verfügung der Direktion nach Einvernahme des deponierenden Viehschaffners an den in genügender Weise ausgewiesenen Eigenthümer des Thieres ausgehändigt werden.

Für ihre Mühewaltung dürfen die Viehschaffner von ihrem Auftraggeber im Allgemeinen keine höheren, als die zur Zeit üblichen, für Großvieh zwischen ein und zwei Mark, für Kälber, Schweine und Schafe zwischen fünfzig Pfennig und eine Mark, für Lämmer und Kitze zwischen zehn und zwanzig Pfennig sich bewegenden Gebühren beanspruchen.

Bei besonderen Abmachungen zwischen Vieheigenthümer und Viehschaffner insbesonders in Bezug auf Haftung für Einbringlichkeit des Kaufschillings, bleibt die Fixierung der Vergütung der Vereinbarung der Betheiligten vorbehalten.

Den Viehschaffnern und deren Hilfspersonal ist verboten, außerhalb der Markthallen, bezw. soweit der Markt im Freien abgehalten wird, außerhalb des für den Markt bestimmten Rayons, ihre Dienste anzubieten oder Aufträge entgegenzunehmen.

Verfehlungen gegen die voraufgeführten Vorschriften über die Geschäftsführung der Viehschaffner werden nach **Artikel 146 Absatz IV des Polizeistrafgesetzbuches bestraft**[1]).

Im Uebrigen haben die Viehschaffner und deren Personal selbstverständlich auch die allgemeinen, für den städtischen Schlacht- und Viehhof erlassenen ortspolizeilichen und andern Vorschriften zu befolgen und unterliegen nach wie vor Uebertretungen derselben der Bestrafung nach den einschlägigen Gesetzen.

Die angeordnete Vorlage der Geschäftsbücher hat im Bureau 76 — II. Stock — des Rathhauses zu erfolgen.

14. Freibank-Ordnung[2].)

Zweck der Freibank[3]) ist der Verkauf von Fleisch und bestimmter Eingeweide von Schlachtthieren zu ermäßigten Preisen auf Rechnung des Eigenthümers durch die hiezu aufgestellten Stockknechte.

Solchem Verkaufe unterliegen jene Schlachtthiere, welche durch deren Eigenthümer zur Schlachtung für die Freibank be-

---

[1]) Geldstrafe bis zu dreißig Mark.

[2]) Ortspol. Vorschrift des Magistrats v. 9. September 1878.

[3]) Die Freibank besteht seit dem 23. Juni 1764.

stimmt, ferner jene Schlachtthiere, Fleisch- und Eingeweidetheile, welche nach der Schlacht- und Viehhofordnung oder nach der Fleischverkaufordnung durch die hiezu zuständigen Beschauorgane in die Freibank verwiesen werden.

Vieheigenthümer, welche Thiere zur Verwerthung in der Freibank schlachten lassen wollen, haben solches bei dem Polizeischlächter der Sanitätsanstalt am Schlacht- und Viehhofe anzumelden.

Wenn mehrere Personen gleichzeitig Viehstücke gleicher Beschaffenheit zur Schlachtung anmelden, so wird derjenige zuerst zur Schlachtung und Verwerthung zugelassen, welcher für das Fleisch die billigsten Preise setzt.

Der Polizeischlächter hat unter Leitung des Thierarztes festzusetzen, wann und durch welchen Stockknecht das vom Eigenthümer für die Freibank bestimmte oder durch die Beschauorgane dahin verwiesene Thier geschlachtet werden soll. In dringenden Fällen ist der Polizeischlächter selbst zur Vornahme der Schlachtung berechtigt und verpflichtet.

Die Verwerthung der Haut, des Unschlittes, des Blutes und der sogenannten Kutteln (Magen, Gedärme, Maul, Füße, Lunge und Euter) hat, soferne der Vieheigenthümer solche nicht selbst besorgt, durch den Polizeischlächter zu den jeweils üblichen Preisen zu geschehen.

Die Verwerthung des Fleisches und des sogenannten Innern (Herz, Milz, Nieren und Zunge) und bei Kälbern, deren Fell nicht vom Vieheigenthümer selbst verwerthet werden will, auch des Felles, hat durch denjenigen Stockknecht zu erfolgen, welcher die Schlachtung vorgenommen hat, oder sonst vom Polizeischlächter hiezu bestimmt wird.

Die Verwerthung der nach der Fleischverkaufordnung in die Freibank verwiesenen Fleisch- und Eingeweidetheile hat durch den vom Freibankmeister hiezu bestimmten Stockknecht zu geschehen.

Die Verbringung der vom Schlacht- oder Viehhofe in die Sanitätsanstalt verwiesenen Thiere, Fleisch- und Eingeweidetheile in Letztere obliegt dem Vieheigenthümer und erfolgt in dessen Abwesenheit auf seine Kosten durch den Polizeischlächter. Die Ueberbringung des Fleisches und der Eingeweide der für die Freibank geschlachteten Thiere vom Schlachthofe oder von der Sanitätsanstalt in die Freibank erfolgt durch die Freibankverwaltung unter Haftung des mit ihrer Verwerthung betrauten Stockknechtes.

Die Ueberbringung der nach der Fleischverkaufsordnung in die Freibank verwiesenen Fleisch- und Eingeweidetheile hat durch den Eigenthümer selbst zu geschehen.

Der Verkauf des Fleisches und der Eingeweide in der Freibank hat bei vollkommen bankmäßigen (gemästeten) Thieren nach dem vom Vieheigenthümer, außerdem aber, sowie bei den in die

Freibank verwiesenen Schlachtthieren, Fleisch- und Eingeweidetheilen nach dem vom Thierarzte hiefür festgesetzten Preise stattzufinden.

Der vom Vieheigenthümer festgesetzte Preis muß, insolange der Magistrat nicht anders verfügt, mindestens 10 Pfennig unter den jeweiligen Verkaufspreisen in den städtischen Fleischbanken stehen; außerdem muß das Fleisch gemästeter Kühe mindestens um 3 Pfennig, ungemästeter Kühe und von Stieren mindestens um 6 Pfennig niedriger als das Mastochsenfleisch gestellt werden.

Bei Fleisch oder Eingeweiden, welche länger als zwei Tage auf dem Stocke liegen, hat der Bezirksthierarzt den Preis an jedem folgenden Tage weiters angemessen herabzusetzen.

Der für das Fleisch festgesetzte Preis ist an jedem Fleischstocke mit Bezeichnung der Gattung des Viehes und mit der Angabe, ob das Fleisch einem bankmäßigen oder einem nicht bankmäßigen Thiere entstamme, für Jedermann sichtbar anzuschreiben und darf außer beim Filet und bei der Zunge nicht überschritten werden.

Der Verkauf von Fleisch und Eingeweiden findet, die höchsten Feiertage ausgenommen, in der Freibank täglich statt.

Das Fleisch muß bei allen Gattungen von Thieren bis auf 1/5 Pfund oder 100 Gramm herab gegen Baarzahlung verabfolgt und darf nicht in ganzen Vierteln abgegeben werden.

Zum Wiederverkauf dürfen Fleisch- und Eingeweidetheile aus der Freibank weder bezogen noch verabfolgt werden.

Vor der Zuwägung der geschlachteten Thiere an den Stockknecht werden Hirnschale, Kiefer und Zähne entfernt; Eingeweide werden dem Fleische zugewogen; an dem sich hienach ergebenden Gewichte wird den Stockknechten für den Entgang an Gewicht durch das Auspfunden ein Gewichtsnachlaß von 5 Prozent gewährt.

Den Stockknechten ist es verboten, Thiere auf eigene Rechnung oder in unmittelbarem Auftrage des Vieheigenthümers zu schlachten oder auszupfunden.

Den Stockknechten gebühren

1. für die Schlachtung:
   a) bei Großvieh 1 Mk. per Stück,
   b) bei Mastschweinen 80 Pfg., bei sonstigen Schweinen, Kälbern, Schafen und Ziegen 50 Pfg. oder nach Wahl des Vieheigenthümers bei Kleinvieh aller Art sämmtliche Eingeweide außer dem Herz, der Lunge, der Leber, dem Milz und den Nieren und bei Kälbern außerdem noch die Füße;
2. für die Verwerthung des Fleisches und der Eingeweide 1 Pfg. per Pfund.

Außer diesen Gebühren dürfen dieselben für ihre oder ihres Hilfs-Personals Mühewaltung keinerlei weitere Vergütung, weder an Bestandtheilen des Thieres, noch an Geld, auch nicht in Form von Trinkgeldern ansprechen und, mit Ausnahme des sogenannten Haut- oder Fell-Trinkgeldes, auch nicht annehmen.

Die Schlacht-, Brüh- und Aufschlagsgebühren sind bei der Aufschlageinnehmerei, die etwa für Einstellung und Fütterung erlaufenen Gebühren, sowie allenfallsige Markt- und Pflasterzollgebühren bei der Kassa des Schlacht- und Viehhofes durch den Vieheigenthümer, in dessen Abwesenheit gegen Abzug am Erlös durch den Polizeischlächter zu entrichten.

Für die Ueberbringung des Fleisches und der Eingeweide vom Schlachthofe oder von der Sanitätsanstalt in die Freibank und für die Benützung der letzteren und der dazu gehörigen Geräthe sind an den Freibankmeister zu entrichten:

a) bei Großvieh für den Transport . .	— Mk.	80	Pfg.
als Bankzins	1 „	20	„
b) bei Kleinvieh für den Transport .	— „	10	„
als Bankzins	— „	30	„

Diese Gebühren hat gleichfalls der Vieheigenthümer in dessen Abwesenheit gegen Abzug am Erlös der Stockknecht zu entrichten.

Für den Erlös aus der Haut, dem Unschlitt und den Kutteln haftet dem Vieheigenthümer der Polizeischlächter, für jenen aus dem Fleische und den Eingeweiden der mit der Verwerthung betraute Stockknecht, wofür dieselben dem Magistrate eine angemessene Kaution zu stellen haben.

Beiderlei Erlöse hat der Vieheigenthümer vom Stockknechte in der Freibank zu empfangen, da Polizeischlächter und Stockknechte in Abrechnung zu einander stehen.

Der Gesammterlös ist alsbald nach gänzlicher Verwerthung des betreffenden Viehstückes, jedoch nach Abzug der vom Polizeischlächter und den Stockknechten bestrittenen Auslagen und der Arbeitsgebühren des Stockknechtes dem Vieheigenthümer gegen Quittung auszufolgen.

Der Polizeischlächter steht unter besonderer Aufsicht des an der Sanitätsanstalt aufgestellten Thierarztes; die Stockknechte unterstehen in Ansehung ihrer Thätigkeit im Schlachthofe und in der Sanitätsanstalt der besonderen Aufsicht eben dieses Thierarztes, in Ansehung des Fleischverkaufes und der Abrechnung jener des Freibankmeisters.

Die Preisfestsetzung steht dem Thierarzte in der Sanitätsanstalt, bei den nach der Fleischverkaufsordnung in die Freibank verwiesenen und bei länger auf dem Stocke liegenden Fleisch- und Eingeweidetheilen dem Bezirksthierarzte, dessen Beschau sie nicht entzogen werden dürfen, zu.

Soweit gegenwärtige Freibankordnung nichts Besonderes verordnet, kommen die Schlacht- und Viehhofordnung und die Fleischverkaufsordnung gleichmäßig in Anwendung.

Seit dem 1. November 1892 ist in der städt. Freibank eine Verkaufsstelle für Geflügel und Wildpret zu allgemeiner Benützung eröffnet[1]).

Dieselbe soll dazu dienen:

1. Verkäufer auf den hiesigen Lebensmittelmärkten — gleichviel ob dieselben hier oder auswärts ihren Wohnsitz haben — und
2. hiesigen Einwohnern, welche außerhalb der Lebensmittelmärkte verkaufen, den Absatz von minderwerthigen Waaren der Eingangs bezeichneten Art zu ermöglichen.

Solche Waaren können sowohl freiwillig von den Eigenthümern zum Verkaufe in der Freibank bestimmt, als auch von den Beamten und Bediensteten der Lebensmittelpolizei dorthin verwiesen werden. Jedoch sind gänzlich tadellose Waaren vom Verkaufe in der Freibank ausgeschlossen.

Außerdem kann auch Wildpret, welches entgegen den jagdpolizeilichen Bestimmungen erlegt oder feilgehalten wurde, zum Verkaufe in die Freibank verwiesen werden.

Von dem Tage der Eröffnung der neuen Verkaufsstelle an ist der vorsätzliche oder fahrlässige Verkauf und das Feilhalten von minderwerthigen Waaren der Eingangs bezeichneten Art in hiesiger Stadt außerhalb der Freibank strengstens untersagt und haben namentlich jene Verkäufer, welche von einem Beamten der Lebensmittelpolizei auf die Minderwerthigkeit ihrer Waare und deren Unzulässigkeit für den freien Verkehr aufmerksam gemacht wurden, im Falle des Zuwiderhandelns strengste Bestrafung zu gewärtigen.

Das in der städtischen Freibank zum Verkauf kommende Fleisch, soweit es von Thieren stammt, welche vom Eigenthümer freiwillig zur Schlachtung für die Freibank bestimmt wurden, wird als solches besonders gekennzeichnet, indem an dem Stocke, an welchem dasselbe verkauft wird, jeweils eine Tafel mit der Aufschrift:

„Freiwillig für die Freibank geschlachtet"

angebracht wird[2]).

Der Freibankmeister ist ermächtigt, den Eigenthümern der in der Freibank verwertheten Thiere auf Verlangen gegen eine Gebühr von zwanzig Pfennig eine Gesammtabrechnung auf Grund der vom Polizeischlächter und dem betreffenden Stockknechte erstatteten gesonderten Rechnungen auszustellen[3]).

15. Lagerung von Häuten, Fellen, Knochen u. s. w.[4]).

Zur Auflagerung von ungegerbten Häuten und Fellen, von ungereinigten Knochen, von Saitlingen, Talg, Blut und sonstigen

[1]) Bekanntm. d. Magistrats v. 19. Oktober 1892.
[2]) Bekanntm. d. Magistrats v. 3. Januar 1893.
[3]) Bekanntm. d. Magistrats v. 6. November 1891.
[4]) Ortspol. Vorschrift d. Magistrats v. 14. August 1877.

thierischen Abfällen, sowie überhaupt von allen Gegenständen und Stoffen, welche gesundheitsschädliche oder in erheblicher Weise belästigende Ausdünstungen verbreiten, ist polizeiliche Genehmigung erforderlich.

Bei einem deßfallsigen Gesuche ist ein genauer Situationsplan einzureichen, in welchem insbesondere das zur Auflagerung bestimmte Gebäude, die angrenzenden Anwesen, Brunnen, Bäche, öffentliche Straßen, Plätze und Anlagen einzuzeichnen sind, sowie ein Grundriß und ein Durchschnittsplan der Lagerräume.

Frische ungereinigte Knochen dürfen in dichtbevölkerten Stadttheilen nicht aufgelagert werden.

Die Genehmigung wird ertheilt, wenn aus der Auflagerung eine erhebliche Belästigung oder ein sanitärer Nachtheil nicht zu besorgen ist.

Die zur Auflagerung bestimmten Räume müssen frei und luftig gelegen und muß für gehörige Ventilation, sowie für Reinerhaltung des Untergrundes Sorge getragen sein. Es können indessen sowohl bei Ertheilung der Genehmigung als auch später noch weitere Auflagen, insbesondere in Bezug auf Herstellung eines undurchläßlichen Bodens gemacht oder noch besondere polizeiliche Anordnungen getroffen werden, wenn es das Interesse der Reinlichkeit oder Gesundheit erfordert.

Die Ertheilung der Genehmigung erfolgt nur in widerruflicher Weise.

Die Entziehung der Genehmigung kann auch erfolgen, wenn die gemachten Auflagen oder getroffenen polizeilichen Anordnungen nicht erfüllt werden, oder wenn seit Ertheilung der Genehmigung sanitäre Nachtheile oder erhebliche Belästigungen aus der Auflagerung sich ergeben haben.

16. Lokal-Bier- und Malzaufschlag-Ordnung [1]).

I. Gefällsentrichtung.

A. Lokal-Bier-Aufschlag.

Für von auswärts in die Stadt eingeführtes Bier, es mag benannt sein wie immer, es mag in Gebinden oder in Flaschen eingeführt werden, es mag auswärts erzeugt worden sein oder nach erfolgter Ausfuhr aus der Stadt in dieselbe wieder zurückgeführt werden, ist der Lokalbieraufschlag zu entrichten.

Der Bieraufschlag beträgt

eine Mark einunddreißig Pfennig vom Hektoliter und
drei Pfennig von je zwei Liter

des eingeführten Bieres.

---

[1]) Ortspol. Vorschr. des Magistrats v. 29. Dezember 1882.

Für mit der Eisenbahn hieher gelangtes Bier ist der Bieraufschlag vom Empfänger gleichzeitig mit der Fracht bei der einschlägigen königlichen Güterexpedition zu entrichten.

Für auf der Achse in die Stadt eingehendes Bier hat der Einbringer seinen und des Absenders Namen und Wohnort, die Quantität und den Empfänger bei der Eingangspflasterzollstation genau anzugeben und den Aufschlag längstens am darauffolgenden Werktage bei dem städtischen Aufschlagamte zu entrichten.

Zur Einbringung von Bier in die Stadt dürfen Straßen, welche durch aufgestellte Tafeln für aufschlagspflichtige Gegenstände gesperrt sind oder einfache Gehwege nicht benützt werden.

Wer Bier auf der Landstraße in die Stadt einbringt, um dasselbe sofort und ohne Aufenthalt

a) durch die Stadt hindurch nach Orten außerhalb derselben oder

b) auf eine hiesige Bahngüterexpedition zum Versandte zu führen, hat bei der Eingangs-Pflasterzollstation den allgemeinen Pflasterzoll hiefür zu entrichten, Gattung, Quantität und Bestimmung desselben, seinen und des Eigenthümers Namen und Wohnort, sowie den dafür gezahlten Pflasterzoll auf der Quittung sich bestätigen und diese Quittung bei der Ausgangs-Pflasterzollstation oder kgl. Bahngüterexpedition mit dem Tagesstempel abstempeln zu lassen.

Die also abgestempelte Quittung ist auf Verlangen dem Aufsichtspersonale vorzuzeigen oder dem Stadtmagistrate in Vorlage zu bringen.

Wird das zur Durchfuhr deklarirte Bier während seines Transportes durch die Stadt zum Verbleibe in derselben bestimmt, so hat der Einbringer längstens am darauffolgenden Werktage dem städtischen Aufschlagamte unter gleichzeitiger Entrichtung des Bieraufschlages hievon Anzeige zu erstatten.

B. Lokal-Malz-Aufschlag.

Der Lokalmalzaufschlag beträgt 1 Mk. 95 Pfg. vom Hektoliter Malzes.

Derselbe ist gleichzeitig mit dem ärarialischen Malzaufschlag bei der Aufschlagseinnehmerei des kgl. Hauptzollamtes München zu entrichten.

II. Gefällsrückvergütung.

1. Rückvergütung für ohne Aufenthalt hier durchgeführtes Bier.

Für mit der Bahn dahier angekommenes Bier wird der bei der k. Güterexpedition einbezahlte Bieraufschlag,

a) wenn es, ohne den Bahnhof inzwischen verlassen zu haben, mittelst der Bahn wieder ausgeführt wird, durch die einschlägige k. Güterexpedition und zwar im vollen Betrage,
b) wenn es vom Bahnhofe ab ohne Aufenthalt durch die Stadt nach andern Orten hindurchgeführt wird, durch den Stadtmagistrat, jedoch abzüglich des allgemeinen Pflasterzolles rückvergütet.

2. Rückvergütung für von hier ausgeführtes Bier.

a) Bei hier erzeugtem Biere.

Wird in hiesiger Gemeinde erzeugtes Bier in Gebinden aus dem Stadtbezirke ausgeführt, so hat der Ausführende Anspruch auf Rückvergütung des Lokalmalzaufschlages.

Das Maß der geringsten Sendung, für welches eine Rückvergütung angesprochen werden kann, ist auf 16 Liter festgesetzt.

Die Rückvergütung beträgt
74 Pfg. für den Hektoliter Braunbier,
39 Pfg. für den Hektoliter Weißbier.

Für sogenanntes Nachbier (Scheps) wird eine Rückvergütung nicht geleistet.

Die Rückvergütung ist von der im laufenden oder unmittelbar vorhergegangenen Jahre erfolgten amtlichen Aichung und Stempelung der zur Ausfuhr verwendeten Gebinde bedingt.

Wer mit dem Lokalmalzaufschlage im Rückstande sich befindet, ist von der Rückvergütung insolange ausgeschlossen als der Rückstand nicht bezahlt ist.

Für Biersendungen, welche hiesige Bräuer mittelst der Eisenbahn nach auswärts bethätigen, haben dieselben gleichzeitig, mit dem Originalfrachtbriefe, ein mit diesem vollständig gleichlautendes Frachtbrief-Duplikat der k. Bahngüterexpedition zu übergeben und letzteres von derselben durch Beisetzung des Tagesstempels sowie der Unterschrift des expedirenden Bahnbeamten beglaubigen und sodann sich ausfolgen zu lassen. Der Frachtbrief muß in vollständiger Uebereinstimmung mit dem Geschäftsbuche den Tag der Aufgabe, Namen und Wohnort des Empfängers und Absenders, die zum Versandte gelangende Bierquantität und zwar nach Nummern und Inhalt der einzelnen Fässer, endlich die Biergattung (ob Braun- oder Weißbier) enthalten.

Jenen Biersendungen, welche hiesige Bräuer auf der Landstraße nach Auswärts machen, haben dieselben zwei mit dem Vortrage in ihren Geschäftsbüchern übereinstimmende und vollkommen gleichlautende Ausfuhrscheine mitzugeben.

Diese Ausfuhrscheine müssen deutlich geschrieben sein und den Tag der Ausfuhr, den Namen und Wohnort des Empfängers und Absenders, Nummern und Inhalt der einzelnen

Fässer, sowie die Gesammtsumme und die Gattung der zur Ausfuhr gelangenden Bierquantität enthalten.

Diese Scheine sind bei der Ausfuhr an der Ausgangspflasterzollstation dem dortigen Aufsichtspersonale zu übergeben, worauf von diesem die Zahl der Fässer und deren Inhalt mit der Angabe in den Scheinen verglichen und wenn dieselben übereinstimmen und die Fässer gehörig geaicht sind, die Richtigkeit durch Abstempelung und Unterschrift auf den Scheinen bestätigt, außerdem aber der Befund auf denselben vorgemerkt, in allen Fällen übrigens einer der Scheine dem Frachtführer zurückgegeben wird.

Insoweit der Befund mit dem Inhalte des Lieferscheines nicht übereinstimmt, oder dem Pflasterzollaufseher die Vergleichung der Ladung mit dem Inhalte des Lieferscheines durch die Art und Weise der Ladung unmöglich gemacht ist, ist die Rückvergütung ausgeschlossen.

Insofern nicht von hiesigen Bräuern selbst, sondern von andern Personen hier erzeugtes Bier ausgeführt wird, wird Rückvergütung des Lokalmalzaufschlages nach Maßgabe der vorstehenden Bestimmungen gewährt, wenn sie für jede Sendung eine mit dem Tage des Bierbezuges und der Bestätigung der bezogenen Quantität versehenes Zeugniß jenes Bräuers beibringen, von welchem sie das Bier entnommen haben.

b) Bei **hier gelagertem von auswärts eingeführtem** Biere.

Wird von auswärts eingeführtes Bier dahier gelagert und später in Gebinden und Sendungen von mindestens sechzehn Litern wieder ausgeführt, so wird der einbezahlte Bieraufschlag mit 1 Mk. 31 Pfg. vom Hektoliter und 3 Pfg. von je zwei Liter, abzüglich 6 Prozent als Ersatz für Erhebungs- und Ueberwachungskosten rückvergütet, jedoch wird die Gewährung der Rückvergütung von dem Nachweise der Entrichtung des Bieraufschlages abhängig gemacht.

Rückvergütungsgesuche jeder Art sind bei dem Stadtmagistrate zu stellen.

Dieselben sind für sämmtliche während eines Quartales angefallenen Rückvergütungsposten nach Abschluß des Quartales, jedoch spätestens und bei Vermeidung des Ausschlusses bis Ende des darauffolgenden Quartales einzureichen.

Das Gesuch muß die Literzahl, für welche die Rückvergütung beansprucht wird, entnehmen lassen und wenn es mehr als einen Rückvergütungsposten enthält, mit einem Verzeichniß versehen sein, welches die Namen der Empfänger und nach der Zeitfolge geordnet die einzelnen Sendungen an dieselben, sowie die zu jeder Sendung gehörigen Ausweise zu enthalten hat.

Für die Verzeichnisse haben sich die Gesuchsteller der vom Magistrat hiefür vorgeschriebenen Formulare zu bedienen.

Auf Verlangen sind dem Stadtmagistrate auch die Geschäftsbücher in Vorlage zu bringen.

Ebenso ist die Kontrolle der Ladung dem Personale der k. Bahnbehörde, wie jenem des Stadtmagistrates in vollem Umfange zu gestatten.

Nichtbeachtung dieser Vorschriften hat, abgesehen von der etwa verwirkten Strafe, die Versagung der Rückvergütung und insoweit dieselbe bereits geleistet sein sollte, deren Rückersatz zur Folge.

III. Schlußbestimmungen.

Für Handlungen oder Unterlassungen von Vollmachtträgern, Dienstleuten und noch im Familienverbande stehenden Kindern sind deren Auftraggeber, Dienstherren oder Eltern haftbar, wenn sie nicht nachweisen, daß Erstere gegen ihre Anordnung gehandelt haben und daß ihnen weder in deren Ueberwachung noch in deren Auswahl ein Verschulden zur Last fällt.

Defraudationen des Aufschlages von dem in den Gemeindebezirk eingeführten Biere unterliegen neben Entrichtung des betreffenden Aufschlages einer Strafe im zehnfachen und beim Rückfalle in zwanzigfachen Betrage desselben.

Die Strafe darf jedoch niemals den Betrag von dreihundertsechzig Mark übersteigen.

Wer bei der Ausfuhr von Bier aus dem Gemeindebezirke zum Zwecke der Rückvergütung des Lokalmalzaufschlages unrichtig deklarirt oder sonst in widerrechtlicher Weise eine Rückvergütung sich zu verschaffen sucht, ist mit dem zehnfachen, im Rückfalle mit dem zwanzigfachen Betrage der Rückvergütung, welche er sich wiederrechtlich zu verschaffen suchte, zu bestrafen.

Die Strafe darf jedoch den Betrag von dreihundertsechzig Mark niemals übersteigen. Der Verurtheilte ist außerdem zum Rückersatze der etwa widerrechtlich bezogenen Rückvergütung verpflichtet.

Sind die angedrohten Strafen durch mehrere selbstständige strafbare Handlungen mehrfach verwirkt, so werden die einzelnen Strafen nebeneinander verhängt.

Die Gesammtstrafe darf jedoch den Betrag von eintausend achthundert Mark nicht übersteigen.

Zuwiderhandlungen gegen die gegenwärtigen zur Sicherung und Kontrolle des Lokalmalzaufschlages erlassenen ortspolizeilichen Vorschriften unterliegen einer Geldstrafe bis zu fünfundvierzig Mark.

17. Pflasterzoll [1]).

Für mit der Bahn hieher kommende Thiere, welche nicht am Schlacht- und Viehhofe ausgeladen werden, ist der Pflaster-

[1]) Ortspol. Vorschr. des Magistrats v. 13. Sept. 1878.

zoll hinfort, und zwar innerhalb vierundzwanzig Stunden nach der Ankunft bei dem städtischen Aufschlag-Amte (Rathhaus, Zimmer Nr. 31/I) zu entrichten.

Es ist den Pflasterzollpflichtigen jedoch auch gestattet, den Pflasterzoll für derlei Thiere bei der dem betreffenden Bahnhofe zunächst gelegenen Pflasterzollstation einzubezahlen.

Für mit der Bahn hieher kommende Thiere, welche am Schlacht- und Viehhofe ausgeladen werden, ist der Pflasterzoll gleichzeitig mit der Marktgebühr bei der Schlacht- und Viehhofkassa zu entrichten.

Für auf der Landstraße eingebrachte Thiere ist der Pflasterzoll wie bisher an der Eingangs-Pflasterzollstation zu bezahlen.

Wird auf der Landstraße eingebrachtes Vieh dem Schlacht- und Viehhofe zugeführt, so ist die an der Eingangs-Pflasterzollstation erhaltene Quittung bei der Schlacht- und Viehhofkassa abzugeben.

Der Pflasterzoll beträgt, wie bisher:

a) für Lämmer, Kitze und Spanferkel . . . 1 Pfg.,
b) für Schafe, Ziegen und Frischlinge (Schweine unter 30 Pfund) . . . . . 3 Pfg.,
c) für Kälber, größere Schweine und Pferde 10 Pfg.,
d) für Ochsen, Kühe, Stiere und Rinder . 20 Pfg.,

vom Stücke.

18. Wildpretaufschlag-Ordnung[1]).

Alles in der k. Haupt- und Residenzstadt München zur Verzehrung gelangende Wild mit Ausnahme des Bedarfs der k. Hofhaltung unterliegt dem städtischen Wildpretaufschlage. Als zur Verzehrung in die Stadt gelangend gilt alles in deren Burgfrieden erlegte Wild, welches nicht vom Jagdberechtigten selbst nach auswärts versendet wird, ferner alles von auswärts in die Stadt eingebrachte Wild, welches durch dieselbe nicht bloß hindurch geführt wird.

Der Wildpretaufschlag beträgt

A. für Haarwild und zwar:

1. Hirschwild:			
a) zu mehr als 80 Pfund Gewicht je	3 Mk.	—	Pfg.
b) bis zu 80 Pfund Gewicht je . .	1 „	30	„
2. Rehe und Gemsen mit Ausnahme der Kitzböcke je	1 „	—	„
Kitzböcke je	— „	60	„

[1]) Ortspol. Vorschr. des Magistrats v. 8. November 1881 u. Bekanntm. v. 18. September 1888.

3. Schwarzwild:				
a) zu mehr als 45 Pfund Gewicht je	2	„	50	„
b) bis zu 45 Pfund Gewicht je . .	1	„	—	„
4. Hasen je	—	„	15	„
Lapins je	—	„	05	„
5. in zerstückeltem Zustande eingebrachtes Wildpret per Pfund je	—	„	03	„

B. für Federwild und zwar:

1. Fasanen je	—	„	15	„
2. Auer- und Birkhühner, dann Waldschnepfen je	—	„	10	„
3. Hasel-, Schnee-, Stein- und Rebhühner, Wildenten und Bekassinen (Moosschnepfen) je	—	„	05	„

Zur Entrichtung des Aufschlages ist der Jagdberechtigte oder der Einbringer des Wildes verpflichtet, wenn er das erlegte oder eingebrachte Wild auf dem Markte zum Verkaufe ausbietet oder in eigener Wirthschaft oder Haushaltung verwendet.

In allen übrigen Fällen obliegt die Aufschlagsentrichtung dem Empfänger des Wildes; als solcher gilt:

1. derjenige, welcher das Wild zu weiterem Verschleiße bezogen hat,
2. derjenige, der das Wild in eigener Wirthschaft oder Haushaltung verwendet, ohne es auf dem Markte oder von einer hiesigen Wildprethandlung oder Wildpretverkaufsstelle erworben zu haben.

Wild, wofür der Aufschlag nachweisbar bereits entrichtet ist, hat der Empfänger nicht nochmals zu veraufschlagen.

Für Wild, welches auf dem Markte zum Verkauf ausgeboten wird, ist der Aufschlag gleichzeitig mit der Marktgebühr an die Marktaufsichts-Organe zu entrichten.

In allen übrigen Fällen hat die Aufschlagsentrichtung längstens an dem auf die Erlegung oder den Empfang folgenden Werktage bei dem Aufschlagamte zu geschehen.

Ueber die geschehene Aufschlagsentrichtung ist Quittung sich ausstellen zu lassen.

Geschäftsleuten, welche über das empfangene Wild und dessen Absatz oder Verwendung ordentliche Bücher führen, kann vom Magistrate unter den von demselben festzusetzenden besonderen Bedingungen die Aufschlagsentrichtung von Woche zu Woche in widerruflicher Weise bewilligt werden.

Bei der Aufschlagsentrichtung ist:

a) für auf der Landstraße eingebrachtes Wild die Eingangspolette,

b) für mittelst der Bahn eingebrachtes Wild der Frachtbrief in Vorlage zu bringen.

Für Wild, für welches Eingangsnachweise vorstehend bezeichneter Art fehlen oder die erbrachten Eingangsnachweise Gattung und Zahl desselben nicht genau entnehmen lassen, ist der Aufschlagserhebungsstelle die Bezugsquelle, Gattung und Zahl des Wildes anzugeben, und auf Verlangen innerhalb der von derselben bestimmten Frist nachzuweisen.

Der Aufschlagspflichtige kann verlangen, daß der nachweisbar von ihm für das empfangene Wildpret etwa entrichtete Pflasterzoll vom Aufschlage in Abzug gebracht werde.

Wer von auswärts Wildpret auf der Landstraße in die Stadt einbringt, hat an der Pflasterzollstation seinen eigenen, des Absenders und Empfängers Namen, Stand und Wohnort, sodann Gattung und Stückzahl des eingebrachten Wildes, bei zerstückeltem Wilde auch das Gewicht und bei zum Verkaufe auf dem Markte bestimmten Wilde diese Bestimmung desselben genau anzugeben und

a) falls das Wild für eine im Stadtbezirke wohnende Person oder zum Verkaufe auf dem Markte bestimmt ist, Eingangspolette hierüber sich ausstellen zu lassen und diese dem Empfänger des Wildes, bei Verkauf auf dem Markte dem Marktaufsichtspersonale zu verabfolgen,

b) falls das Wild durch die Stadt bloß hindurchgeführt wird, den treffenden Pflasterzoll an der Station zu entrichten, Gegenstand und Betrag des Pflasterzolles auf der Pflasterzoll-Quittung sich vormerken und dieselbe bei der Ausgangspflasterzoll-Station oder Aufgabe-Bahn-Güter-Expedition abstempeln zu lassen.

Zur Einbringung von Wildpret in die Stadt dürfen Straßen, welche durch aufgestellte Tafeln für aufschlagspflichtige Gegenstände gesperrt sind, oder einfache Gehwege nicht benützt werden.

Jagdberechtigte haben über das im städtischen Burgfrieden erlegte Wild und über die betreffs desselben getroffene Verfügung von acht zu acht Tagen Anzeige an den Magistrat zu erstatten.

Die Inhaber von Jagdkarten sind bezüglich des von ihnen persönlich in die Stadt eingebrachten Wildes, insolange sie einer Aufschlagshinterziehung sich nicht schuldig machen, von den aufgestellten Kontrollvorschriften befreit.

Die Geschäftsräume von Gewerbetreibenden, welche Wildpret zum Verkauf führen oder in ihren Wirthschaften verwenden, unterliegen der Einsichtnahme der städtischen Aufsichtsorgane, welcher sie nicht entzogen werden dürfen. Einbringer wie Empfänger von Wild haben sowohl das Wild als die bezeichneten Ausweise, die Empfänger nebstdem auch die Ausweise über Entrichtung des Aufschlages den städtischen Aufsichtsorganen auf jeweiliges Verlangen vorzuzeigen und denselben die Abnahme des an den Aufschlags-Quittungen befindlichen Coupons zu gestatten.

Für die Handlungen oder Unterlassungen von Vollmachtträgern, Dienstleuten und noch im Familienverbande stehenden Kindern sind deren Auftraggeber, Dienstherren und Eltern haftbar, wenn sie nicht nachweisen, daß erstere gegen ihre Anordnung gehandelt haben und daß ihnen weder in deren Auswahl, noch in deren Ueberwachung ein Verschulden zur Last fällt. Der Einbringer von Wild haftet außer dem in vorbezeichneten Falle für den Aufschlag, wenn durch dessen Verschulden der Empfänger nicht ermittelt werden kann.

Wer den Wildpret-Aufschlag nicht entrichtet, hat Geldstrafe verwirkt und zwar

A. im ersten Falle:
- a) wenn der Aufschlag nicht über 1 Mk. 50 Pfg. beträgt . . . . 5 M.
- b) wenn derselbe mehr als 1 Mk. 50 Pfg., jedoch nicht über 5 Mk. beträgt . . . . 10 M.
- c) wenn derselbe mehr als 5 Mk. beträgt, den zehnfachen Betrag desselben;

B. im zweiten Falle:
- a) wenn der Aufschlag nicht über 1 Mk. 50 Pfg. beträgt . . . . 10 M.
- b) wenn derselbe mehr als 1 Mk. 50 Pf., jedoch nicht über 5 Mk. beträgt . . . . 20 „
- c) wenn derselbe mehr als 5 Mk. beträgt, den zwanzigfachen Betrag desselben;

C. im dritten und jeden weiteren Wiederholungsfalle:
- a) wenn der Aufschlag nicht über 1 Mk. 50 Pfg. beträgt . . . . 20 M.
- b) wenn derselbe mehr als 1 Mk. 50 Pfg., jedoch nicht über 5 Mk. beträgt . . . . 40 „
- c) wenn derselbe mehr als 5 Mk. beträgt, stets den zwanzigfachen Betrag desselben.

Die Nichtbeachtung der in gegenwärtiger ortspolizeilicher Vorschrift getroffenen Kontrollvorschriften hat gleichfalls Geldstrafe und zwar im ersten Falle von 5 Mk., im zweiten Falle von 10 Mk., im dritten und jedem weiteren Falle von 15 Mk. zur Folge.

19. Hunde[1]).

Unbeschadet des gesetzlichen Verbotes, Hunde in Kirchen oder Pferderennen mitzunehmen, ist auch untersagt, Hunde an Leichenhöfe, in öffentliche Wirthschafts-Lokale (einschließlich

[1]) Ortspol. Vorschr. der k. Pol.-Dir. v. 27. September 1876.

der Wirthschaftsgärten) [1]), in Theater, Fleischbänke, auf Märkte und zu öffentlichen Feierlichkeiten mitzunehmen, desgleichen solche zur Nachtzeit auf öffentlichen Straßen frei herumlaufen zu lassen.

Läufige Hündinen müssen zu Hause gehörig verwahrt und freilaufende Hunde größerer Gattung mit einem wohl befestigten, das Beißen verhindernden Maulkorbe versehen werden.

Hunde, die ohne das vorschriftsmäßige Hundezeichen, oder gegen Verbot frei oder ohne Maulkorb herumlaufen, werden eingefangen.

Die eingefangenen und zugelaufenen Hunde werden in die städtische Thierleichenvernichtungsanstalt verbracht und falls sich der Eigenthümer nicht innerhalb drei Tagen meldet, getötet.

20. Musikalische Aufführungen, Kegelspiele

oder sonstige geräuschvolle Unterhaltungen, welche im Innern des Stadtbezirkes in Wirthschafts- oder Privatgärten oder in sonstigen nicht geschlossenen Räumlichkeiten abgehalten werden, dürfen über die elfte Nachtstunde nicht verlängert werden [2]).

Die Uebertretung vorstehender Vorschrift wird an Geld bis zu fünfzehn Mark bestraft. Auch ist die Polizeibehörde berechtigt, solche Störungen der Nachtruhe unabhängig von der Strafverfolgung sofort abzustellen [3]).

Für die Herstellung von Kegelbahnen in starkbewohnten Theilen der Stadt ist bestimmt: 1. daß die Kegelbahnen mit Linoleum zu belegen seien, 2. die Rinne nicht an der Außenmauer, sondern an einer inneren Mauer des betreffenden Anwesens anzubringen und mit schalldämpfendem Material zu versehen sei, 3. von Abends zehn Uhr an nur Gummikugeln benützt werden dürfen [4]).

Gesuche um Bewilligungen zu Tanzmusiken oder um Verlängerung der Polizeistunde sind bei den k. Polizeiämtern anzubringen [5]).

Gesuche um Bewilligungen zu Tanzmusiken oder um Verlängerung der Polizeistunde sind mindestens drei Tage vor jener Zeit, für welche die betreffende Bewilligung erbeten wird, anzubringen.

---

[1]) Dieses Verbot bezieht sich nach den Kammerverhandlungen, in Verbindung mit der Rechtsprechung des Oberlandesgerichts München zu Art. 83 des Pol.Str.Ges.B. nur auf die Gäste, nicht aber auf den Besitzer oder Pächter der Wirthschaft (Urtheil des kgl. Landg. München I v. März 1902.)

[2]) Ortspol. Vorschr. der k. Pol.=Dir. v. 1. Juli 1892.

[3]) Art. 34 Pol.Str.Ges.B.

[4]) Beschluß des städtischen Verwaltungssenats v. September 1891.

[5]) Bekanntm. der k. Pol.=Dir. v. 21. September 1898.

Dies wird hiemit den Gast- und Schankwirthen zur Nachachtung mit dem Bemerken bekannt gegeben, daß sie es sich selbst zuzuschreiben haben, wenn zu spät angebrachte Gesuche eine Berücksichtigung nicht finden können [1]).

21. Abgaben für öffentliche Lustbarkeiten, Schau- und Vorstellungen an die Armenkassa betreffend.

A.[2])

I.

Außer den Staatsgebühren [3]) sind innerhalb des Burgfriedens der k. Haupt- und Residenzstadt München:

Für feierliche Hochzeiten in öffentlichen Wirthschaften, für Veranstaltung öffentlicher Festlichkeiten, Lustbarkeiten, Pferderennen, Musikproduktionen, Tanzunterhaltungen, Theatervorstellungen und Schaustellungen aller Art

nachstehende Abgaben zur Armenkassa zu entrichten:

1.

Für feierliche Hochzeiten in öffentlichen Wirthschaften:

a) in feineren Restaurationen und Weinwirthschaften 10 Mk.
b) in Hotels . . . . 20 „

Eine feierliche Hochzeit wird als gegeben erachtet, wenn ein eigenes Essen bestellt und ein eigenes Lokal in Anspruch genommen wird, auch wenn eine Musik nicht damit verbunden ist.

Die Zahlungspflicht obliegt dem Veranstalter.

2.

Unternehmer von öffentlichen Festlichkeiten und Lustbarkeiten jeder Art, als:

Festdiners, Maskeraden, und zwar sowohl auf öffentlichen Straßen, als auch in öffentlichen Wirthschaften (Redouten), Feier besonderer Ereignisse, Ochsenbraten, Feuerwerke u. dgl.

haben für den einzelnen Fall und Tag eine Gebühr von 10 Mk., von „feierlichen Umzügen“ eine solche zwischen 3 und 10 Mk. zu entrichten.

3.

Veranstalter von:

Pferderennen, Schlittenrennen, Wettfahren, Preis-Velozipeds-, Schlittschuh- oder Rollschuhrennen und dgl. zahlen:

---

[1]) Bekanntm. der k. Pol.-Dir. v. 15. Mai 1873.
[2]) Statut des Magistrats v. 2. Januar 1885.
[3]) Eine Mark für Protokoll; zwei Mark für Beschluß (Art. 199 des Gebührenges.). Siehe auch oben Tanzmusik und Polizeistunde.

a)	wenn	die	Preise	bis zu	500	Mk.	betragen	10 Mk.
b)	„	„	„	über 500 bis	1000	„	„	20 „
c)	„	„	„	über	1000	„	„	50 „

4.

Von öffentlichen Scheibenschießen mit Feuer- oder Zimmerstutzen, Preis-Kegelschieben, Preis-Eisschießen, Preis-Tarocken u. dgl. werden 3 vom Hundert der Bruttoeinnahme an die Armenkassa entrichtet.

Die zur Berechnung nöthigen Belege sind vorzulegen.

Zahlungspflichtig ist in erster Linie der Unternehmer, eventuell haftbar auch der Besitzer der betreffenden Schießstätte, Kegelbahn, Eisbahn u. s. w.

5.

Für öffentliche Tanzunterhaltungen sind für jeden einzelnen Fall 2 Mk. zu entrichten.

Die von geselligen Vereinen und geschlossenen Gesellschaften veranstalteten Tanzvergnügungen sind nur dann gebührenpflichtig, wenn sie sich nach Art der Veranstaltung oder der gestatteten Theilnahme oder in sonstiger Weise z. B. durch Erhebung von Eintrittsgeld als „öffentliche" darstellen.

6.

Für Musik- und Gesangs-Produktionen:

a) in Konzertsälen und größeren Etablissements, insbesondere auch solche von Militär- und andern größeren Musikkapellen sind und zwar bei Veranstaltung:
   α) von hier wohnhaften Personen oder Gesellschaften zwischen 2 und 5 Mk.
   β) von reisenden Gesellschaften oder Personen 8 Mk.

b) in Bierwirthschaften und Restaurationen, veranstaltet von hier wohnenden, mit Gewerbesteuer angelegten Musik- und Gesangsgesellschaften zwischen 50 Pf. und 2 Mk.

für jeden Tag der Produktion zu entrichten.

Die von Privat-Musik- und Gesangs-Vereinen veranstalteten Produktionen sind nur dann abgabenpflichtig, wenn der Zutritt gegen Eintrittsgeld gestattet ist.

Die Anzeige- und Zahlungspflicht obliegt stets dem Besitzer des betreffenden Etablissements.

7.

Für Nacht-Musiken und Gesangsvorträge im Freien (sogenannte Ständchen) ist in jedem einzelnen Falle vom Veranstalter eine Abgabe von 3 Mk. zu bezahlen.

8.

Schaustellungen und Produktionen aller Art als:
Menagerien, Panoramen, Marionettentheater, Wachsfigurenkabinete, Taschenspielerkünste, Sammlungen von Kunst- und Naturmerkwürdigkeiten, Theater- und Schauspielunternehmungen, Seiltänzer und Kunstreiter, Gymnastiker, Schießbuden, Carrousele, umherziehende Musiker, Sänger und Deklamatoren u. s. w.

werden mit einer Abgabe nach der Höhe ihrer Gewerbesteuer im Umherziehen belegt und zwar:

Bei einer Gesammtsteuer (Normal- und Betriebssteuer zusammengenommen):

a)			bis	zu	9 Mk.	mit	einer	Abgabe	v.	—	Mk.	60	Pf.
b)	über	9	„	„	18 „	„	„	„	„	1	„	20	„
c)	„	18	„	„	36 „	„	„	„	„	1	„	80	„
d)	„	36	„	„	72 „	„	„	„	„	2	„	40	„
e)	„	72	„	„	150 „	„	„	„	„	3	„	—	„
f)	„	150	„	„	300 „	„	„	„	„	3	„	50	„
g)	„	300	„	„	450 „	„	„	„	„	4	„	—	„
h)	„		über		450 „	„	„	„	„	5	„	—	„

für jeden Tag der Produktion.

9.

Für gemischte musikalische und gymnastische Produktionen, für Theater (ausgenommen die königlichen), Schaustellungen u. s. w. der in Ziff. 8 bezeichneten Art, soferne sie nicht vorübergehende, sondern ständige Einrichtungen dahier sind, ist die Abgabe in der Weise zu entrichten, daß mindestens einmal im Jahre und zwar zu einer vom Armenpflegschaftsrathe mit dem Unternehmer zu vereinbarenden Zeit eine Vorstellung zum Besten der Armen veranstaltet und deren Bruttoeinnahme, bezw. bei Schaustellungen die Tageseinnahme der Armenkassa überlassen wird.

II.

a) Alle Gebühren mit Ausnahme jener sub. Ziff. 4 sind für die ganze Dauer der Vorstellungen oder Veranstaltungen im Voraus zu entrichten und zwar:
   1. in den Fällen, in welchen eine polizeiliche Genehmigung zur betreffenden Veranstaltung erforderlich ist, sogleich bei Ertheilung derselben,
   2. in den Fällen, wo eine polizeiliche Bewilligung nicht erforderlich ist, hat die Anzeige bezw. Zahlung bei dem magistratischen Taxamte zu erfolgen.

b) Bei Produktionen von längerer Zeitdauer ist die Vorauszahlung auf kürzere Fristen, jedoch nicht unter acht Tagen statthaft.

III.

a) In den Fällen Ziff. II a 1 zieht die Unterlassung der Erholung der polizeilichen Bewilligung die im Pol.Str.Ges.B. und bezw. R.Str.Ges.B. vorgesehenen Strafen nach sich;
b) In den Fällen Ziff. II a 2 wird die Unterlassung oder nicht rechtzeitige Erstattung der Anzeige nach Maßgabe der heute erlassenen ortspolizeilichen Vorschriften beahndet.

B.[1])

Von der Abhaltung einer „feierlichen Hochzeit" in einer öffentlichen Weinwirthschaft, feineren Restauration oder in einem Hotel hat der Besitzer des betreffenden Etablissements mindestens vierundzwanzig Stunden vorher bei dem magistratischen Taxamte Anzeige zu erstatten.

Eine „feierliche" Hochzeit wird als gegeben erachtet, wenn ein eigenes Essen bestellt und ein eigenes Lokal in Anspruch genommen wird, auch wenn eine Musik nicht damit verbunden ist.

Die Veranstaltung von Musik- und Gesangs-Produktionen in Konzertsälen und größeren Etablissements, insbesondere auch solcher von Militär- und andern größeren Musikkapellen,

ferner die Abhaltung von Musik- und Gesangs-Vorträgen in Wirthschaften und Restaurationen durch hiezu berechtigte Musikgesellschaften 2c.

ist vom Besitzer des betreffenden Etablissements mindestens vierundzwanzig Stunden vorher dem magistratischen Taxamte anzuzeigen.

Gleiche Anzeigepflicht obliegt dem Veranstalter von öffentlichen Festdiners und öffentlicher Feier besonderer Ereignisse.

Zuwiderhandlungen gegen vorstehende Vorschriften, soferne sie nicht nach den Bestimmungen des Pol.Str.Ges.B. und bezw. des R.Str.Ges.B. mit Strafe bedroht sind, sowie Hinterziehung der Abgabe werden gemäß Art. 41 der Gemeindeordnung mit den daselbst vorgesehenen Geldstrafen beahndet.

C.[2])

Die Abgaben für alle diejenigen öffentlichen Veranstaltungen, welche von einer polizeilichen Genehmigung abhängig sind,

---

[1]) Ortspol. Vorschr. des Magistrats v. 2. Januar 1885.
[2]) Vollzugsbestimmung v. 2. Januar 1885.

werden nach Zusage der k. Polizei=Direktion und gemäß Ziff. II des Statuts wie bisher so auch in Zukunft gleich bei Ertheilung der polizeilichen Bewilligung von der k. Polizei=Direktion eingehoben und monatweise an die Armenkassa abgeliefert.

Es erübrigt daher nur für den Vollzug jener statutarischen Vorschriften, nach welchen die Anzeigeerstattung und Abgabenzahlung direkte an das magistratische Taxamt zu geschehen hat, einige erläuternde Bestimmungen zu treffen.

Es sind dies: die Vorschriften über Abhaltung feierlicher Hochzeiten in öffentlichen Wirthschaften, dann über die Veranstaltung öffentlicher Festdiners und Feier besonderer Ereignisse, sowie über die Abhaltung musikalischer Vorträge in Wirthschaftslokalitäten durch hiezu berechtigte Musikgesellschaften.

Die Pflicht zur Zahlung der Abgabe obliegt dem Veranstalter der Hochzeitsfeier, also z. B. den Eltern der Brautleute oder dem Bräutigam, dagegen die Anzeigepflicht obliegt dem Besitzer des Etablissements, in welchem die Feier stattfindet.

Bezüglich der Veranstaltung „öffentlicher Festdiners" und „Feier besonderer Ereignisse" ist lediglich zu bemerken, daß es gleichgiltig ist, wo und von wem diese öffentlichen Festlichkeiten veranstaltet werden. Abgabenpflichtig sind diese Veranstaltungen immer dann, wenn sie öffentlich sind und als öffentlich müssen sie dann erachtet werden, wenn Jedermann d. h. jeder Anständige gegen Erfüllung gewisser Bedingungen, also z. B. Bezahlung des Kouvertes bei Festdiners u. dgl. Zutritt hat.

Zu den größeren Musikkapellen werden gerechnet:

1. Alle Militärmusikkapellen ohne Unterschied, 2. Jene Kapellen von Privatmusikern, bei welchen die Zahl der Mitwirkenden mehr als 25 beträgt.

Die Höhe der Abgabe ist für diese Art von Musikproduktionen zwischen 2 und 5 M. festgesetzt worden, wenn sie von hier Wohnenden veranstaltet werden, und auf 8 Mk. für Produktionen Fremder.

Es wird nun bestimmt:

1. Von allen hiesigen Militärmusikkapellen ist die höchste Gebühr von 5 Mk.
2. von hiesigen Privatmusikern, wenn bei der Kapelle mehr als 25 Mitwirkende sind, 2 Mk. zu erheben.

   Da es nun aber vorkommt, daß auch kleinere Kapellen von Privatmusikern in größeren Etablissements konzertiren, so ist in solchen Fällen, wenn die Zahl der Mitwirkenden zwischen 15 und 25 beträgt, eine Abgabe von 1 Mk. und wenn die Zahl der Mitwirkenden 15 und weniger beträgt, eine solche von 50 Pfennigen zu erheben.

3. Von allen fremden, seien es Privat-Musik- oder Militärmusikkapellen, ist stets die auf 8 Mk. festgesetzte Abgabe zu erheben.

Unter dem Begriff „Bierwirthschaften" und „Restaurationen" fallen alle im Adreßbuche als solche bezeichneten.

Die Abgabe von Produktionen in diesen ist zwischen 50 Pf. und 2 Mk. festgesetzt.

Konzertirt Militärmusik in diesen Räumlichkeiten so ist stets die höchste Gebühr von 2 Mk. zu erheben, bei Privatmusikgesellschaften aber, wenn die Zahl der Mitwirkenden 15 oder weniger beträgt, nur 50 Pf., wenn sie mehr als 15 beträgt, 1 Mk. zu erheben.

Produktionen einzelner Musiker und Sänger in Bierwirthschaften und Restaurationen sind zwar nach Beschluß von der Abgabe befreit, allein es sind darunter nur diejenigen gemeint, welche von einem Wirthshaus zum andern ziehen und an einem Abende in mehreren Wirthshäusern spielen. Wenn dagegen einzelne Musiker oder Sänger ein Konzert in einer Gastwirthschaft 2c. annonciren, so haben sie die Abgabe und zwar von 50 Pf. zu bezahlen.

Was nun die Gesangs-Produktionen betrifft, so ist folgendes zu beachten:

Von Produktionen hiesiger Sängergesellschaften ist, wenn sie in größeren Etablissements stattfinden, eine Abgabe in der Höhe von 2 Mk., wenn sie in feineren Restaurationen oder auch in sonstigen großen Räumlichkeiten stattfinden, eine solche von 1 Mk. und wenn sie in Bierwirthschaften stattfinden, eine solche von 50 Pfg. zu erheben.

Von allen fremden Sängergesellschaften ist stets die festgesetzte höchste Abgabe (sohin in Konzertsälen und größeren Etablissements 8 Mk., in Restaurationen und Bierwirthschaften 2 Mk.) zu erheben.

Selbstverständlich aber hat es, wenn fremde Musiker und Sänger oder fremde Musik- und Gesangs-Gesellschaften ihr Gewerbe im Umherziehen betreiben und also einen solchen Legitimationsschein besitzen, bei der in Ziff. 8 des Statutes festgesetzten Abgaben-Skala sein Verbleiben und trifft daher Obiges nur jene fremden Gesellschaften und Personen, welche keinen Legitimationsschein zum Gewerbebetrieb im Umherziehen besitzen.

Die Produktionen von Privat-Musik- und Gesang-Vereinen sind bekanntlich nach Statut nur dann abgabenpflichtig, wenn ein Eintrittsgeld erhoben wird.

Von diesen Produktionen, welche wohl immer in größeren Etablissements stattfinden werden, ist eine Abgabe von 5 Mk. zu erheben.

22. Fremden=Anmeldung.

Jeder Gastwirth und Herbergsgeber ist verpflichtet, ein fortlaufendes Fremdenverzeichniß — Fremdenbuch — zu halten.

In das Fremdenbuch muß Name, Stand, Wohnort, Legitimation, Tag der Ankunft und des Abganges des Fremden oder der beherbergten Person eingetragen werden.

Der Gastwirth oder Herbergsgeber hat längstens innerhalb zwölf Stunden nach Ankunft des Fremden oder der beherbergten Person die vorgeschriebenen Einträge im Fremdenbuch entweder selbst zu machen oder durch seine Angehörigen machen zu lassen, soferne nicht der Fremde oder die beherbergte Person dies selbst thun will.

Die Rubrik „Zeit des Abganges" ist ausschließend vom Gastwirthe oder Herbergsgeber, bezw. ihren Angehörigen binnen längstens zwölf Stunden nach dem Abgange auszufüllen.

Wenn der Fremde oder die beherbergte Person die erforderlichen Aufschlüsse verweigert, so ist dies im Fremdenbuche zu bemerken und ungesäumt der Ortspolizeibehörde Anzeige zu machen.

In München haben die Gastwirthe und die Besitzer von Hôtels garnis der k. Polizeidirektion täglich längstens bis Früh acht Uhr Auszüge von den Einträgen des vorigen Tages über alle Zu= und Abgänge vorzulegen. Anzeigen darüber, daß Niemand angekommen, noch abgegangen ist, sind erlassen.

Zum Führen von Fremdenbüchern sind nicht verpflichtet:

a) die Vermiether von Wohnungen zum Bad= und Landaufenthalte,
b) die Beherberger von Wallfahrern an Wallfahrtsorten,
c) die Herbergsgeber, welche aus Anlaß von Märkten Marktverkäufer aufnehmen,

und obliegt denselben lediglich die Pflicht, den Namen, Stand und Wohnort der ankommenden und abgehenden Fremden binnen vierundzwanzig Stunden der Ortspolizeibehörde anzuzeigen [1]).

Für die obenbezeichneten Fremdenbuchsauszüge sind Meldeblätter nach dem angefügten Formular zu verwenden.

Auf jedem Meldeblatte darf nur eine Person oder Familie namentlich vorgetragen werden.

Befinden sich Angehörige oder Dienstleute in der Reisebegleitung eines Fremden, so ist dieses Verhältniß durch den Beisatz: „mit Familie", „mit Dienerschaft" auszudrücken.

Bei Ausfüllung der Meldeblätter ist auf deutliche, gut leserliche Schrift Bedacht zu nehmen.

Die Meldungen sind täglich Früh acht Uhr im Geschäftszimmer Nr. 46/I abzugeben.

---

[1]) Oberpol. Vorschr. der k. Regierung von Oberbayern v. 2. Juni 1862.

Auf der Vorlage von Fremdenbuchsauszügen über die Abgänge wird bis auf Weiteres nicht bestanden.

Umsomehr glaubt die k. Polizeidirektion die Erwartung hegen zu dürfen, die Gastwirthe und Hotelbesitzer werden sich nicht der Verpflichtung entziehen, dafür zu sorgen, daß die Ankunft der Fremden rechtzeitig und vollständig gemeldet, die Zeit der Abreise im Fremdenbuche gehörig eingetragen und jene Fremden, welche länger als acht Tage dahier verweilen, auf die ihnen obliegende Pflicht zur Meldung ihres Aufenthalts nach Maßgabe der bestehenden Vorschriften aufmerksam gemacht werden[1][2].

Nr. des Fremdenbuchs . . . .

Fremdenanmeldung des Gasthauses . . . . . .

München am . . . . . .

Tag der Ankunft.	Vor- und Zuname des Fremden mit Bezeichnung der etwa dazu gehörigen Familie und Dienerschaft.	Stand.	Wohnort.

Unterschrift des Wirthes.

NB. Auf diesem Meldeblatte darf nur eine Person oder Familie vorgetragen werden. Die Schrift muß deutlich und gut leserlich sein.

(Natürliche Größe: Höhe $8^1/_2$ cm, Breite $21^1/_2$ cm.)

---

[1]) Bekanntm. der k. Pol.-Dir. v. 13. Mai 1873.

[2]) Ortspol. Vorschrift vom 19. August 1868:

1) Jeder Fremde, d. i. wer das Heimatrecht dahier nicht besitzt, hat binnen acht Tagen nach der Ankunft hievon der k. Polizei-Direktion Anzeige zu erstatten.

Von dieser Anzeigepflicht sind ausgenommen Angehörige des bayerischen Staates, welche auf Grund ihrer Anstellung im Dienste des Staats, der Kirche, der Gemeinde, einer öffentlichen Körperschafto der Stiftung, oder zur Erfüllung einer gesetzlichen Pflicht dahier sich aufzuhalten genötigt sind, oder welche das hiesige Bürgerrecht ohne Heimatrecht besitzen.

2) Fremde Dienstboten, Taglöhner und gewerbliche Arbeiter haben sich zum Zwecke dieser Anzeige bei dem betreffenden Polizei-Amte persönlich zu melden.

3) Alle übrigen Fremden müssen die Anzeige bei dem betreffenden k. Bezirkscommissäre mündlich oder schriftlich erstatten.

Die schriftlichen Anzeigen haben nach dem Formulare I, welches in sämmtlichen Rubriken gehörig auszufüllen ist, zu erfolgen.

4) Die Meldung mehrerer Personen auf ein und demselben Blatte ist nur bei Familien bezüglich der Ehefrau und Kinder des Familienhauptes statthaft. Außerdem hat die Meldung jeder einzelnen Person auf einem besonderen Blatte zu geschehen.

5) Uebertretungen vorstehender Meldevorschriften haben Bestrafung nach Art. 44 (nun Art. 38) des Gesetzes vom 16. April 1868 über Heimat, Verehelichung und Aufenthalt zur Folge.

23. Anmeldung der Dienstboten[1]).

Die Dienstherrschaften sind verpflichtet, den Ein- und Austritt ihrer Dienstboten innerhalb drei Tagen unter Vorlage des Dienstbotenbuches dem betreffenden Polizeiamte entweder selbst anzuzeigen oder durch ihre Dienstboten anzeigen zu lassen.

Fällt der Austritt bei einer Dienstherrschaft mit dem Eintritt bei einer andern zeitlich zusammen, so hat die Anzeige nur bei dem für die Anmeldung des Diensteintrittes zuständigen Polizeiamte zu geschehen.

Die Dienstbotenbücher sind von der Dienstherrschaft aufzubewahren.

24. Anmeldung der Gewerbsgehilfen und Lehrlinge[2]).

Die Gewerbsinhaber sind verpflichtet, die Aufnahme und Entlassung ihrer Gesellen, Gehilfen und Lehrlinge, soferne diese zugleich bei ihnen wohnen, binnen drei Tagen bei dem betreffenden Polizeiamte anzuzeigen.

25. Arbeitsbücher.

Gewerbsgehilfen (männlich wie weiblich) von 13—21 Jahren dürfen ohne Arbeitsbuch nicht beschäftigt werden[3]). Die Arbeitsbücher sind bei dem einschlägigen Polizeibezirks-Kommissär[4]) unentgeltlich zu haben.

26. Krankenversicherung[5]).

Die im Wirthschaftsgewerbe verwendeten Personen — Kellner, Kellnerinnen, Schenkkellner, Köchinnen, Küchenmägde, Metzger, Zimmermädchen — sind bei der Ortskrankenkassa IV (Löwengrube 19/2 l) an- und abzumelden. Diese Kassa umfaßt alle zu den Bewirthungs- und Beherbergungs-Gewerben gehörigen Gewerbszweige, insbesondere der Auskochgeschäfte, Bierwirthe, Branntweinschenken, Cafetiers, Gasthofbesitzer, Gastwirthe, Herbergen, Hotels, Kaffeeschenken, Köche, Kostgeber, Pensionsanstalten, Restau-

---

[1]) Ortspol. Vorschr. der k. Pol.-Dir. v. 1. Juli 1862 — 6. Juli 1898.

[2]) Ortspol. Vorschrift der k. Pol.-Dir. v. 16. Dezember 1873 — 6. Juli 1898.

[3]) Art. 107 R.G.O. Näheres siehe oben S. 80.

[4]) Siehe letzte Seite.

[5]) Auszug aus dem Statut der Ortskrankenkasse IV zu München für die Bediensteten in Bewirthungs- und Beherbergungs-Gewerben. Generalversammlungsbeschluß v. 28. November 1892 u. 16. Dezember 1896.

rateure, Schankwirthe, Speisewirthe, Weinschenken, Weinwirthe, Zimmervermiether.

Ausgenommen sind diejenigen den vorbezeichneten Gewerben angehörigen Betriebe, für welche eine Betriebskrankenkassa errichtet ist, sowie die Betriebe von Innungsmitgliedern, für deren Gehilfen und Lehrlinge auf Grund des Titels VI der Gewerbeordnung eine Innungskrankenkassa besteht.

Betriebe, welche wesentliche Bestandtheile verschiedenartiger Gewerbszweige umfassen, gehören derjenigen Ortskrankenkassa an, welcher der Hauptbetrieb angehört.

Die Kassa hat ihren Sitz in München.

Mitglieder der Kassa sind kraft Gesetzes alle innerhalb der Stadtgemeinde München in einem Gewerbebetriebe der oben bezeichneten Art gegen Gehalt oder Lohn beschäftigten Personen, sowie auch Lehrlinge ohne Lohn, mit Ausnahme:

1. derjenigen, deren Beschäftigung durch die Natur ihres Gegenstandes oder im Voraus durch den Arbeitsvertrag auf einen Zeitraum von drei oder weniger Tagen beschränkt ist;
2. derjenigen, welche Mitglieder einer, den Anforderungen des § 75 des Krankenversicherungsgesetzes entsprechenden Hilfskassa sind;
3. derjenigen Betriebsbeamten, deren Arbeitsverdienst an Lohn oder Gehalt $6^2/_3$ Mk. für den Arbeitstag oder, sofern Lohn oder Gehalt nach größeren Zeitabschnitten bemessen ist, zweitausend Mark für das Jahr gerechnet, übersteigt.

Als im Gemeindebezirk beschäftigt gelten dann, wenn die Natur des Gewerbebetriebes es mit sich bringt, daß einzelne Arbeiter an wechselnden Orten außerhalb der Betriebsstätten ausgeführt werden, auch die mit letzteren beschäftigten Personen für die Zeit derselben.

Wenn in einem Gewerbebetriebe der oben bezeichneten Art ein Mitglied einer Hilfskassa in Beschäftigung tritt, welches in seiner bisherigen Mitgliederkassa weniger als die Hälfte des für den jetzigen Beschäftigungsort festgesetzten ortsüblichen Tagelohnes gewöhnlicher Tagearbeiter (§ 8 des K.V.G.) als Krankengeld zu beanspruchen hat, so bleibt dasselbe nur noch für die Dauer von zwei Wochen nach dem Eintritt in die Beschäftigung befreit.

Kassenmitglieder, deren Arbeitgeber einer Innung erst nach der Errichtung der Innungs-Krankenkasse beigetreten ist, gehören der Ortskrankenkassa nur noch bis zum Ablauf des Rechnungsjahres an, wenn der Arbeitgeber drei Monate vor Ablauf desselben dem Vorstande der Ortskrankenkassa seinen Eintritt in die Innung nachgewiesen hat.

Der Eintritt der Versicherungspflicht wird weder durch die

Widerruflichkeit oder Kündbarkeit des Dienstverhältnisses, noch auch durch die Aufnahme zur Probe oder Aushilfe auf unbestimmte Zeit ausgeschlossen.

Auf ihren Antrag sind durch den Kassenvorstand von der Mitgliedschaft zu befreien:

1. Personen, welche in Folge von Verletzungen, Gebrechen, chronischen Krankheiten oder Alters nur theilweise und nur zeitweise erwerbsunfähig sind, wenn der unterstützungsflichtige Armenverband der Befreiung zustimmt;
2. Personen, welchen gegen ihren Arbeitgeber für den Fall der Erkrankung ein Rechtsanspruch auf eine den Bestimmungen des § 6 des K.V.G. entsprechende oder gleichwerthige Unterstützung zusteht, sofern die Leistungsfähigkeit des Arbeitgebers zur Erfüllung des Anspruchs gesichert ist.

Wird der Antrag auf Befreiung von dem Kassenvorstand abgelehnt, so entscheidet auf Anrufen des Antragstellers die Aufsichtsbehörde endgiltig.

In dem Falle zu 2 gilt die eingeräumte Befreiung nur für die Dauer des Arbeitsvertrages. Sie erlischt vor Beendigung des Arbeitsvertrages:

a) wenn sie von der Aufsichtsbehörde wegen nicht genügender Leistungsfähigkeit des Arbeitgebers von Amtswegen oder auf Antrag eines Betheiligten aufgehoben wird;
b) wenn der Arbeitgeber die befreite Person zur Krankenversicherung anmeldet. Die Anmeldung ist ohne rechtliche Wirkung, wenn die befreite Person zur Zeit derselben bereits erkrankt war.

Insoweit im Erkrankungsfalle der gegen den Arbeitgeber bestehende Anspruch nicht erfüllt wird, ist auf Antrag der befreiten Person von der Kassa die statutenmäßige Krankenunterstützung zu gewähren. Die zu dem Ende gemachten Aufwendungen sind von dem Arbeitgeber zu erstatten.

Auf den Antrag des Arbeitgebers sind durch den Kassenvorstand von der Mitgliedschaft zu befreien Lehrlinge, welchen durch den Arbeitgeber für die während der Dauer des Lehrverhältnisses eintretenden Erkrankungsfälle der Anspruch auf freie Kur oder Verpflegung in einem Krankenhause auf die im § 6 Abs. 2 des K.V.G. bezeichnete Dauer gesichert ist.

Berechtigt der Kassa als Mitglieder beizutreten sind:

1. alle innerhalb des Stadtbezirkes von Gewerbetreibenden gegen Gehalt oder Lohn beschäftigten Personen der Eingangs bezeichneten Art, deren Beschäftigung durch Arbeitsvertrag im Voraus auf drei oder weniger Tage beschränkt ist.
2. Diejenigen versicherungspflichtigen Personen, welche von

der Verpflichtung, der Kasse anzugehören, wegen ihrer Betheiligung an einer dem § 75 des Gesetzes genügenden Hilfskasse befreit sind.

3. Sämmtliche Angestellte der Kassa.

Das Recht zum Beitritt fällt für die unter Ziffer 1 und 3 aufgeführten Personen fort, wenn ihr jährliches Gesammteinkommen zweitausend Mark übersteigt.

Der Kassenvorstand ist berechtigt, die sich zum Beitritt meldenden nicht versicherungspflichtigen Personen einer ärztlichen Untersuchung unterziehen zu lassen und ihre Aufnahme abzulehnen, wenn die Untersuchung eine bereits bestehende Krankheit ergibt.

Der Arzt, welcher die Untersuchung vorzunehmen hat, wird vom Kassenvorstande bestimmt.

Als Gehalt oder Lohngelten auch Tantièmen und Naturalbezüge. Für die letzteren wird der Durchschnittswerth in Ansatz gebracht; dieser Werth wird von der Aufsichtsbehörde festgesetzt.

Für diejenigen Personen, welche Mitglieder der Kassa werden, beginnt die Mitgliedschaft, daselbst mit dem Tage, an welchem sie in die Beschäftigung eintreten.

Für die zum Beitritt berechtigten Kassenmitglieder beginnt die Mitgliedschaft mit dem Tage, des Einganges der schriftlichen oder mündlichen Anmeldung bei dem Kassenvorstande.

Soferne aber der Vorstand bei den zum Beitritt berechtigten Personen binnen drei Tagen nach dem Eingehen der Anmeldung erklärt, daß er die Aufnahme von dem Ergebniß einer kassenärztlichen Untersuchung abhängig machen will, oder, soferne die Aufnahme an die Erfüllung anderer Bestimmungen geknüpft ist, beginnt die Mitgliedschaft einer nicht versicherungspflichtigen Person erst mit dem Tage, an welchem derselben die Entscheidung des Vorstandes zugestellt wird. Ergeht eine Entscheidung nicht binnen zwei Wochen nach Empfang der Anmeldung, so gilt die Aufnahme als bewirkt.

Die Mitgliedschaft dauert während des Bezuges von Krankenunterstützung fort.

Die Arbeitgeber haben jede von ihnen beschäftigte Person, welche Mitglied der Kasse wird, spätestens am dritten Tage nach dem Beginn der Beschäftigung im Kassenlokale anzumelden und spätestens am dritten Tage nach Beendigung der Beschäftigung daselbst abzumelden.

In den andern Fyllen beginnt die Frist für die Anmeldung erst mit dem Ablauf von zwei Wochen nach dem Beginn der Beschäftigung:

Die Anmeldung muß enthalten:

des Arbeitgebers:

Vor- und Zunamen, Stand und Wohnung,

des Bediensteten:
Vor- und Zunamen, Art der Beschäftigung, Tag, Monat und Jahr der Geburt, Heimathsort, Land und Tag des Diensteintrittes;
die Abmeldung muß enthalten:
des Arbeitgebers:
Vor- und Zunamen, Stand und Wohnung,
des Bediensteten:
Vor- und Zunamen, Art der Beschäftigung und Tag des Dienstaustrittes.

Die Meldungen haben schriftlich zu erfolgen und sind vom Meldepflichtigen (Arbeitgeber) zu unterzeichnen. Formulare hiezu werden von der Ortskrankenkassa kostenfrei abgegeben.

Ueber die erstatteten Meldungen wird Bescheinigung ertheilt.

Wenn bei einer Person, welche auf Grund ihrer Beschäftigung der Versicherungspflicht bisher nicht unterlag, während der Dauer dieser Beschäftigung eine Veränderung eintritt, durch welche diese Person Mitglied der Kassa wird, so haben die Arbeitgeber auch für diese Person spätestens am dritten Tage nach Eintritt der Veränderung die vorschriftsmäßige Anmeldung zu bewirken.

Die gleiche Meldepflicht ist auch gegeben, wenn sich durch Veränderung in der Art der Beschäftigung eine Beitragsänderung ergibt.

Dabei ist an Stelle des Eintritts in die Beschäftigung der Zeitpunkt des Eintritts dieser Veränderung anzugeben.

Die Versäumniß dieser Verpflichtungen zieht Geldstrafen bis zu zwanzig Mark nach sich.

Arbeitgeber, welche ihrer Anmeldepflicht vorsätzlich oder fahrlässiger Weise nicht genügen, sind außerdem verpflichtet, alle Aufwendungen zu erstatten, welche die Kassa in einem vor der Anmeldung durch die nicht angemeldete Person veranlaßten Unterstützungsfalle auf Grund dieses Statuts gemacht hat.

Die wöchentlichen Kassenbeiträge betragen:

1. für erwachsene männliche Mitglieder (ausschließlich der Lehrlinge) . . . . 69 Pf.
2. für erwachsene weibliche Mitglieder . . . . . . 48 Pf.
3. für männliche Mitglieder unter 16 Jahren und für Lehrlinge . . . . 27 Pf.
4. für weibliche Mitglieder unter 16 Jahren und für Lehrmädchen . . . . 27 Pf.

Die Beiträge sind für jede Woche, innerhalb welcher der Versicherte der Kassa angehört hat, ihrem vollen Betrage nach zu entrichten. Dabei gilt als Woche der Zeitraum von Sonntag bis Samstag einschließlich.

Die Eintrittswoche wird immer ganz berechnet; für die

Austrittswoche ist nur dann der ganze Wochenbeitrag zu bezahlen, wenn der Dienstaustritt am Samstag erfolgt.

Verpflichtet zur Entrichtung der Beiträge sind die Arbeitgeber. Die Einzahlung hat monatlich nachträglich an die aufgestellten Kassaboten gegen Quittung zu erfolgen. Arbeitgeber, welche auf die erstmalige Zahlungsaufforderung keine Zahlung leisten, werden auf Anordnung des Rendanten nach Umfluß von drei Tagen gegen zwanzig Pfennig Gebühr zur Zahlung gemahnt.

Wird nach erfolgter Mahnung innerhalb einer Woche nicht Zahlung geleistet, so werden die rückständigen Beiträge in derselben Weise beigetrieben, wie Gemeindeabgaben.

Für diejenigen Kassenmitglieder, welche der Kassa auf Grund der Versicherungspflicht angehören, haben deren Arbeitgeber zu den vorbezeichneten Fälligkeitsterminen die Beiträge einzuzahlen, und zwar:

ein Drittel der Beiträge aus eigenen Mitteln,
zwei Drittel der Beiträge für Rechnung der von ihnen beschäftigten Kassenmitglieder.

Sie haben die Beiträge für jedes von ihnen beschäftigte versicherungspflichtige Mitglied solange zu zahlen, bis die vorschriftsmäßige Abmeldung erfolgt ist.

Vorstehende Bestimmungen gelten auch für versicherungspflichtige Kassenmitglieder, welche der Kassa freiwillig beitreten, obwohl sie, wegen ihrer Zugehörigkeit zu einer die Mindestleistungen gewährenden Hilfskassa ohne Beitrittszwang von dem Beitritt zur Ortskrankenkassa befreit sind.

Diese Kassenmitglieder sind verpflichtet, die Beiträge nach Abzug des auf den Arbeitgeber entfallenden Drittels bei den Lohnzahlungen sich einbehalten zu lassen. Die Arbeitgeber dürfen nur auf diesem Wege den auf die Kassenmitglieder entfallenden Betrag wieder einziehen. Die Abzüge für Beiträge sind auf die Lohnzahlungsperioden, auf welche sie entfallen, gleichmäßig zu verteilen. Diese Theilbeträge dürfen, ohne daß dadurch Mehrbelastungen der Kassenmitglieder herbeigeführt werden, auf volle zehn Pfennig abgerundet werden. Sind Abzüge für eine Lohnzahlungsperiode unterblieben, so dürfen sie nur noch bei der Lohnzahlung für die nächstfolgende Lohnzahlungsperiode nachgeholt werden. Hat der Arbeitgeber Beiträge um deswillen nachzuzahlen, weil die Verpflichtung zur Entrichtung von Beiträgen zwar vom Arbeitgeber anerkannt, von dem Kassenmitgliede oder der Kasse aber bestritten wurde und erst durch einen Rechtsstreit hat festgestellt werden müssen, oder, weil die Anzeige einer Hilfskassa über das Ausscheiden eines versicherungspflichtigen Mitgliedes aus der Kassa, oder das Uebertreten eines solchen in eine niedrigere Mitgliederkassa erst nach Ablauf der im Absatz I bezeichneten Zeiträume oder gar nicht erstattet worden ist, so findet die

Wiedereinziehung des auf das Kassenmitglied entfallenden Theils der Beiträge ohne die vorstehend aufgeführten Beschränkungen statt.

Arbeitgeber, deren Zahlungsunfähigkeit im Zwangsbeitreibungsverfahren festgestellt worden ist, sind verpflichtet, die im Absatz I zugelassenen Lohnabzüge zu machen, und deren Betrag sofort, nachdem der Abzug gemacht worden ist, an die Kasse abzuliefern.

Diejenigen Mitglieder, welche der Kassa freiwillig angehören, haben die vollen Beiträge unaufgefordert bis längstens 8. jeden Monats auf mindestens vier Wochen im Voraus einzuzahlen. Es können jedoch die Beiträge auch für einen größeren Zeitraum voraus bezahlt werden.

Die erste Einzahlung muß binnen acht Tagen nach Erwerbung der freiwilligen Mitgliedschaft erfolgen.

Für die Zeit der durch Krankheit herbeigeführten Erwerbsunfähigkeit sind Beiträge nicht zu entrichten.

Soweit sie schon bezahlt sind, kommen sie später in Anrechnung bezw. zur Rückzahlung.

Die Generalversammlung besteht aus Vertretern der Kassenmitglieder und Dienstherren, welche auf vier Jahre gewählt werden.

Aus Vertretern muß die Generalversammlung bestehen, weil die Kasse mehr als 500 Mitglieder zählt.

Von den Kassenmitgliedern wird auf je 50 Mitglieder in einem Wahlakte ein Vertreter gewählt. Ist die Zahl der Kassenmitglieder nicht durch 50 theilbar, so ist für die überschießende Zahl, wenn dieselbe 25 oder mehr beträgt, ein weiterer Vertreter zu wählen. Wahlberechtigt und wählbar sind nur diejenigen Kassenmitglieder, welche großjährig und im Besitze der bürgerlichen Ehrenrechte sind.

Die Vertreter der Dienstherren werden von diesen in der Weise bestellt, daß für je 100 von den Dienstherren beschäftigte Kassenmitglieder, für welche die ersteren Beiträge aus eigenen Mitteln zahlen, je ein Vertreter gewählt wird.. Für die überschießende Zahl wird ein weiterer Vertreter nur dann gewählt, wenn dadurch die Zahl der Vertreter der Dienstherren nicht über $^1/_3$ der gesammten Zahl erhöht wird. Jeder Dienstherr, welcher Beiträge aus eigenen Mitteln leistet, führt bei der Wahl eine Stimme. Wahlberechtigt und wählbar sind diejenigen Arbeitgeber, welche großjährig und im Besitze der bürgerlichen Ehrenrechte sind.

Die Zahl der von den Kassenmitgliedern und von den Dienstherren zu wählenden Vertreter wird vor jeder Wahl von dem Kassenvorstande festgestellt und in der Einladung zum Wahltermin angegeben, weshalb nur solche Arbeitgeber wahlberechtigt und wählbar sind, welche z. Z. des Ausschreibens der Wahl schon Bedienstete gemeldet haben.

Ebenso sind nur solche Kassenmitglieder wahlberechtigt und wählbar, welche zur Zeit des Ausschreibens der Wahl schon Kassenmitglieder waren.

In gleicher Weise und Anzahl sind für obige Vertreter Ersatzmänner zu wählen.

Von der Vertretung und Wahlberechtigung sind jene Arbeitgeber ausgeschlossen, welche mit der Zahlung von Beiträgen im Rückstande sind.

Die Wahl erfolgt für die Kassenmitglieder und für die Dienstherren in einem besonderen Wahltermine, zu welchem die Wahlberechtigten acht Tage vorher durch Ausschreiben in denjenigen Tagesblättern Münchens einzuladen sind, welche durch Kassenvorstandsbeschluß hiefür gewählt werden. Diese Tageblätter sind den Kassenangehörigen durch Anschlag im Kassenlokale zur Kenntniß zu bringen.

Wird die Wahl von den Kassenmitgliedern verweigert, so werden die Vertreter derselben durch die Aufsichtsbehörde ernannt.

Wird die Wahl von den Dienstherren verweigert, so ruht deren Vertretung in der Generalversammlung für die betreffende Wahlperiode.

Scheidet ein Vertreter während der Wahlperiode aus, so wird an seine Stelle ein Ersatzmann berufen.

In der Generalversammlung führt jeder Vertreter eine Stimme. Das Stimmrecht wird von dem Vertreter persönlich ausgeübt.

Streitigkeiten zwischen den Kassenmitgliedern oder ihren Arbeitgebern einerseits und der Kassa andererseits über das Versicherungsverhältniß, oder die Verpflichtung zur Leistung oder Einzahlung von Beiträgen oder über Unterstützungsansprüche werden von der Aufsichtsbehörde entschieden [1]).

Die Entscheidung kann binnen vier Wochen nach der Zustellung derselben mittelst Beschwerde zur kgl. Regierung von Oberbayern, Kammer des Innern, angefochten werden.

Die Entscheidung ist vorläufig vollstreckbar, soweit es sich um Streitigkeiten über Unterstützungsansprüche handelt.

Streitigkeiten zwischen den Kassenmitgliedern und ihren Arbeitgebern über die Berechnung und Anrechnung der von den ersteren zu leistenden Beiträge werden, vorbehaltlich der Zuständigkeit der Innungen zur Entscheidung von Streitigkeiten von Arbeitgebern und ihren Lehrlingen, sowie der Zuständigkeit der Innungsschiedsgerichte, von dem für den Beschäftigungsort und den Gewerbszweig, in welchem der Versicherte beschäftigt ist, zuständigen Gewerbegericht, entschieden.

Die Aufsicht über die Kassa wird nach Maßgabe der Vor-

[1]) Vom Stadtmagistrat München.

schriften des K.V.G. unter Oberaufsicht der kgl. Regierung von Oberbayern vom Stadtmagistrate in München wahrgenommen.

27. Gemeinde-Krankenversicherung — Invaliditäts- und Altersversicherung.

Die Arbeitgeber haben[1]) jede von ihnen beschäftigte versicherungspflichtige Person[2]), für welche die Gemeindekrankenversicherung eintritt, spätestens am dritten Tage nach Beginn der Beschäftigung bei der Krankenversicherungskassa (im Rathhause)[3]) anzumelden und spätestens am dritten Tage nach Beendigung des Arbeitsverhältnisses daselbst wieder abzumelden. Die Anmeldung muß auch dann erfolgen, wenn das Arbeitsverhältniß unerwartet schon vor Ablauf der ersten drei Tage (z. B. wegen Krankheit beendet) werden sollte.

Die Meldungen haben schriftlich zu erfolgen und sind vom Meldepflichtigen zu unterzeichnen.

Formulare hiezu werden von der Krankenversicherungskassa kostenfrei abgegeben.

Ueber die erstatteten Meldungen wird Bescheinigung ertheilt, soferne dieselben nicht durch die Post oder verschlossen einlaufen.

Arbeitgeber, welche ihrer Anmeldepflicht vorsätzlich oder fahrlässigerweise nicht genügen, haben alle Aufwendungen, welche die Gemeindekrankenversicherung in einem vor der Anmeldung durch die nicht angemeldete Person veranlaßten Unterstützungsfalle gemacht hat, zu erstatten. — Die Verpflichtung zur Entrichtung von Beiträgen für die Zeit, während welcher die nicht angemeldete Person der Gemeindekrankenversicherung anzugehören verpflichtet war, wird hiedurch nicht berührt.

Außerdem verfallen Arbeitgeber, welche der ihnen obliegenden An- und Abmeldepflicht nicht nachkommen, einer Geldstrafe

---

[1]) Nach dem Statute der Gemeindekrankenversicherung der Stadt München.

[2]) Der Gemeindekrankenversicherung unterliegen Dienstboten u. Lohnarbeiter bei Nichtgewerbetreibenden z. B. Hausmeister, Gärtner, Zugeherinnen. Als Dienstboten sind alle Personen zu betrachten, welche ihre Arbeitskraft zu häuslichen oder niederen landwirthschaftlichen Verrichtungen auf längere Zeit vermiethen gegen einen vorausbestimmten Lohn, womit namentlich bei ländlichen Dienstboten regelmäßig die unentgeltliche Gewährung von Kost und Wohnung durch den Dienstherrn verbunden ist. (Urtheil des k. b. obersten Gerichtshofs v. 27. April 1877 — Min.A.Bl. d. J. S. 199.)

[3]) Zimmer Nr. 13/0.

bis zu zwanzig Mark, welche Strafe im Falle der Uneinbringlichkeit in Haft umgewandelt wird.

Die Anmeldung zur Invaliditäts- und Altersversicherung — siehe hierüber Näheres oben S. 76 — hat im Rathhaus Zimmer 19 und 20_0 zu erfolgen.

Beitragsberechnung und Markenverwendung bei der Invaliditätsversicherung für München.

Beträgt nach dem Krankenkassenstatut der durchschnittliche Taglohn: der wirkliche tägliche Arbeitsverdienst:	so gehört der Arbeiter in die Lohnklasse	und es ist für ihn zu verwenden	
		Marken	Betrag
bis zu 1 Mk. 16 Pfg.	I	rothe	14 Pfg.
von 1 Mk. 17 Pfg. bis zu 1 „ 83 „	II	blaue	20 „
„ 1 „ 84 „ „ „ 2 „ 83 „	III	grüne	24 „
„ über 2 „ 83 „	IV	rothbraune	30 „

28. Gastwirthsvereine in München.

Gewerbeverein der Gastwirthe Münchens (gegründet 1822). I. Vorstand Sylvest Hehr, Gastwirth Bayerstr. 43_0. Vereinslokal Deutsches Haus, Karlsplatz. Bureau Herzogspitalstr. 16_2 (T). Vereinigung der Gastwirthe Münchens und Umgebung mit Sterbekassa auf Gegenseitigkeit, Restaurant Singlspieler, Sendlingerstr. 29. Verband Deutscher Gasthofgehilfen mit dem Sitz in Dresden, Zweigverein München, I. Vorstand Johann Krempel, Portier Deutscher Kaiser, Lokal Rüdesheimer-Weinstube Promenadeplatz 15. Flaschenbier-Abfüllgenossenschaft der Gastwirthe Münchens und Umgebung, e. G. m. b. H., Bureau Karlsplatz 7_1 Rg.

29. Vereidigte Sachverständige.

Cafetier: Lutz, Eduard, Glückstr. 14_3 l; Reichling, Theobald, Schellingstr. 56_1 Rg. Gastwirthe: Preisinger, Benedikt, Rindermarkt 5. Weine: Hardt, Karl, Tattenbachstr. $2a_1$.

30. Münchener Brauer und Weinwirthe vor 100 Jahren [1]).

Im Jahre 1802 bestanden in München:

I. Brauer mit Bierausschank und Fremdenbeherbergung: Bauernhanslbräu, Biernbaumbräu, Büchlbräu, Dürnbräu, Eberlbräu, Faberbräu, Filserbräu, Franziskanerbräu, Fuchsbräu, Gilgenrainerbräu, Hackerbräu, Hallerbräu, Hallmayrbräu, Hascherbräu, Heißbauernbräu, Högerbräu, Kaplerbräu, Kreuzbräu, Lederer-

[1]) München zählte vor 100 Jahren etwa 40600 Einwohner, während die Einwohnerzahl zur Zeit 500000 beträgt.

bräu, Löwenhauserbräu, Maderbräu, Menterbräu, Metzgerbräu, Oberottlbräu, Oberspadbräu, Priglbräu, Schleibingerbräu, Schützbräu, Singlspielerbräu, Sollerbräu, Sterneckerbräu, Unterottlbräu, Unterpollingerbräu, Zengerbräu. —

II. Weinwirthe mit Fremdenbeherbergung:

Bauhof, Blaue Traube, Fellerer, Goldener Bär, Goldene Ente, Goldener Hahn, Goldener Hirsch, Goldenes Kreuz, Goldener Storch, Londnerhof, Lunglmayr, Michel, Schwarzer Adler, Schwarzer Bär, Stürzer, Weißes Rößl.

31. Amtslokale der kgl. Polizeiämter und Dienstlokale der kgl. Bezirkskommissäre und der städt. Bezirksinspektoren.

Kgl. Polizeiämter:

Polizeiamt München I (Innere Stadt). (Stadtbez. I, II, III, IV, XII u. XIII), Bürkleinstraße 10_0 (T).

Polizeiamt München II (Nord). (Stadtbez. V, VI, VII u. XXII), Amalienstraße 29_1 (T).

Polizeiamt München III (Ost). (Stadtbez. XIV, XV, XVI, XVII u. XVIII), Mariahilfplatz 3_0 u. $_1$ (T).

Polizeiamt München IV (Süd). (Stadtbez. IX, X, XI u. XIX), Kapuzinerstraße 40_0 (T).

Polizeiamt München V (West). (Stadtbez. VIII, XX u. XXI), Marsstraße 26_0 r. (T).

Kgl. Polizei-Bezirks-Kommissäre.

I. u. IV.	Bezirk:	Thal 38_1 (T).
II u. III.	„	Unteranger 4_2 l. (T).
V.	„	Amalienstr. 29_3 (T).
VI.	„	Steinheilstr. 12_1 (T).
VII.	„	Arcisstr. 37_2 (T).
VIII.	„	Marsstr. 26_0 r. (T).
IX.	„	Heustr. 28_2 l. (T).
X.	„	Kapuzinerstr. 40_1 (T).
XI.	„	Holzstr. 31_2 (T).
XII.	„	Baaderstr. 30_2 (T).
XIII.	„	St. Annastr. 15_2 l. 2. Eing. (T).
XIV.	„	Ismaningerstr. 9_0, Eing. unt. Feldstraße.
XV.	„	Metzstr. 6_1 r. (T.)
XVI. u. XVII.	„	Mariahilfplatz 1_2 (T).
XVIII.	„	Humboldtstr. 38_2 m. (T).
XIX.	„	Daiserstr. 9_2 (T).
Nebenbezirk (Thalkirchen):		Badstr. 73_2 (T).
XX.	Bezirk:	Ganghoferstr. 12_0.
XXI.	„	Nymphenburgerstr. 168_0 l. (T).
XXII.	„	Leopoldstr. 70_2 l. (T).

Sprechstunden von 11—1 und von 2—3 Uhr.

Städtische Bezirks-Inspektoren:

Ober-Inspektor: Rathhaus Nr. 105_2 (T).
Sprechst.: Dienstag, Donnerstag u. Samstag v. 11—12 Uhr.

I. u. IV.	Bezirk:	Isarthorpl. 3_2 (T).
II. u. III.	„	Unteranger 10_1 r. (T).
V.	„	Schellingstr. 17_2 (T).
VI.	„	Gabelsbergerstr. 66_2 (T).
VII.	„	Arcisstr. 39_3 (T).
VIII.	„	Blutenburgstr. 2_1 (T).
IX.	„	Landwehrstr. 69_2 (T).
X.	„	Tumblingerstr. 4_2 (T).
XI.	„	Fraunhoferstr. 18_2 r. (T).
XII.	„	Erhardtstr. 26_1 (T).
XIII.	„	Galleriestr. 37_2 (T).
XIV.	„	Kirchenstr. 9_2 (T).
XV.	„	Kellerstr. $2a_2$ (T).
XVI. u. XVII.	„	Mariahilfplatz 10_1 (T).
XVIII.	„	Tegerseerlandstr. 23_1 (T).
XIX.	„	Plinganserstr. 21_1 Eing. r. (T).
XX.	„	Westendstr. 70_2 (T).
XXI.	„	Winthirstr. 4_1 (T).
XXII.	„	Leopoldstr. 39_1 r. (T).
XXIII.	„	Hirschgartenallee 32_1 (T).
XXIV.	„	Wolfratshauserstr. 14_1 (T).

Sprechstunde von 11—12½ Uhr.

Nachtrag.

Zu Ziff. 22 (S. 30). **Wirthschaftsfirmen.**

Das in der Genfer Konvention zum Neutralitätszeichen erklärte Rothe Kreuz auf weißem Grunde sowie die Worte „Rothes Kreuz“ dürfen zu geschäftlichen Zwecken sowie zur Bezeichnung von Vereinen oder Gesellschaften oder zur Kennzeichnung ihrer Thätigkeit nur auf Grund einer Erlaubniß gebraucht werden. Die Erlaubniß wird von den Landes-Zentralbehörden nach den vom Bundesrath festzustellenden Grundsätzen für das Gebiet des Reichs ertheilt. Wer den Vorschriften dieses Gesetzes zuwider das Rothe Kreuz gebraucht, wird mit Geldstrafe bis zu einhundertfünfzig Mark oder mit Haft bestraft. Die Anwendung der Vorschriften dieses Gesetzes wird durch Abweichungen nicht ausgeschlossen, mit denen das erwähnte Zeichen wiedergegeben wird, sofern ungeachtet dieser Abweichungen die Gefahr einer Verwechslung vorliegt. Das Gesetz tritt am 1. Juli 1903 in Kraft. Bis zum 1 Juli 1906 darf das Rothe Kreuz unter andern fortgeführt werden in Namen rechtsfähiger Vereine, sofern die Vereine nach ihren Satzungen bereits vor dem 1. Juli 1901 das Rothe Kreuz in ihren Namen geführt haben[1]).

Zu Ziff. 25 (S. 33). **Verkehr mit Wein, weinhaltigen und weinähnlichen Getränken.**

Für die Beurtheilung der Beschaffenheit und Zusammensetzung gezuckerter Weine[2]) gelten folgende Grundsätze:

a) Bei Beurtheilung der Beschaffenheit ist auf Aussehen, Geruch und Geschmack des Weines Rücksicht zu nehmen.

b) Die chemische Untersuchung hat sich auf die Bestimmung aller Bestandtheile des Weines zu erstrecken, welche für die Beurtheilung der Frage von Bedeutung sind, ob das Getränk als Wein im Sinne des Gesetzes anzusehen und seiner Zusammensetzung nach durch die Zuckerung nicht unter den Durchschnitt der ungezuckerten Weine des Weinbaugebiets herabgesetzt worden ist, dem es nach seiner Benennung entsprechen soll.

c) Insbesondere darf durch den Zusatz wässeriger Zuckerlösung bei Wein, welcher nach seiner Benennung einem inländischen Weinbaugebiet entsprechen soll, und zwar:

bei Weißwein

der Gesammtgehalt an Extraktstoffen nicht unter $1_{,6}$ Gramm,

der nach Abzug der nicht flüchtigen Säuren verbleibende Extraktgehalt nicht unter $1_{,1}$ Gramm,

der nach Abzug der Gesammtsäuren verbleibende Extraktgehalt nicht unter 1 Gramm,

der Gehalt an Mineralbestandtheilen nicht unter $0_{,13}$ Gramm,

bei Rothwein

der Gesammtgehalt an Extraktstoffen nicht unter $1_{,7}$ Gramm,

der nach Abzug der nicht flüchtigen Säuren verbleibende Extraktgehalt nicht unter $1_{,3}$ Gramm,

der nach Abzug der Gesammtsäuren verbleibende Extraktgehalt nicht unter $1_{,2}$ Gramm,

der Gehalt an Mineralbestandtheilen nicht unter $0_{,16}$ Gramm

in einer Menge von 100 Kubikcentimeter Wein herabgesetzt sein.

Bei der Feststellung des Extraktgehaltes ist die $0_{,1}$ Gramm

---

[1]) Gesetz zum Schutz des Genfer Neutralitätszeichens v. 22. März 1902. — R.Ges.Bl. S. 125.

[2]) Bekanntm. vom 2. Juli 1901. — R.Ges.Bl. S. 257.

in 100 Kubikcentimeter Wein übersteigende Zuckermenge in Abzug zu bringen und außer Betracht zu lassen.

Die vorgeschriebene Kennzeichnung von Schaumwein, der gewerbsmäßig verkauft oder feilgehalten wird, hat wie folgt zugeschehen.

a) Das Land, in welchem der Schaumwein auf Flaschen gefüllt ist, muß in der Weise kenntlich gemacht werden, daß auf den Flaschen die Bezeichnung

„In Deutschland auf Flaschen gefüllt",
„In Frankreich auf Flaschen gefüllt",
„In Luxemburg auf Flaschen gefüllt",

u. s. w. angebracht wird; ist der Schaumwein in demjenigen Lande, in welchem er auf Flaschen gefüllt wurde, auch fertiggestellt, so kann an Stelle jener Bezeichnung die Bezeichnung

„Deutscher (Französischer, Luxemburgischer u. s. w.) Schaumwein"

oder

„Deutsches (Französisches, Luxemburgisches u. s. w.) Erzeugniss"

treten.

b) Bei Schaumwein, der aus Fruchtwein (Obst- oder Beerenwein) hergestellt ist, muß in der unter a vorgeschriebenen Bezeichnung den Worten „In Deutschland (Frankreich, Luxemburg u. s. w.) auf Flaschen gefüllt" oder „Deutsches (Französisches, Luxemburgisches u. s. w.) Erzeugniss" noch das Wort „Frucht-Schaumwein" vorangehen oder an die Stelle des Wortes „Schaumwein" das Wort „Frucht-Schaumwein" treten.

An Stelle des Wortes „Frucht-Schaumwein" kann das Wort „Obst-Schaumwein", „Beeren-Schaumwein" oder eine entsprechende, die benutzte Fruchtart erkennbar machende Wortverbindung, wie „Apfel-Schaumwein", „Johannisbeer-Schaumwein" u. s. w., treten.

c) Die unter a und b vorgeschriebenen Bezeichnungen müssen in schwarzer Farbe auf weißem Grunde, deutlich und nicht verwischbar auf einem bandförmigen Streifen in lateinischer Schrift aufgedruckt sein. Der Streifen ist an einer in die Augen fallenden Stelle der Flasche und zwar gegebenen Falles zwischen dem den Flaschenkopf bedeckenden Ueberzug und der die Bezeichnung der Firma und der Weinsorte enthaltenden Inschrift dauerhaft zu befestigen. Die Schriftzeichen auf dem Streifen müssen bei Flaschen, welche einen Raumgehalt von 425 oder mehr Kubikcentimeter haben, mindestens $0_{,5}$ Centimeter hoch und so breit sein, daß im Durchschnitte je 10 Buchstaben eine Fläche von mindestens $3_{,5}$ Centimeter Länge einnehmen. Die Inschrift darf, falls sie einen Streifen von mehr als 10 Centimeter Länge beanspruchen würde, auf zwei Zeilen vertheilt werden. Der Streifen darf eine weitere Inschrift nicht tragen.

d) Zur Kennzeichnung von Schaumwein, der sich am 1. August 1901 bereits in Kisten oder Körben verpackt auf einem Lager innerhalb des Reichs befindet, genügt, sofern er in der angegebenen Verpackung gewerbsmäßig feilgehalten oder verkauft wird, bis zum 1. Oktober 1902 die dauerhafte Anbringung der vorgeschriebenen Bezeichnung an einer in die Augen fallenden Stelle auf der Außenseite der Verpackung. Die Schriftzeichen müssen mindestens 4 Centimeter hoch und so breit sein, daß im Durchschnitte je 10 Buchstaben eine Fläche von mindestens 15 Centimeter Länge einnehmen. Die Inschrift darf, falls sie einen Streifen von mehr als 40 Centimeter Länge beanspruchen würde, auf zwei oder drei Zeilen vertheilt werden.

Das Verbot findet auch auf lösliche Fluorverbindungen und Wismuthverbindungen sowie auf Gemische, welche einen dieser Stoffe enthalten, Anwendung.

Alphabetisches Register.

(Die Ziffern bedeuten die Seitenzahlen.)

C.

D.

H.

T.

W.

Reuter, Mart., Bezirksthierarzt in Nürnberg, **Die deutsche Viehseuchengesetzgebung nach dem Reichsgesetz** betreffend **die Abwehr und Unterdrückung von Viehseuchen** in der Fassung des Gesetzes vom 23. Juni 1880 und 1. Mai 1884 nebst der Bundesrathsinstruktion, den hiezu erlassenen Vollzugsbestimmungen, dem bayer. und preuß. Milzbrandentschädigungsgesetze und dem Viehseuchen-Uebereinkommen mit Oesterreich-Ungarn. Mit Erläuterungen. 8°. (X, 384 S.) Gebunden Mk. 6.—.

Jull, Dr. G., K. Hofrath und Rechtsanwalt, und
Reuter, M., Bezirksthierarzt, **Die staatl. Viehversicherung in Bayern.** Das bayer. Ges. vom 11. Mai 1896, die Viehversicherungsanstalt betr., nebst dem Normalstatut für die der bayer. Versicherungsanstalt beitr. Ortsversicherungsvereine und hiezu erl. Vollzugsanweisungen und Formularen. Mit Erläuterungen. 8°. (VIII, 256 S.) Kart. Mk. 2.80.

Reuter, M., Bezirksthierarzt, **Die staatl. Pferdeversicherung in Bayern.** Das bayer. Gesetz v. 15. April 1900, die **Pferdeversicherungsanstalt** betr., nebst dem **Normalstatut** f. d. bayer. Pferdeversicherungsanstalt beitretenden **Pferdeversicherungsvereine** und den hiezu erl. Vollzugsanweisungen u. Formularen. 8°. (VIII, 136 S.) Kart. Mk. 1.60.

Reuter, M., Bezirksthierarzt, **Die Bestimmungen über die bayerische Rindviehzucht.** Kommentar zum Gesetze vom 5. April 1888 betr. die Haltung und Körung der Zuchtstiere nebst Vollzugsbestimmungen ꝛc. 8°. (X, 270 S.) Geb. Mk. 2.—.

Tomalski, Dr. Jak., Die Rindviehzucht in Bayern und ihre wirthschaftlichen Ziele. 8°. (68 S.) Mk. 1.80.

Weiskopf, H., k. Kreisthierarzt. **Viehseuchen-Belehrung für Landwirthe.** Nebst Anmerkungen u. d. wissenswerthen gesetzlichen Bestimmungen. 8°. (42 S.) 1901. Mk. —.40.
20 Ex. Mk. 6.—. 50 Ex. Mk. 12.50. 100 Ex. Mk. 20.—. 500 Ex. Mk. 85.—. 1000 Ex. Mk. 150.—.

Wirschinger, J. T., k. Bezirksamtmann a. D., **Die Unfallverhütung in der Land- und Forstwirthschaft.** Mk. 2.50.

München 1902. **Bayerische** XXIII. Jahrg.

Gastwirths-Zeitung

Süddeutsche Restaurant- und Gasthof-Zeitung.

Erscheint wöchentlich einmal und nehmen sämmtl. Postanstalten des In- u. Auslandes Bestellungen an.

Redaktion und Expedition: München, Angerthorstr. 2/2, woselbst Abonnements u. Inserate angenommen werden.

Mit der reich illustrirten Gratis-Beilage:

Humoristischer Stammgast.

Aeltestes Organ

für die Interessen der bayerischen Gastwirthe, Hotels, Cafés, Bahnhof-, Weinwirthschaften 2c. 2c.

Abonnement: Ganzjährig 5 M., halbjährig 3 M., frei ins Haus geliefert; die einzelne Nummer kostet 15 Pf.

Inserate: Die einspaltige Petitzeile 20 Pf., Reklamen per Zeile 50 Pf. Bei Wiederholungen hohen Rabatt.

Offizielles Publikations-Organ des Gewerbe-Vereins der Gastwirthe Münchens, der Flaschenbierabfüllgenossenschaft der Gastwirthe Münchens u. Umgebung, der Ortskrankenkasse München IV, der Gastwirths-Vereine Aibling, Dachau, Hof (Gastwirths-Vereinigung), Miesbach, Reichenhall, Rosenheim, Starnberg, Tegernsee, Tölz und Traunstein.

Verlag: Bayerische Gastwirths-Zeitung (M. Schnidtmann).
Redaktion: München, Angerthorstraße 2.

Alle Zuschriften 2c. sind nur an die Redaktion der „Bayerischen Gastwirth-Zeitung", Angerthorstraße 2, zu richten.

Prämiirt: München, Wien, Berlin mit 3 goldenen und 2 silbernen Medaillen.

MIX
Papier | Fördert gute Waldnutzung
FSC® C083411

Kolibri 360 GmbH
Ferdinand-Jühlke-Straße 7
99095 Erfurt, Deutschland
produktsicherheit@kolibri360.de